THAISE WOORDENSCHAT
nieuwe woorden leren

T&P Books woordenlijsten zijn bedoeld om u te helpen vreemde woorden te leren, te onthouden, en te bestuderen. De woordenschat bevat meer dan 7000 veel gebruikte woorden die thematisch geordend zijn.

- De woordenlijst bevat de meest gebruikte woorden
- Aanbevolen als aanvulling bij welke taalcursus dan ook
- Voldoet aan de behoeften van de beginnende en gevorderde student in vreemde talen
- Geschikt voor dagelijks gebruik, bestudering en zelftestactiviteiten
- Maakt het mogelijk om uw woordenschat te evalueren

Bijzondere kenmerken van de woordenschat

- De woorden zijn gerangschikt naar hun betekenis, niet volgens alfabet
- De woorden worden weergegeven in drie kolommen om bestudering en zelftesten te vergemakkelijken
- Woorden in groepen worden verdeeld in kleine blokken om het leerproces te vergemakkelijken
- De woordenschat biedt een handige en eenvoudige beschrijving van elk buitenlands woord

De woordenschat bevat 198 onderwerpen zoals:

Basisconcepten, getallen, kleuren, maanden, seizoenen, meeteenheden, kleding en accessoires, eten & voeding, restaurant, familieleden, verwanten, karakter, gevoelens, emoties, ziekten, stad, dorp, bezienswaardigheden, winkelen, geld, huis, thuis, kantoor, werken op kantoor, import & export, marketing, werk zoeken, sport, onderwijs, computer, internet, gereedschap, natuur, landen, nationaliteiten en meer ...

INHOUDSOPGAVE

THAI
WOORDENSCHAT

THEMATISCHE WOORDENLIJST

NEDERLANDS
THAI

De meest bruikbare woorden
Om uw woordenschat uit te breiden en
uw taalvaardigheid aan te scherpen

7000 woorden

Thematische woordenschat Nederlands-Thai - 7000 woorden

Door Andrey Taranov

Woordenlijsten van T&P Books zijn bedoeld om u woorden van een vreemde taal te helpen leren, onthouden, en bestudering. Dit woordenboek is ingedeeld in thema's en behandelt alle belangrijk terreinen van het dagelijkse leven, bedrijven, wetenschap, cultuur, etc.

Het proces van het leren van woorden met behulp van de op thema's gebaseerde aanpak van T&P Books biedt u de volgende voordelen:

- Correct gegroepeerde informatie is bepalend voor succes bij opeenvolgende stadia van het leren van woorden
- De beschikbaarheid van woorden die van dezelfde stam zijn maakt het mogelijk om woordgroepen te onthouden (in plaats van losse woorden)
- Kleine groepen van woorden faciliteren het proces van het aanmaken van associatieve verbindingen, die nodig zijn bij het consolideren van de woordenschat
- Het niveau van talenkennis kan worden ingeschat door het aantal geleerde woorden

T&P Books Publishing
www.tpbooks.com

ISBN: 978-1-78767-237-6

Dit boek is ook beschikbaar in e-boek formaat.
Gelieve www.tpbooks.com te bezoeken of de belangrijkste online boekwinkels.

UITSPRAAKGIDS

T&P fonetisch alfabet	Thai voorbeeld	Nederlands voorbeeld

Klinkers

[a]	ห้า [hâ:] – hâa	acht
[e]	เป็นลม [pen lom] – bpen lom	delen, spreken
[i]	วินัย [wiʔ naj] – wí–nai	bidden, tint
[o]	โกน [ko:n] – gohn	overeenkomst
[u]	ขุ่นเคือง [kʰùn kʰɯːaŋ] – khùn kheuang	hoed, doe
[aa]	ราคา [ra: kʰa:] – raa–khaa	aan, maart
[oo]	ภูมิใจ [pʰu:m tɕaj] – phoom jai	fuut, uur
[ee]	บัญชี [ban tɕʰi:] – ban–chee	team, portier
[eu]	เดือน [dɯːan] – deuan	Lange [ə]
[er]	เงิน [ŋɤn] – ngern	deur
[ae]	แปล [plɛ:] – bplae	zwemmen, existeren
[ay]	เลข [lê:k] – lâyk	twee, ongeveer
[ai]	ไปป์ [paj] – bpai	byte, majoor
[oi]	โพย [pʰo:j] – phoi	Hanoi, cowboy
[ya]	สัญญา [sǎn ja:] – sǎn–yaa	signaal, Spanjaard
[oie]	อบเชย [ʔòp tɕʰɤ:j] – òp–choie	Combinatie [ə:i]
[ieo]	หน้าเชียว [nâ: si:aw] – nâa sieow	Kia Motors

Aan het begin van een lettergreep

[b]	บาง [ba:ŋ] – baang	hebben
[d]	สีแดง [sǐ: dɛ:ŋ] – sěe daeng	Dank u, honderd
[f]	มันฝรั่ง [man fà ràŋ] – man fà–ràng	feestdag, informeren
[h]	เฮลซิงกิ [he:n siŋ kìʔ] – hayn–sing–gì	het, herhalen
[y]	ยี่สิบ [jî: sìp] – yêe sìp	New York, januari
[g]	กรง [kroŋ] – grorng	goal, tango
[kh]	เลขา [le: kʰǎ:] – lay–khǎa	deukhoed, Stockholm
[l]	เล็ก [lék] – lék	delen, luchter
[m]	เมลอน [me: lɔ:n] – may–lorn	morgen, etmaal
[n]	หนัง [nǎŋ] – nǎng	nemen, zonder
[ng]	เงือก [ŋɯːak] – ngêuak	optelling, jongeman
[bp]	เป็น [pen] – bpen	parallel, koper
[ph]	เผา [pʰàw] – phào	ophouden, ophangen
[r]	เบอรรี่ [bɤ: rî:] – ber–rêe	roepen, breken
[s]	ซ่อน [sôn] – sôrn	spreken, kosten
[dt]	ดนตรี [don tri:] – don–dtree	tomaat, taart
[j]	ปั่นจั่น [pân tɕàn] – bpân jàn	ongeveer 'tjie'

T&P fonetisch alfabet	Thai voorbeeld	Nederlands voorbeeld
[ch]	วิชา [wíʔ tɕʰaː] – wi–chaa	aspiraat [tsch]
[th]	แถว [tʰɛːw] – thǎe	luchthaven, stadhuis
[w]	เดียว [kʰiːaw] – khieow	twee, willen

Aan het einde van een lettergreep

[k]	แม่เหล็ก [mɛː lèk] – mâe lèk	kennen, kleur
[m]	เพิ่ม [pʰɤːm] – phêrm	morgen, etmaal
[n]	เนียน [niːan] – nian	nemen, zonder
[ng]	เป็นห่วง [pen hùːaŋ] – bpen hùang	optelling, jongeman
[p]	ไม่ขยับ [mâj kʰà ja p] – mâi khà–yàp	parallel, koper
[t]	ลูกเป็ด [lûːk pèt] – lôok bpèt	tomaat, taart

Opmerkingen

Midden Toon - [ā] การดูน [gaan khon]
Laag Toon - [à] แจกจ่าย [jàek jàai]
Dalend Toon - [â] ๅตม [dtâem]
Hoog Toon - [á] แซ็กโซโฟน [sáek-soh-fohn]
Stijgend Toon - [ǎ] เนินเขา [nern khǎo]

AFKORTINGEN
gebruikt in de woordenschat

Nederlandse afkortingen

abn	-	als bijvoeglijk naamwoord
bijv.	-	bijvoorbeeld
bn	-	bijvoeglijk naamwoord
bw	-	bijwoord
enk.	-	enkelvoud
enz.	-	enzovoort
form.	-	formele taal
inform.	-	informele taal
mann.	-	mannelijk
mil.	-	militair
mv.	-	meervoud
on.ww.	-	onovergankelijk werkwoord
ontelb.	-	ontelbaar
ov.	-	over
ov.ww.	-	overgankelijk werkwoord
telb.	-	telbaar
vn	-	voornaamwoord
vrouw.	-	vrouwelijk
vw	-	voegwoord
vz	-	voorzetsel
wisk.	-	wiskunde
ww	-	werkwoord

Nederlandse artikelen

de	-	gemeenschappelijk geslacht
de/het	-	gemeenschappelijk geslacht, onzijdig
het	-	onzijdig

BASISBEGRIPPEN

Basisbegrippen Deel 1

1. Voornaamwoorden

jij, je	คุณ	khun
hij	เขา	khǎo
zij, ze	เธอ	ther
het	มัน	man

wij, we	เรา	rao
jullie	คุณทั้งหลาย	khun tháng lǎai
U (form., enk.)	คุณ	khun
U (form., mv.)	คุณทั้งหลาย	khun tháng lǎai
zij, ze (mann.)	เขา	khǎo
zij, ze (vrouw.)	เธอ	ther

2. Begroetingen. Begroetingen. Afscheid

Hallo! Dag!	สวัสดี!	sà-wàt-dee
Hallo!	สวัสดี ครับ/ค่ะ!	sà-wàt-dee khráp/khâ
Goedemorgen!	อรุณสวัสดิ์!	a-run sà-wàt
Goedemiddag!	สวัสดีตอนบ่าย	sà-wàt-dee dtorn-bàai
Goedenavond!	สวัสดีตอนค่ำ	sà-wàt-dee dtorn-khâm

gedag zeggen (groeten)	ทักทาย	thák thaai
Hoi!	สวัสดี!	sà-wàt-dee
groeten (het)	คำทักทาย	kham thák thaai
verwelkomen (ww)	ทักทาย	thák thaai
Hoe gaat het met u?	คุณสบายดีไหม?	khun sà-baai dee mǎi
Hoe is het?	สบายดีไหม?	sà-baai dee mǎi
Is er nog nieuws?	มีอะไรไหม?	mee à-rai mài

Tot ziens! (form.)	ลาก่อน!	laa gòrn
Doei!	บาย!	baai
Tot snel! Tot ziens!	พบกันใหม่	phóp gan mài
Vaarwel! (inform.)	ลาก่อน!	laa gòrn
Vaarwel! (form.)	สวัสดี!	sà-wàt-dee
afscheid nemen (ww)	บอกลา	bòrk laa
Tot kijk!	ลาก่อน!	laa gòrn

Dank u!	ขอบคุณ!	khòrp khun
Dank u wel!	ขอบคุณมาก!	khòrp khun mâak
Graag gedaan	ยินดีช่วย	yin dee chûay
Geen dank!	ไม่เป็นไร	mâi bpen rai
Geen moeite.	ไม่เป็นไร	mâi bpen rai

Excuseer me, ... (inform.)	ขอโทษที่!	khǒr thôht thee
Excuseer me, ... (form.)	ขอโทษ ครับ/ค่ะ!	khǒr thôht khráp / khâ
excuseren (verontschuldigen)	ใหอภัย	hâi a-phai

zich verontschuldigen	ขอโทษ	khǒr thôht
Mijn excuses.	ขอโทษ	khǒr thôht
Het spijt me!	ขอโทษ!	khǒr thôht
vergeven (ww)	อภัย	a-phai
Maakt niet uit!	ไม่เป็นไร!	mâi bpen rai
alsjeblieft	โปรด	bpròht

Vergeet het niet!	อย่าลืม!	yàa leum
Natuurlijk!	แน่นอน!	nâe norn
Natuurlijk niet!	ไม่ใช่แน่!	mâi châi nâe
Akkoord!	โอเค!	oh-khay
Zo is het genoeg!	พอแล้ว	phor láew

3. Kardinale getallen. Deel 1

nul	ศูนย์	sǒon
een	หนึ่ง	nèung
twee	สอง	sǒrng
drie	สาม	sǎam
vier	สี่	sèe

vijf	ห้า	hâa
zes	หก	hòk
zeven	เจ็ด	jèt
acht	แปด	bpàet
negen	เก้า	gâo

tien	สิบ	sìp
elf	สิบเอ็ด	sìp èt
twaalf	สิบสอง	sìp sǒrng
dertien	สิบสาม	sìp sǎam
veertien	สิบสี่	sìp sèe

vijftien	สิบห้า	sìp hâa
zestien	สิบหก	sìp hòk
zeventien	สิบเจ็ด	sìp jèt
achttien	สิบแปด	sìp bpàet
negentien	สิบเก้า	sìp gâo

twintig	ยี่สิบ	yêe sìp
eenentwintig	ยี่สิบเอ็ด	yêe sìp èt
tweeëntwintig	ยี่สิบสอง	yêe sìp sǒrng
drieëntwintig	ยี่สิบสาม	yêe sìp sǎam

dertig	สามสิบ	sǎam sìp
eenendertig	สามสิบเอ็ด	sǎam-sìp-èt
tweeëndertig	สามสิบสอง	sǎam-sìp-sǒrng
drieëndertig	สามสิบสาม	sǎam-sìp-sǎam
veertig	สี่สิบ	sèe sìp
eenenveertig	สี่สิบเอ็ด	sèe-sìp-èt

| tweeënveertig | สี่สิบสอง | sèe-sìp-sǒrng |
| drieënveertig | สี่สิบสาม | sèe-sìp-sǎam |

vijftig	ห้าสิบ	hâa sìp
eenenvijftig	ห้าสิบเอ็ด	hâa-sìp-èt
tweeënvijftig	ห้าสิบสอง	hâa-sìp-sǒrng
drieënvijftig	หาสิบสาม	hâa-sìp-sǎam

zestig	หกสิบ	hòk sìp
eenenzestig	หกสิบเอ็ด	hòk-sìp-èt
tweeënzestig	หกสิบสอง	hòk-sìp-sǒrng
drieënzestig	หกสิบสาม	hòk-sìp-sǎam

zeventig	เจ็ดสิบ	jèt sìp
eenenzeventig	เจ็ดสิบเอ็ด	jèt-sìp-èt
tweeënzeventig	เจ็ดสิบสอง	jèt-sìp-sǒrng
drieënzeventig	เจ็ดสิบสาม	jèt-sìp-sǎam

tachtig	แปดสิบ	bpàet sìp
eenentachtig	แปดสิบเอ็ด	bpàet-sìp-èt
tweeëntachtig	แปดสิบสอง	bpàet-sìp-sǒrng
drieëntachtig	แปดสิบสาม	bpàet-sìp-sǎam

negentig	เก้าสิบ	gâo sìp
eenennegentig	เก้าสิบเอ็ด	gâo-sìp-èt
tweeënnegentig	เก้าสิบสอง	gâo-sìp-sǒrng
drieënnegentig	เกาสิบสาม	gâo-sìp-sǎam

4. Kardinale getallen. Deel 2

honderd	หนึ่งร้อย	nèung rói
tweehonderd	สองร้อย	sǒrng rói
driehonderd	สามร้อย	sǎam rói
vierhonderd	สี่ร้อย	sèe rói
vijfhonderd	ห้าร้อย	hâa rói
zeshonderd	หกร้อย	hòk rói
zevenhonderd	เจ็ดร้อย	jèt rói
achthonderd	แปดร้อย	bpàet rói
negenhonderd	เการอย	gâo rói

duizend	หนึ่งพัน	nèung phan
tweeduizend	สองพัน	sǒrng phan
drieduizend	สามพัน	sǎam phan
tienduizend	หนึ่งหมื่น	nèung mèun
honderdduizend	หนึ่งแสน	nèung sǎen
miljoen (het)	ลาน	láan
miljard (het)	พันลาน	phan láan

5. Getallen. Breuken

| breukgetal (het) | เศษส่วน | sàyt sùan |
| half | หนึ่งสวนสอง | nèung sùan sǒrng |

| een derde | หนึ่งส่วนสาม | nèung sùan săam |
| kwart | หนึ่งสวนสี่ | nèung sùan sèe |

een achtste	หนึ่งส่วนแปด	nèung sùan bpàet
een tiende	หนึ่งส่วนสิบ	nèung sùan sìp
twee derde	สองส่วนสาม	sŏrng sùan săam
driekwart	สามสวนสี่	săam sùan sèe

6. Getallen. Eenvoudige berekeningen

aftrekking (de)	การลบ	gaan lóp
aftrekken (ww)	ลบ	lóp
deling (de)	การหาร	gaan hăan
delen (ww)	หาร	hăan

optelling (de)	การบวก	gaan bùak
erbij optellen	บวก	bùak
(bij elkaar voegen)		
optellen (ww)	เพิ่ม	phêrm
vermenigvuldiging (de)	การคูณ	gaan khon
vermenigvuldigen (ww)	คูณ	khoon

7. Getallen. Diversen

cijfer (het)	ตัวเลข	dtua lâyk
nummer (het)	เลข	lâyk
telwoord (het)	ตัวเลข	dtua lâyk
minteken (het)	เครื่องหมายลบ	khrêuang măai lóp
plusteken (het)	เครื่องหมายบวก	khrêuang măai bùak
formule (de)	สูตร	sòot

berekening (de)	การนับ	gaan náp
tellen (ww)	นับ	náp
bijrekenen (ww)	นับ	náp
vergelijken (ww)	เปรียบเทียบ	bprìap thîap

| Hoeveel? (ontelb.) | เท่าไหร่? | thâo rài |
| Hoeveel? (telb.) | กี่...? | gèe...? |

som (de), totaal (het)	ผลรวม	phŏn ruam
uitkomst (de)	ผลลัพธ์	phŏn láp
rest (de)	ที่เหลือ	thêe lĕua

enkele (bijv. ~ minuten)	สองสาม	sŏrng săam
weinig (bw)	นิดหนอย	nít nòi
weinig (telb.)	นอย	nói
restant (het)	ที่เหลือ	thêe lĕua
anderhalf	หนึ่งครึ่ง	nèung khrêung
dozijn (het)	โหล	lŏh

| middendoor (bw) | เป็นสองส่วน | bpen sŏrng sùan |
| even (bw) | เทาเทียมกัน | thâo thiam gan |

| helft (de) | ครึ่ง | khrêung |
| keer (de) | ครั้ง | khráng |

8. De belangrijkste werkwoorden. Deel 1

aanbevelen (ww)	แนะนำ	náe nam
aandringen (ww)	ยืนยัน	yeun yan
aankomen (per auto, enz.)	มา	maa
aanraken (ww)	แตะต้อง	dtàe dtôrng
adviseren (ww)	แนะนำ	náe nam

afdalen (on.ww.)	ลง	long
afslaan (naar rechts ~)	เลี้ยว	líeow
antwoorden (ww)	ตอบ	dtòrp
bang zijn (ww)	กลัว	glua
bedreigen (bijv. met een pistool)	ขู่	khòo

bedriegen (ww)	หลอก	lòrk
beëindigen (ww)	จบ	jòp
beginnen (ww)	เริ่ม	rêrm
begrijpen (ww)	เข้าใจ	khâo jai
beheren (managen)	บริหาร	bor-rí-hăan

beledigen (met scheldwoorden)	ดูถูก	doo thòok
beloven (ww)	สัญญา	săn-yaa
bereiden (koken)	ทำอาหาร	tham aa-hăan
bespreken (spreken over)	หารือ	hăa-reu

bestellen (eten ~)	สั่ง	sàng
bestraffen (een stout kind ~)	ลงโทษ	long thôht
betalen (ww)	จ่าย	jàai
betekenen (beduiden)	หมาย	măai
betreuren (ww)	เสียใจ	sĭa jai

bevallen (prettig vinden)	ชอบ	chôrp
bevelen (mil.)	สั่งการ	sàng gaan
bevrijden (stad, enz.)	ปลดปล่อย	bplòt bplòi
bewaren (ww)	รักษา	rák-săa
bezitten (ww)	เป็นเจ้าของ	bpen jâo khŏrng

bidden (praten met God)	ภาวนา	phaa-wá-naa
binnengaan (een kamer ~)	เข้า	khâo
breken (ww)	แตก	dtàek

| controleren (ww) | ควบคุม | khûap khum |
| creëren (ww) | สร้าง | sâang |

deelnemen (ww)	มีส่วนร่วม	mee sùan rûam
denken (ww)	คิด	khít
doden (ww)	ฆ่า	khâa
doen (ww)	ทำ	tham
dorst hebben (ww)	กระหายน้ำ	grà-hăai náam

17

9. De belangrijkste werkwoorden. Deel 2

een hint geven	บอกใบ้	bòrk bâi
eisen (met klem vragen)	เรียกร้อง	rîak rórng
excuseren (vergeven)	ให้อภัย	hâi a-phai
existeren (bestaan)	มีอยู่	mee yòo
gaan (te voet)	ไป	bpai
gaan zitten (ww)	นั่ง	nâng
gaan zwemmen	ไปว่ายน้ำ	bpai wâai náam
geven (ww)	ให้	hâi
glimlachen (ww)	ยิ้ม	yím
goed raden (ww)	คาดเดา	khâat dao
grappen maken (ww)	ล้อเล่น	lór lên
graven (ww)	ขุด	khùt
hebben (ww)	มี	mee
helpen (ww)	ช่วย	chûay
herhalen (opnieuw zeggen)	ซ้ำ	sám
honger hebben (ww)	หิว	hĭw
hopen (ww)	หวัง	wăng
horen	ได้ยิน	dâai yin
(waarnemen met het oor)		
huilen (wenen)	ร้องไห้	rórng hâi
huren (huis, kamer)	เช่า	châo
informeren (informatie geven)	แจ้ง	jâeng
instemmen (akkoord gaan)	เห็นด้วย	hĕn dûay
jagen (ww)	ล่า	lâa
kennen (kennis hebben	รู้จัก	róo jàk
van iemand)		
kiezen (ww)	เลือก	lêuak
klagen (ww)	บ่น	bòn
kosten (ww)	ราคา	raa-khaa
kunnen (ww)	สามารถ	săa-mâat
lachen (ww)	หัวเราะ	hŭa rór
laten vallen (ww)	ทิ้งให้ตก	thíng hâi dtòk
lezen (ww)	อ่าน	àan
liefhebben (ww)	รัก	rák
lunchen (ww)	ทานอาหารเที่ยง	thaan aa-hăan thîang
nemen (ww)	เอา	ao
nodig zijn (ww)	ต้องการ	dtôrng gaan

10. De belangrijkste werkwoorden. Deel 3

onderschatten (ww)	ดูถูก	doo thòok
ondertekenen (ww)	ลงนาม	long naam
ontbijten (ww)	ทานอาหารเช้า	thaan aa-hăan cháo
openen (ww)	เปิด	bpèrt

| ophouden (ww) | หยุด | yùt |
| opmerken (zien) | สังเกต | săng-gàyt |

opscheppen (ww)	โอ้อวด	ôh ùat
opschrijven (ww)	จด	jòt
plannen (ww)	วางแผน	waang phăen
prefereren (verkiezen)	ชอบ	chôrp
proberen (trachten)	พยายาม	phá-yaa-yaam
redden (ww)	กู้	gôo

rekenen op ...	พึ่งพา	phêung phaa
rennen (ww)	วิ่ง	wîng
reserveren	จอง	jorng
(een hotelkamer ~)		
roepen (om hulp)	เรียก	rîak
schieten (ww)	ยิง	ying
schreeuwen (ww)	ตะโกน	dtà-gohn

schrijven (ww)	เขียน	khĭan
souperen (ww)	ทานอาหารเย็น	thaan aa-hăan yen
spelen (kinderen)	เล่น	lên
spreken (ww)	พูด	phôot
stelen (ww)	ขโมย	khà-moi
stoppen (pauzeren)	หยุด	yùt

studeren (Nederlands ~)	เรียน	rian
sturen (zenden)	ส่ง	sòng
tellen (optellen)	นับ	náp
toebehoren aan ...	เป็นของของ...	bpen khŏrng khŏrng...
toestaan (ww)	อนุญาต	a-nú-yâat
tonen (ww)	แสดง	sà-daeng

twijfelen (onzeker zijn)	สงสัย	sŏng-săi
uitgaan (ww)	ออกไป	òrk bpai
uitnodigen (ww)	เชิญ	chern
uitspreken (ww)	ออกเสียง	òrk sĭang
uitvaren tegen (ww)	ดุด่า	dù dàa

11. De belangrijkste werkwoorden. Deel 4

vallen (ww)	ตก	dtòk
vangen (ww)	จับ	jàp
veranderen (anders maken)	เปลี่ยน	bplìan
verbaasd zijn (ww)	ประหลาดใจ	bprà-làat jai
verbergen (ww)	ซ่อน	sôrn

verdedigen (je land ~)	ปกป้อง	bpòk bpôrng
verenigen (ww)	สมาน	sà-măan
vergelijken (ww)	เปรียบเทียบ	bprìap thîap
vergeten (ww)	ลืม	leum
vergeven (ww)	ให้อภัย	hâi a-phai

| verklaren (uitleggen) | อธิบาย | à-thí-baai |
| verkopen (per stuk ~) | ขาย | khăai |

vermelden (praten over)	กล่าวถึง	glàao thĕung
versieren (decoreren)	ประดับ	bprà-dàp
vertalen (ww)	แปล	bplae

vertrouwen (ww)	เชื่อ	chêua
vervolgen (ww)	ทำต่อไป	tham dtòr bpai
verwarren (met elkaar ~)	สับสน	sàp sŏn
verzoeken (ww)	ขอ	khŏr
verzuimen (school, enz.)	พลาด	phlâat

vinden (ww)	พบ	phóp
vliegen (ww)	บิน	bin
volgen (ww)	ไปตาม...	bpai dtaam...
voorstellen (ww)	เสนอ	sà-nĕr
voorzien (verwachten)	คาดหวัง	khâat wăng
vragen (ww)	ถาม	thăam

waarnemen (ww)	สังเกตการณ์	săng-gàyt gaan
waarschuwen (ww)	เตือน	dteuan
wachten (ww)	รอ	ror
weerspreken (ww)	คาน	kháan
weigeren (ww)	ปฏิเสธ	bpà-dtì-sàyt

werken (ww)	ทำงาน	tham ngaan
weten (ww)	รู้	róo
willen (verlangen)	ต้องการ	dtôrng gaan
zeggen (ww)	บอก	bòrk
zich haasten (ww)	รีบ	rêep

zich interesseren voor ...	สนใจใน	sŏn jai nai
zich vergissen (ww)	ทำผิด	tham phìt
zich verontschuldigen	ขอโทษ	khŏr thôht
zien (ww)	เห็น	hĕn

zijn (ww)	เป็น	bpen
zoeken (ww)	หา	hăa
zwemmen (ww)	ว่ายน้ำ	wâai náam
zwijgen (ww)	นิ่งเงียบ	nîng ngîap

12. Kleuren

kleur (de)	สี	sĕe
tint (de)	สีอ่อน	sĕe òrn
kleurnuance (de)	สีสัน	sĕe săn
regenboog (de)	สายรุ้ง	săai rúng

wit (bn)	สีขาว	sĕe khăao
zwart (bn)	สีดำ	sĕe dam
grijs (bn)	สีเทา	sĕe thao

groen (bn)	สีเขียว	sĕe khĭeow
geel (bn)	สีเหลือง	sĕe lĕuang
rood (bn)	สีแดง	sĕe daeng
blauw (bn)	สีน้ำเงิน	sĕe nám ngern

lichtblauw (bn)	สีฟ้า	sěe fáa
roze (bn)	สีชมพู	sěe chom-poo
oranje (bn)	สีส้ม	sěe sôm
violet (bn)	สีม่วง	sěe mûang
bruin (bn)	สีน้ำตาล	sěe nám dtaan
goud (bn)	สีทอง	sěe thorng
zilverkleurig (bn)	สีเงิน	sěe ngern
beige (bn)	สีน้ำตาลอ่อน	sěe nám dtaan òrn
roomkleurig (bn)	สีครีม	sěe khreem
turkoois (bn)	สีเขียวแกม	sěe khǐeow gaem
	น้ำเงิน	náam ngern
kersrood (bn)	สีแดงเชอร์รี่	sěe daeng cher-rêe
lila (bn)	สีม่วงอ่อน	sěe mûang-òrn
karmijnrood (bn)	สีแดงเข้ม	sěe daeng khâym
licht (bn)	อ่อน	òrn
donker (bn)	แก่	gàe
fel (bn)	สด	sòt
kleur-, kleurig (bn)	สี	sěe
kleuren- (abn)	สี	sěe
zwart-wit (bn)	ขาวดำ	khǎao-dam
eenkleurig (bn)	สีเดียว	sěe dieow
veelkleurig (bn)	หลากสี	làak sěe

13. Vragen

Wie?	ใคร?	khrai
Wat?	อะไร?	a-rai
Waar?	ที่ไหน?	thêe nǎi
Waarheen?	ที่ไหน?	thêe nǎi
Waarvandaan?	จากที่ไหน?	jàak thêe nǎi
Wanneer?	เมื่อไหร่?	mêua rài
Waarom?	ทำไม?	tham-mai
Waarom?	ทำไม?	tham-mai
Waarvoor dan ook?	เพื่ออะไร?	phêua a-rai
Hoe?	อย่างไร?	yàang rai
Wat voor …?	อะไร?	a-rai
Welk?	ไหน?	nǎi
Aan wie?	สำหรับใคร?	sǎm-ràp khrai
Over wie?	เกี่ยวกับใคร?	gìeow gàp khrai
Waarover?	เกี่ยวกับอะไร?	gìeow gàp a-rai
Met wie?	กับใคร?	gàp khrai
Hoeveel? (telb.)	กี่...?	gèe…?
Hoeveel? (ontelb.)	เทาไหร่?	thâo rài
Van wie? (mann.)	ของใคร?	khǒrng khrai

14. Functiewoorden. Bijwoorden. Deel 1

Waar?	ที่ไหน?	thêe năi
hier (bw)	ที่นี่	thêe nêe
daar (bw)	ที่นั่น	thêe nân
ergens (bw)	ที่ใดที่หนึ่ง	thêe dai thêe nèung
nergens (bw)	ไม่มีที่ไหน	mâi mee thêe năi
bij ... (in de buurt)	ข้าง	khâang
bij het raam	ข้างหน้าต่าง	khâang nâa dtàang
Waarheen?	ที่ไหน?	thêe năi
hierheen (bw)	ที่นี่	thêe nêe
daarheen (bw)	ที่นั่น	thêe nân
hiervandaan (bw)	จากที่นี่	jàak thêe nêe
daarvandaan (bw)	จากที่นั่น	jàak thêe nân
dichtbij (bw)	ใกล้	glâi
ver (bw)	ไกล	glai
in de buurt (van ...)	ใกล้	glâi
dichtbij (bw)	ใกล้ๆ	glâi glâi
niet ver (bw)	ไม่ไกล	mâi glai
linker (bn)	ซ้าย	sáai
links (bw)	ทางซ้าย	khâang sáai
linksaf, naar links (bw)	ซ้าย	sáai
rechter (bn)	ขวา	khwăa
rechts (bw)	ข้างขวา	khâang kwăa
rechtsaf, naar rechts (bw)	ขวา	khwăa
vooraan (bw)	ข้างหน้า	khâang nâa
voorste (bn)	หน้า	nâa
vooruit (bw)	หน้า	nâa
achter (bw)	ข้างหลัง	khâang lăng
van achteren (bw)	จากข้างหลัง	jàak khâang lăng
achteruit (naar achteren)	หลัง	lăng
midden (het)	กลาง	glaang
in het midden (bw)	ตรงกลาง	dtrorng glaang
opzij (bw)	ข้าง	khâang
overal (bw)	ทุกที่	thúk thêe
omheen (bw)	รอบ	rôrp
binnenuit (bw)	จากข้างใน	jàak khâang nai
naar ergens (bw)	ที่ไหน	thêe năi
rechtdoor (bw)	ตรงไป	dtrorng bpai
terug (bijv. ~ komen)	กลับ	glàp
ergens vandaan (bw)	จากที่ใด	jàak thêe dai
ergens vandaan (en dit geld moet ~ komen)	จากที่ใด	jàak thêe dai

ten eerste (bw)	ข้อที่หนึ่ง	khôr thêe nèung
ten tweede (bw)	ข้อที่สอง	khôr thêe sŏrng
ten derde (bw)	ข้อที่สาม	khôr thêe săam

plotseling (bw)	ในทันที	nai than thee
in het begin (bw)	ตอนแรก	dtorn-râek
voor de eerste keer (bw)	เป็นครั้งแรก	bpen khráng râek
lang voor ... (bw)	นานก่อน	naan gòrn
opnieuw (bw)	ใหม่	mài
voor eeuwig (bw)	ให้จบสิ้น	hâi jòp sîn

nooit (bw)	ไม่เคย	mâi khoie
weer (bw)	อีกครั้งหนึ่ง	èek khráng nèung
nu (bw)	ตอนนี้	dtorn-née
vaak (bw)	บ่อย	bòi
toen (bw)	เวลานั้น	way-laa nán
urgent (bw)	อย่างเร่งด่วน	yàang râyng dùan
meestal (bw)	มักจะ	mák jà

trouwens, ... (tussen haakjes)	อนึ่ง	à-nèung
mogelijk (bw)	เป็นไปได้	bpen bpai dâai
waarschijnlijk (bw)	อาจจะ	àat jà
misschien (bw)	อาจจะ	àat jà
trouwens (bw)	นอกจากนั้น...	nôrk jàak nán...
daarom ...	นั่นเป็นเหตุผลที่...	nân bpen hàyt phŏn thêe...
in weerwil van ...	แม้ว่า...	máe wâa...
dankzij ...	เนื่องจาก...	nêuang jàak...

wat (vn)	อะไร	a-rai
dat (vw)	ที่	thêe
iets (vn)	อะไร	a-rai
iets	อะไรก็ตาม	a-rai gôr dtaam
niets (vn)	ไม่มีอะไร	mâi mee a-rai

wie (~ is daar?)	ใคร	khrai
iemand (een onbekende)	บางคน	baang khon
iemand (een bepaald persoon)	บางคน	baang khon

niemand (vn)	ไม่มีใคร	mâi mee khrai
nergens (bw)	ไม่ไปไหน	mâi bpai năi
niemands (bn)	ไม่เป็นของ ของใคร	mâi bpen khŏrng khŏrng khrai
iemands (bn)	ของคนหนึ่ง	khŏrng khon nèung

zo (Ik ben ~ blij)	มาก	mâak
ook (evenals)	ด้วย	dûay
alsook (eveneens)	ด้วย	dûay

15. Functiewoorden. Bijwoorden. Deel 2

Waarom?	ทำไม?	tham-mai
om een bepaalde reden	เพราะเหตุผลอะไร	phrór hàyt phŏn à-rai

| omdat ... | เพราะว่า... | phrór wâa |
| voor een bepaald doel | ด้วยจุดประสงค์อะไร | dûay jùt bprà-sŏng a-rai |

en (vw)	และ	láe
of (vw)	หรือ	rĕu
maar (vw)	แต่	dtàe
voor (vz)	สำหรับ	săm-ràp

te (~ veel mensen)	เกินไป	gern bpai
alleen (bw)	เท่านั้น	thâo nán
precies (bw)	ตรง	dtrorng
ongeveer (~ 10 kg)	ประมาณ	bprà-maan

omstreeks (bw)	ประมาณ	bprà-maan
bij benadering (bn)	ประมาณ	bprà-maan
bijna (bw)	เกือบ	gèuap
rest (de)	ที่เหลือ	thêe lĕua

de andere (tweede)	อีก	èek
ander (bn)	อื่น	èun
elk (bn)	ทุก	thúk
om het even welk	ใดๆ	dai dai
veel (telb.)	หลาย	lăai
veel (ontelb.)	มาก	mâak
veel mensen	หลายคน	lăai khon
iedereen (alle personen)	ทุกๆ	thúk thúk

in ruil voor ...	ที่จะเปลี่ยนเป็น	thêe jà bplìan bpen
in ruil (bw)	แทน	thaen
met de hand (bw)	ใช้มือ	chái meu
onwaarschijnlijk (bw)	แทบจะไม่	thâep jà mâi

waarschijnlijk (bw)	อาจจะ	àat jà
met opzet (bw)	โดยเจตนา	doi jàyt-dtà-naa
toevallig (bw)	บังเอิญ	bang-ern

zeer (bw)	มาก	mâak
bijvoorbeeld (bw)	ยกตัวอย่าง	yók dtua yàang
tussen (~ twee steden)	ระหว่าง	rá-wàang
tussen (te midden van)	ทามกลาง	tâam-glaang
zoveel (bw)	มากมาย	mâak maai
vooral (bw)	โดยเฉพาะ	doi chà-phór

Basisbegrippen Deel 2

16. Tegenovergestelden

rijk (bn)	รวย	ruay
arm (bn)	จน	jon
ziek (bn)	เจ็บป่วย	jèp bpùay
gezond (bn)	สบายดี	sà-baai dee
groot (bn)	ใหญ่	yài
klein (bn)	เล็ก	lék
snel (bw)	อย่างเร็ว	yàang reo
langzaam (bw)	อยางชา	yàang cháa
snel (bn)	เร็ว	reo
langzaam (bn)	ชา	cháa
vrolijk (bn)	ยินดี	yin dee
treurig (bn)	เสียใจ	sĭa jai
samen (bw)	ด้วยกัน	dûay gan
apart (bw)	ตางหาก	dtàang hàak
hardop (~ lezen)	ออกเสียง	òrk sĭang
stil (~ lezen)	อยางเงียบๆ	yàang ngîap ngîap
hoog (bn)	สูง	sŏong
laag (bn)	ต่ำ	dtàm
diep (bn)	ลึก	léuk
ondiep (bn)	ตื้น	dtêun
ja	ใช่	châi
nee	ไม่ใช่	mâi châi
ver (bn)	ไกล	glai
dicht (bn)	ใกล	glâi
ver (bw)	ไกล	glai
dichtbij (bw)	ใกลๆ	glâi glâi
lang (bn)	ยาว	yaao
kort (bn)	สั้น	sân
vriendelijk (goedhartig)	ใจดี	jai dee
kwaad (bn)	เลวร้าย	leo ráai

| gehuwd (mann.) | แต่งงานแล้ว | dtàeng ngaan láew |
| ongehuwd (mann.) | เป็นโสด | bpen sòht |

| verbieden (ww) | ห้าม | hâam |
| toestaan (ww) | อนุญาต | a-nú-yâat |

| einde (het) | จบ | jòp |
| begin (het) | จุดเริ่มต้น | jùt rêrm-dtôn |

| linker (bn) | ซ้าย | sáai |
| rechter (bn) | ขวา | khwǎa |

| eerste (bn) | แรก | râek |
| laatste (bn) | สุดท้าย | sùt tháai |

| misdaad (de) | อาชญากรรม | àat-yaa-gam |
| bestraffing (de) | การลงโทษ | gaan long thôht |

| bevelen (ww) | สั่ง | sàng |
| gehoorzamen (ww) | เชื่อฟัง | chêua fang |

| recht (bn) | ตรง | dtrorng |
| krom (bn) | โค้ง | khóhng |

| paradijs (het) | สวรรค์ | sà-wǎn |
| hel (de) | นรก | ná-rók |

| geboren worden (ww) | เกิด | gèrt |
| sterven (ww) | ตาย | dtaai |

| sterk (bn) | แข็งแรง | khǎeng raeng |
| zwak (bn) | อ่อนแอ | òrn ae |

| oud (bn) | แก่ | gàe |
| jong (bn) | หนุ่ม | nùm |

| oud (bn) | เก่าแก่ | gào gàe |
| nieuw (bn) | ใหม่ | mài |

| hard (bn) | แข็ง | khǎeng |
| zacht (bn) | อ่อน | òrn |

| warm (bn) | อุ่น | ùn |
| koud (bn) | หนาว | nǎao |

| dik (bn) | อ้วน | ûan |
| dun (bn) | ผอม | phǒrm |

| smal (bn) | แคบ | khâep |
| breed (bn) | กว้าง | gwâang |

| goed (bn) | ดี | dee |
| slecht (bn) | ไม่ดี | mâi dee |

| moedig (bn) | กล้าหาญ | glâa hǎan |
| laf (bn) | ขี้ขลาด | khêe khlàat |

17. Dagen van de week

maandag (de)	วันจันทร์	wan jan
dinsdag (de)	วันอังคาร	wan ang-khaan
woensdag (de)	วันพุธ	wan phút
donderdag (de)	วันพฤหัสบดี	wan phá-réu-hàt-sà-bor-dee
vrijdag (de)	วันศุกร์	wan sùk
zaterdag (de)	วันเสาร์	wan săo
zondag (de)	วันอาทิตย์	wan aa-thít
vandaag (bw)	วันนี้	wan née
morgen (bw)	พรุ่งนี้	phrûng-née
overmorgen (bw)	วันมะรืนนี้	wan má-reun née
gisteren (bw)	เมื่อวานนี้	mêua waan née
eergisteren (bw)	เมื่อวานซืนนี้	mêua waan-seun née
dag (de)	วัน	wan
werkdag (de)	วันทำงาน	wan tham ngaan
feestdag (de)	วันนักขัตฤกษ์	wan nák-khàt-rêrk
verlofdag (de)	วันหยุด	wan yùt
weekend (het)	วันสุดสัปดาห์	wan sùt sàp-daa
de hele dag (bw)	ทั้งวัน	tháng wan
de volgende dag (bw)	วันรุ่งขึ้น	wan rûng khêun
twee dagen geleden	สองวันก่อน	sŏrng wan gòrn
aan de vooravond (bw)	วันก่อนหน้านี้	wan gòrn nâa née
dag-, dagelijks (bn)	รายวัน	raai wan
elke dag (bw)	ทุกวัน	thúk wan
week (de)	สัปดาห์	sàp-daa
vorige week (bw)	สัปดาห์ก่อน	sàp-daa gòrn
volgende week (bw)	สัปดาห์หน้า	sàp-daa nâa
wekelijks (bn)	รายสัปดาห์	raai sàp-daa
elke week (bw)	ทุกสัปดาห์	thúk sàp-daa
twee keer per week	สัปดาห์ละสองครั้ง	sàp-daa lá sŏrng khráng
elke dinsdag	ทุกวันอังคาร	túk wan ang-khaan

18. Uren. Dag en nacht

morgen (de)	เช้า	cháo
's morgens (bw)	ตอนเช้า	dtorn cháo
middag (de)	เที่ยงวัน	thîang wan
's middags (bw)	ตอนบาย	dtorn bàai
avond (de)	เย็น	yen
's avonds (bw)	ตอนเย็น	dtorn yen
nacht (de)	คืน	kheun
's nachts (bw)	กลางคืน	glaang kheun
middernacht (de)	เที่ยงคืน	thîang kheun
seconde (de)	วินาที	wí-naa-thee
minuut (de)	นาที	naa-thee
uur (het)	ชั่วโมง	chûa mohng

27

halfuur (het)	ครึ่งชั่วโมง	khrêung chûa mohng
kwartier (het)	สิบห้านาที	sìp hâa naa-thee
vijftien minuten	สิบห้านาที	sìp hâa naa-thee
etmaal (het)	24 ชั่วโมง	yêe sìp sèe · chûa mohng

zonsopgang (de)	พระอาทิตย์ขึ้น	phrá aa-thít khêun
dageraad (de)	ใกล้รุ่ง	glâi rûng
vroege morgen (de)	เช้า	cháo
zonsondergang (de)	พระอาทิตย์ตก	phrá aa-thít dtòk

's morgens vroeg (bw)	ตอนเช้า	dtorn cháo
vanmorgen (bw)	เช้านี้	cháo née
morgenochtend (bw)	พรุ่งนี้เช้า	phrûng-née cháo

vanmiddag (bw)	บ่ายนี้	bàai née
's middags (bw)	ตอนบ่าย	dtorn bàai
morgenmiddag (bw)	พรุ่งนี้บ่าย	phrûng-née bàai

| vanavond (bw) | คืนนี้ | kheun née |
| morgenavond (bw) | คืนพรุ่งนี้ | kheun phrûng-née |

klokslag drie uur	3 โมงตรง	sǎam mohng dtrorng
ongeveer vier uur	ประมาณ 4 โมง	bprà-maan sèe mohng
tegen twaalf uur	ภายใน 12 โมง	phaai nai sìp sǒng mohng

over twintig minuten	อีก 20 นาที	èek yêe sìp naa-thee
over een uur	อีกหนึ่งชั่วโมง	èek nèung chûa mohng
op tijd (bw)	ทันเวลา	than way-laa

kwart voor ...	อีกสิบห้านาที	èek sìp hâa naa-thee
binnen een uur	ภายในหนึ่งชั่วโมง	phaai nai nèung chûa mohng
elk kwartier	ทุก 15 นาที	thúk sìp hâa naa-thee
de klok rond	ทั้งวัน	tháng wan

19. Maanden. Seizoenen

januari (de)	มกราคม	mók-gà-raa khom
februari (de)	กุมภาพันธ์	gum-phaa phan
maart (de)	มีนาคม	mee-naa khom
april (de)	เมษายน	may-sǎa-yon
mei (de)	พฤษภาคม	phréut-sà-phaa khom
juni (de)	มิถุนายน	mí-thù-naa-yon

juli (de)	กรกฎาคม	gà-rá-gà-daa-khom
augustus (de)	สิงหาคม	sǐng hǎa khom
september (de)	กันยายน	gan-yaa-yon
oktober (de)	ตุลาคม	dtù-laa khom
november (de)	พฤศจิกายน	phréut-sà-jì-gaa-yon
december (de)	ธันวาคม	than-waa khom

lente (de)	ฤดูใบไม้ผลิ	réu-doo bai máai phlì
in de lente (bw)	ฤดูใบไม้ผลิ	réu-doo bai máai phlì
lente- (abn)	ฤดูใบไม้ผลิ	réu-doo bai máai phlì
zomer (de)	ฤดูร้อน	réu-doo rórn

| in de zomer (bw) | ฤดูร้อน | réu-doo rórn |
| zomer-, zomers (bn) | ฤดูรอน | réu-doo rórn |

herfst (de)	ฤดูใบไม้ร่วง	réu-doo bai máai rûang
in de herfst (bw)	ฤดูใบไม้ร่วง	réu-doo bai máai rûang
herfst- (abn)	ฤดูใบไมรวง	réu-doo bai máai rûang

winter (de)	ฤดูหนาว	réu-doo nǎao
in de winter (bw)	ฤดูหนาว	réu-doo nǎao
winter- (abn)	ฤดูหนาว	réu-doo nǎao
maand (de)	เดือน	deuan
deze maand (bw)	เดือนนี้	deuan née
volgende maand (bw)	เดือนหน้า	deuan nâa
vorige maand (bw)	เดือนที่แล้ว	deuan thêe láew

een maand geleden (bw)	หนึ่งเดือนก่อนหน้านี้	nèung deuan gòrn nâa née
over een maand (bw)	อีกหนึ่งเดือน	èek nèung deuan
over twee maanden (bw)	อีกสองเดือน	èek sǒrng deuan
de hele maand (bw)	ทั้งเดือน	tháng deuan
een volle maand (bw)	ตลอดทั้งเดือน	dtà-lòrt tháng deuan

maand-, maandelijks (bn)	รายเดือน	raai deuan
maandelijks (bw)	ทุกเดือน	thúk deuan
elke maand (bw)	ทุกเดือน	thúk deuan
twee keer per maand	เดือนละสองครั้ง	deuan lá sǒrng kráng

jaar (het)	ปี	bpee
dit jaar (bw)	ปีนี้	bpee née
volgend jaar (bw)	ปีหน้า	bpee nâa
vorig jaar (bw)	ปีที่แล้ว	bpee thêe láew
een jaar geleden (bw)	หนึ่งปีก่อน	nèung bpee gòrn
over een jaar	อีกหนึ่งปี	èek nèung bpee
over twee jaar	อีกสองปี	èek sǒng bpee
het hele jaar	ทั้งปี	tháng bpee
een vol jaar	ตลอดทั้งปี	dtà-lòrt tháng bpee

elk jaar	ทุกปี	thúk bpee
jaar-, jaarlijks (bn)	รายปี	raai bpee
jaarlijks (bw)	ทุกปี	thúk bpee
4 keer per jaar	ปีละสี่ครั้ง	bpee lá sèe khráng

datum (de)	วันที่	wan thêe
datum (de)	วันเดือนปี	wan deuan bpee
kalender (de)	ปฏิทิน	bpà-dtì-thin

een half jaar	ครึ่งปี	khrêung bpee
zes maanden	หกเดือน	hòk deuan
seizoen (bijv. lente, zomer)	ฤดูกาล	réu-doo gaan
eeuw (de)	ศตวรรษ	sà-dtà-wát

20. Tijd. Diversen

| tijd (de) | เวลา | way-laa |
| ogenblik (het) | ครู่หนึ่ง | khrôo nèung |

moment (het)	คู่เดียว	khrôo dieow
ogenblikkelijk (bn)	เพียงครู่เดียว	phiang khrôo dieow
tijdsbestek (het)	ช่วงเวลา	chûang way-laa
leven (het)	ชีวิต	chee-wít
eeuwigheid (de)	ตลอดกาล	dtà-lòrt gaan
epoche (de), tijdperk (het)	สมัย	sà-măi
era (de), tijdperk (het)	ยุค	yúk
cyclus (de)	วัฏจักร	wát-dtà-jàk
periode (de)	ช่วง	chûang
termijn (vastgestelde periode)	ระยะเวลา	rá-yá way-laa
toekomst (de)	อนาคต	a-naa-khót
toekomstig (bn)	อนาคตู	a-naa-khót
de volgende keer	ครั้งหน้า	khráng nâa
verleden (het)	อดีต	a-dèet
vorig (bn)	ที่ผ่านมา	thêe phàan maa
de vorige keer	ครั้งที่แล้ว	khráng thêe láew
later (bw)	ภายหลัง	phaai lăng
na (~ het diner)	หลังจาก	lăng jàak
tegenwoordig (bw)	เวลานี้	way-laa née
nu (bw)	ตอนนี้	dtorn-née
onmiddellijk (bw)	ทันที	than thee
snel (bw)	อีกไม่นาน	èek mâi naan
bij voorbaat (bw)	ล่วงหน้า	lûang nâa
lang geleden (bw)	นานมาแล้ว	naan maa láew
kort geleden (bw)	เมื่อเร็ว ๆ นี้	mêua reo reo née
noodlot (het)	ชะตากรรม	chá-dtaa gam
herinneringen (mv.)	ความทรงจำ	khwaam song jam
archief (het)	จดหมายเหตุ	jòt măai hàyt
tijdens ... (ten tijde van)	ระหว่าง...	rá-wàang...
lang (bw)	นาน	naan
niet lang (bw)	ไม่นาน	mâi naan
vroeg (bijv. ~ in de ochtend)	ล่วงหน้า	lûang nâa
laat (bw)	ช้า	cháa
voor altijd (bw)	ตลอดกาล	dtà-lòrt gaan
beginnen (ww)	เริ่ม	rêrm
uitstellen (ww)	เลื่อน	lêuan
tegelijkertijd (bw)	ในเวลาเดียวกัน	nai way-laa dieow gan
voortdurend (bw)	อย่างถาวร	yàang thăa-won
voortdurend	ต่อเนื่อง	dtòr nêuang
tijdelijk (bn)	ชั่วคราว	chûa khraao
soms (bw)	บางครั้ง	baang khráng
zelden (bw)	ไม่บ่อย	mâi bòi
vaak (bw)	บ่อย	bòi

21. Lijnen en vormen

vierkant (het)	สี่เหลี่ยมจัตุรัส	sèe lìam jàt-dtù-ràt
vierkant (bn)	สี่เหลี่ยมจัตุรัส	sèe lìam jàt-dtù-ràt

cirkel (de)	วงกลม	wong glom
rond (bn)	กลม	glom
driehoek (de)	รูปสามเหลี่ยม	rôop sǎam lìam
driehoekig (bn)	สามเหลี่ยม	sǎam lìam
ovaal (het)	รูปกลมรี	rôop glom ree
ovaal (bn)	กลมรี	glom ree
rechthoek (de)	สี่เหลี่ยมมุมฉาก	sèe lìam mum chàak
rechthoekig (bn)	สี่เหลี่ยมมุมฉาก	sèe lìam mum chàak
piramide (de)	พีระมิด	phee-rá-mít
ruit (de)	รูปสี่เหลี่ยมขนมเปียกปูน	rôop sèe lìam khà-nǒm bpìak bpoon
trapezium (het)	รูปสี่เหลี่ยมคางหมู	rôop sèe lìam khaang mǒo
kubus (de)	ลูกบาศก์	lôok bàat
prisma (het)	ปริซึม	bprì seum
omtrek (de)	เส้นรอบวง	sên rôrp wong
bol, sfeer (de)	ทรงกลม	song glom
bal (de)	ลูกกลม	lôok glom
diameter (de)	เส้นผ่านศูนย์กลาง	sên phàan sǒon-glaang
straal (de)	เส้นรัศมี	sên rát-sà-mǐe
omtrek (~ van een cirkel)	เส้นรอบวง	sên rôrp wong
middelpunt (het)	กลาง	glaang
horizontaal (bn)	แนวนอน	naew norn
verticaal (bn)	แนวตั้ง	naew dtâng
parallel (de)	เส้นขนาน	sên khà-nǎan
parallel (bn)	ขนาน	khà-nǎan
lijn (de)	เส้น	sên
streep (de)	เส้น	sên
rechte lijn (de)	เส้นตรง	sên dtrorng
kromme (de)	เส้นโค้ง	sên khóhng
dun (bn)	บาง	baang
omlijning (de)	เส้นขอบ	sâyn khòrp
snijpunt (het)	เส้นตัด	sên dtàt
rechte hoek (de)	มุมฉาก	mum chàak
segment (het)	เซกเมนต์	sâyk-mayn
sector (de)	เซกเตอร์	sâyk-dtêr
zijde (de)	ขาง	khâang
hoek (de)	มุม	mum

22. Meeteenheden

gewicht (het)	น้ำหนัก	nám nàk
lengte (de)	ความยาว	khwaam yaao
breedte (de)	ความกว้าง	khwaam gwâang
hoogte (de)	ความสูง	khwaam sǒong
diepte (de)	ความลึก	khwaam léuk
volume (het)	ปริมาณ	bpà-rí-maan
oppervlakte (de)	บริเวณ	bor-rí-wayn
gram (het)	กรัม	gram

milligram (het)	มิลลิกรัม	min-lí gram
kilogram (het)	กิโลกรัม	gì-loh gram
ton (duizend kilo)	ตัน	dtan
pond (het)	ปอนด์	bporn
ons (het)	ออนซ์	orn

meter (de)	เมตร	máyt
millimeter (de)	มิลลิเมตร	min-lí mâyt
centimeter (de)	เซ็นติเมตร	sen dtì mâyt
kilometer (de)	กิโลเมตร	gì-loh máyt
mijl (de)	ไมล์	mai

duim (de)	นิ้ว	níw
voet (de)	ฟุต	fút
yard (de)	หลา	lǎa

| vierkante meter (de) | ตารางเมตร | dtaa-raang máyt |
| hectare (de) | เฮกตาร์ | hêek dtaa |

liter (de)	ลิตร	lít
graad (de)	องศา	ong-sǎa
volt (de)	โวลต์	wohn
ampère (de)	แอมแปร์	aem-bpae
paardenkracht (de)	แรงม้า	raeng máa

hoeveelheid (de)	จำนวน	jam-nuan
een beetje ...	นิดนอย	nít nói
helft (de)	ครึ่ง	khrêung
dozijn (het)	โหล	lǒh
stuk (het)	ส่วน	sùan

| afmeting (de) | ขนาด | khà-nàat |
| schaal (bijv. ~ van 1 op 50) | มาตราส่วน | mâat-dtraa sùan |

minimaal (bn)	นอยที่สุด	nói thêe sùt
minste (bn)	เล็กที่สุด	lék thêe sùt
medium (bn)	กลาง	glaang
maximaal (bn)	สูงสุด	sǒong sùt
grootste (bn)	ใหญ่ที่สุด	yài têe sùt

23. Containers

glazen pot (de)	ขวดโหล	khùat lǒh
blik (conserven~)	กระป๋อง	grà-bpǒrng
emmer (de)	ถัง	thǎng
ton (bijv. regenton)	ถัง	thǎng

ronde waterbak (de)	กะทะ	gà-thá
tank (bijv. watertank-70-ltr)	ถังเก็บน้ำ	thǎng gèp nám
heupfles (de)	กระติกน้ำ	grà-dtìk nám
jerrycan (de)	ภาชนะ	phaa-chá-ná
tank (bijv. ketelwagen)	ถังบรรจุ	thǎng ban-jù
beker (de)	แก้ว	gâew
kopje (het)	ถ้วย	thûay

schoteltje (het)	จานรอง	jaan rorng
glas (het)	แก้ว	gâew
wijnglas (het)	แก้วไวน์	gâew wai
pan (de)	หม้อ	môr

| fles (de) | ขวด | khùat |
| flessenhals (de) | ปาก | bpàak |

karaf (de)	คนโท	khon-thoh
kruik (de)	เหยือก	yèuak
vat (het)	ภาชนะ	phaa-chá-ná
pot (de)	หม้อ	môr
vaas (de)	แจกัน	jae-gan

flacon (de)	กระติก	grà-dtìk
flesje (het)	ขวดเล็ก	khùat lék
tube (bijv. ~ tandpasta)	หลอด	lòrt

zak (bijv. ~ aardappelen)	ถุง	thǔng
tasje (het)	ถุง	thǔng
pakje (~ sigaretten, enz.)	ซอง	sorng

doos (de)	กล่อง	glòrng
kist (de)	ลัง	lang
mand (de)	ตะกร้า	dtà-grâa

24. Materialen

materiaal (het)	วัสดุ	wát-sà-dù
hout (het)	ไม้	máai
houten (bn)	ไม้	máai

| glas (het) | แก้ว | gâew |
| glazen (bn) | แกว | gâew |

| steen (de) | หิน | hǐn |
| stenen (bn) | หิน | hǐn |

| plastic (het) | พลาสติก | pláat-dtìk |
| plastic (bn) | พลาสติก | pláat-dtìk |

| rubber (het) | ยาง | yaang |
| rubber-, rubberen (bn) | ยาง | yaang |

| stof (de) | ผ้า | phâa |
| van stof (bn) | ผา | phâa |

| papier (het) | กระดาษ | grà-dàat |
| papieren (bn) | กระดาษ | grà-dàat |

karton (het)	กระดาษแข็ง	grà-dàat khǎeng
kartonnen (bn)	กระดาษแข็ง	grà-dàat khǎeng
polyethyleen (het)	โพลีเอทิลีน	phoh-lee-ay-thí-leen
cellofaan (het)	เซลโลเฟน	sayn loh-fayn

multiplex (het)	ไม้อัด	máai àt
porselein (het)	เครื่องเคลือบดินเผา	khrêuang khlêuap din phǎo
porseleinen (bn)	เครื่องเคลือบดินเผา	khrêuang khlêuap din phǎo
klei (de)	ดินเหนียว	din nǐeow
klei-, van klei (bn)	ดินเหนียว	din nǐeow
keramiek (de)	เซรามิก	say-raa mík
keramieken (bn)	เซรามิก	say-raa mík

25. Metalen

metaal (het)	โลหะ	loh-hà
metalen (bn)	โลหะ	loh-hà
legering (de)	โลหะสัมฤทธิ์	loh-hà sǎm-rít

goud (het)	ทอง	thorng
gouden (bn)	ทอง	thorng
zilver (het)	เงิน	ngern
zilveren (bn)	เงิน	ngern

ijzer (het)	เหล็ก	lèk
ijzeren	เหล็ก	lèk
staal (het)	เหล็กกล้า	lèk glâa
stalen (bn)	เหล็กกลา	lèk glâa
koper (het)	ทองแดง	thorng daeng
koperen (bn)	ทองแดง	thorng daeng

aluminium (het)	อะลูมิเนียม	a-loo-mí-niam
aluminium (bn)	อะลูมิเนียม	a-loo-mí-niam
brons (het)	ทองบรอนซ์	thorng-bron
bronzen (bn)	ทองบรอนซ์	thorng-bron

messing (het)	ทองเหลือง	thorng lěuang
nikkel (het)	นิกเกิล	ník-gêrn
platina (het)	ทองคำขาว	thorng kham khǎao
kwik (het)	ปรอท	bpa -ròrt
tin (het)	ดีบุก	dee-bùk
lood (het)	ตะกั่ว	dtà-gùa
zink (het)	สังกะสี	sǎng-gà-sěe

MENS

Mens. Het lichaam

26. Mensen. Basisbegrippen

mens (de)	มนุษย์	má-nút
man (de)	ผู้ชาย	phôo chaai
vrouw (de)	ผู้หญิง	phôo yǐng
kind (het)	เด็ก, ลูก	dèk, lôok

meisje (het)	เด็กผู้หญิง	dèk phôo yǐng
jongen (de)	เด็กผู้ชาย	dèk phôo chaai
tiener, adolescent (de)	วัยรุ่น	wai rûn
oude man (de)	ชายชรา	chaai chá-raa
oude vrouw (de)	หญิงชรา	yǐng chá-raa

27. Menselijke anatomie

organisme (het)	ร่างกาย	râang gaai
hart (het)	หัวใจ	hǔa jai
bloed (het)	เลือด	lêuat
slagader (de)	เส้นเลือดแดง	sâyn lêuat daeng
ader (de)	เส้นเลือดดำ	sâyn lêuat dam

hersenen (mv.)	สมอง	sà-mǒrng
zenuw (de)	เส้นประสาท	sên bprà-sàat
zenuwen (mv.)	เส้นประสาท	sên bprà-sàat
wervel (de)	กระดูกสันหลัง	grà-dòok sǎn-lǎng
ruggengraat (de)	สันหลัง	sǎn lǎng

maag (de)	กระเพาะอาหาร	grà phór aa-hǎan
darmen (mv.)	ลำไส้	lam sâi
darm (de)	ลำไส้	lam sâi
lever (de)	ตับ	dtàp
nier (de)	ไต	dtai

been (deel van het skelet)	กระดูก	grà-dòok
skelet (het)	โครงกระดูก	khrohng grà-dòok
rib (de)	ซี่โครง	sêe khrohng
schedel (de)	กะโหลก	gà-lòhk

spier (de)	กล้ามเนื้อ	glâam néua
biceps (de)	กล้ามเนื้อไบเซ็ปส์	glâam néua bai-sép
triceps (de)	กล้ามเนื้อไทรเซปส์	gglâam néua thrai-sâyp
pees (de)	เส้นเอ็น	sâyn en
gewricht (het)	ขอตอ	khôr dtòr

longen (mv.)	ปอด	bpòrt
geslachtsorganen (mv.)	อวัยวะเพศ	a-wai-wá phâyt
huid (de)	ผิวหนัง	phǐw nǎng

28. Hoofd

hoofd (het)	หัว	hǔa
gezicht (het)	หน้า	nâa
neus (de)	จมูก	jà-mòok
mond (de)	ปาก	bpàak

oog (het)	ตา	dtaa
ogen (mv.)	ตา	dtaa
pupil (de)	รูม่านตา	roo mâan dtaa
wenkbrauw (de)	คิ้ว	khíw
wimper (de)	ขนตา	khǒn dtaa
ooglid (het)	เปลือกตา	bplèuak dtaa

tong (de)	ลิ้น	lín
tand (de)	ฟัน	fan
lippen (mv.)	ริมฝีปาก	rim fěe bpàak
jukbeenderen (mv.)	โหนกแก้ม	nòhk gâem
tandvlees (het)	เหงือก	ngèuak
gehemelte (het)	เพดานปาก	phay-daan bpàak

neusgaten (mv.)	รูจมูก	roo jà-mòok
kin (de)	คาง	khaang
kaak (de)	ขากรรไกร	khǎa gan-grai
wang (de)	แก้ม	gâem

voorhoofd (het)	หน้าผาก	nâa phàak
slaap (de)	ขมับ	khà-màp
oor (het)	หู	hǒo
achterhoofd (het)	หลังศรีษะ	lǎng sěe-sà
hals (de)	คอ	khor
keel (de)	ลำคอ	lam khor

haren (mv.)	ผม	phǒm
kapsel (het)	ทรงผม	song phǒm
haarsnit (de)	ทรงผม	song phǒm
pruik (de)	ผมปลอม	phǒm bplorm

snor (de)	หนวด	nùat
baard (de)	เครา	krao
dragen (een baard, enz.)	ลองไว้	lorng wái
vlecht (de)	ผมเปีย	phǒm bpia
bakkebaarden (mv.)	จอน	jorn

ros (roodachtig, rossig)	ผมแดง	phǒm daeng
grijs (~ haar)	ผมหงอก	phǒm ngòrk
kaal (bn)	หัวล้าน	hǔa láan
kale plek (de)	หัวล้าน	hǔa láan
paardenstaart (de)	ผมทรงหางม้า	phǒm song hǎang máa
pony (de)	ผมม้า	phǒm máa

29. Menselijk lichaam

hand (de)	มือ	meu
arm (de)	แขน	khăen

vinger (de)	นิ้ว	níw
teen (de)	นิ้วเท้า	níw tháo
duim (de)	นิ้วโป้ง	níw bpôhng
pink (de)	นิ้วก้อย	níw gôi
nagel (de)	เล็บ	lép

vuist (de)	กำปั้น	gam bpân
handpalm (de)	ฝ่ามือ	fàa meu
pols (de)	ข้อมือ	khôr meu
voorarm (de)	แขนช่วงล่าง	khăen chûang lâang
elleboog (de)	ข้อศอก	khôr sòrk
schouder (de)	ไหล่	lài

been (rechter ~)	ขา	khăa
voet (de)	เท้า	tháo
knie (de)	หัวเข่า	hŭa khào
kuit (de)	น่อง	nôrng
heup (de)	สะโพก	sà-phôhk
hiel (de)	ส้นเท้า	sôn tháo

lichaam (het)	ร่างกาย	râang gaai
buik (de)	ท้อง	thórng
borst (de)	อก	òk
borst (de)	หน้าอก	nâa òk
zijde (de)	ข้าง	khâang
rug (de)	หลัง	lăng
lage rug (de)	หลังส่วนล่าง	lăng sùan lâang
taille (de)	เอว	eo

navel (de)	สะดือ	sà-deu
billen (mv.)	ก้น	gôn
achterwerk (het)	กน	gôn

huidvlek (de)	ไฝเสน่ห์	făi sà-này
moedervlek (de)	ปาน	bpaan
tatoeage (de)	รอยสัก	roi sàk
litteken (het)	แผลเป็น	phlăe bpen

Kleding en accessoires

30. Bovenkleding. Jassen

kleren (mv.)	เสื้อผ้า	sêua phâa
bovenkleding (de)	เสื้อนอก	sêua nôk
winterkleding (de)	เสื้อกันหนาว	sêua gan năao
jas (de)	เสื้อโค้ท	sêua khóht
bontjas (de)	เสื้อโค้ทขนสัตว์	sêua khóht khŏn sàt
bontjasje (het)	แจคเก็ตขนสัตว์	jáek-gèt khŏn sàt
donzen jas (de)	แจ็คเก็ตกันหนาว	jàek-gèt gan năao
jasje (bijv. een leren ~)	แจ๊คเก็ต	jáek-gèt
regenjas (de)	เสื้อกันฝน	sêua gan fŏn
waterdicht (bn)	ซึ่งกันน้ำได้	sêung gan náam dâai

31. Heren & dames kleding

overhemd (het)	เสื้อ	sêua
broek (de)	กางเกง	gaang-gayng
jeans (de)	กางเกงยีนส์	gaang-gayng yeen
colbert (de)	แจ็คเก็ตสูท	jàek-gèt sòot
kostuum (het)	ชุดสูท	chút sòot
jurk (de)	ชุดเดรส	chút draet
rok (de)	กระโปรง	grà bprohng
blouse (de)	เสื้อ	sêua
wollen vest (de)	แจ็คเก็ตถัก	jáek-gèt thàk
blazer (kort jasje)	แจคเก็ต	jáek-gèt
T-shirt (het)	เสื้อยืด	sêua yêut
shorts (mv.)	กางเกงขาสั้น	gaang-gayng khăa sân
trainingspak (het)	ชุดวอรม	chút wom
badjas (de)	เสื้อคลุมอาบน้ำ	sêua khlum àap náam
pyjama (de)	ชุดนอน	chút norn
sweater (de)	เสื้อไหมพรม	sêua măi phrom
pullover (de)	เสื้อกันหนาวแบบสวม	sêua gan năao bàep sŭam
gilet (het)	เสื้อกั๊ก	sêua gák
rokkostuum (het)	เสื้อเทลโค้ต	sêua thayn-khóht
smoking (de)	ชุดทักซิโด	chút thák sí dôh
uniform (het)	เครื่องแบบ	khrêuang bàep
werkkleding (de)	ชุดทำงาน	chút tam ngaan
overall (de)	ชุดเอี๊ยม	chút íam
doktersjas (de)	เสื้อคลุม	sêua khlum

32. Kleding. Ondergoed

ondergoed (het)	ชุดชั้นใน	chút chán nai
herenslip (de)	กางเกงในชาย	gaang-gayng nai chaai
slipjes (mv.)	กางเกงในสตรี	gaang-gayng nai sàt-dtree
onderhemd (het)	เสื้อชั้นใน	sêua chán nai
sokken (mv.)	ถุงเท้า	thǔng tháo

nachthemd (het)	ชุดนอนสตรี	chút norn sàt-dtree
beha (de)	ยกทรง	yók song
kniekousen (mv.)	ถุงเท้ายาว	thǔng tháo yaao
panty (de)	ถุงน่องเต็มตัว	thǔng nôrng dtem dtua
nylonkousen (mv.)	ถุงน่อง	thǔng nôrng
badpak (het)	ชุดว่ายน้ำ	chút wâai náam

33. Hoofddeksels

hoed (de)	หมวก	mùak
deukhoed (de)	หมวก	mùak
honkbalpet (de)	หมวกเบสบอล	mùak bàyt-bon
kleppet (de)	หมวกติงลี่	mùak dting lêe

baret (de)	หูมวกเบเร่ต์	mùak bay-rây
kap (de)	ฮูด	hóot
panamahoed (de)	หมวกปานามา	mùak bpaa-naa-maa
gebreide muts (de)	หมวกไหมพรม	mùak mǎi phrom

| hoofddoek (de) | ผ้าโพกศีรษะ | phâa phôhk sěe-sà |
| dameshoed (de) | หมวกสตรี | mùak sàt-dtree |

veiligheidshelm (de)	หมวกนิรภัย	mùak ní-rá-phai
veldmuts (de)	หมวกหนีบ	mùak nèep
helm, valhelm (de)	หมวกกันน็อค	mùak ní-rá-phai

| bolhoed (de) | หมวกกลมทรงสูง | mùak glom song sǒong |
| hoge hoed (de) | หมวกทรงสูง | mùak song sǒong |

34. Schoeisel

schoeisel (het)	รองเท้า	rorng tháo
schoenen (mv.)	รองเท้า	rorng tháo
vrouwenschoenen (mv.)	รองเท้า	rorng tháo
laarzen (mv.)	รองเท้าบูท	rorng tháo bòot
pantoffels (mv.)	รองเท้าแตะในบ้าน	rorng tháo dtàe nai bâan

sportschoenen (mv.)	รองเท้ากีฬา	rorng tháo gee-laa
sneakers (mv.)	รองเท้าผ้าใบ	rorng tháo phâa bai
sandalen (mv.)	รองเท้าแตะ	rorng tháo dtàe

| schoenlapper (de) | คนซ่อมรองเท้า | khon sôrm rorng tháo |
| hiel (de) | สันรองเท้า | sôn rorng tháo |

paar (een ~ schoenen)	คู่	khôo
veter (de)	เชือกรองเท้า	chêuak rorng tháo
rijgen (schoenen ~)	ผูกเชือกรองเท้า	phòok chêuak rorng tháo
schoenlepel (de)	ที่ช้อนรองเท้า	thêe chón rorng tháo
schoensmeer (de/het)	ยาขัดรองเท้า	yaa khàt rorng tháo

35. Textiel. Weefsel

katoen (de/het)	ฝ้าย	fâai
katoenen (bn)	ฝ้าย	fâai
vlas (het)	แฟลกซ์	fláek
vlas-, van vlas (bn)	แฟลกซ์	fláek

zijde (de)	ไหม	mǎi
zijden (bn)	ไหม	mǎi
wol (de)	ขนสัตว์	khǒn sàt
wollen (bn)	ขนสัตว์	khǒn sàt

fluweel (het)	กำมะหยี่	gam-má-yèe
suède (de)	หนังกลับ	nǎng glàp
ribfluweel (het)	ผ้าลูกฟูก	phâa lôok fôok

nylon (de/het)	ไนลอน	nai-lorn
nylon-, van nylon (bn)	ไนลอน	nai-lorn
polyester (het)	โพลีเอสเตอร์	poh-lee-àyt-dtêr
polyester- (abn)	โพลีเอสเตอร์	poh-lee-àyt-dtêr

leer (het)	หนัง	nǎng
leren (van leer gemaak)	หนัง	nǎng
bont (het)	ขนสัตว์	khǒn sàt
bont- (abn)	ขนสัตว์	khǒn sàt

36. Persoonlijke accessoires

handschoenen (mv.)	ถุงมือ	thǔng meu
wanten (mv.)	ถุงมือ	thǔng meu
sjaal (fleece ~)	ผ้าพันคอ	phâa phan khor

bril (de)	แว่นตา	wâen dtaa
brilmontuur (het)	กรอบแว่น	gròrp wâen
paraplu (de)	ร่ม	rôm
wandelstok (de)	ไม้เท้า	máai tháo
haarborstel (de)	แปรงหวีผม	bpraeng wǐe phǒm
waaier (de)	พัด	phát

das (de)	เนคไท	nâyk-thai
strikje (het)	โบว์หูกระตาย	boh hǒo grà-dtàai
bretels (mv.)	สายเอี๊ยม	sǎai íam
zakdoek (de)	ผ้าเช็ดหน้า	phâa chét-nâa

| kam (de) | หวี | wǐe |
| haarspeldje (het) | ที่หนีบผม | têe nèep phǒm |

| schuifspeldje (het) | กิ๊บ | gíp |
| gesp (de) | หัวเข็มขัด | hŭa khĕm khàt |

| broekriem (de) | เข็มขัด | khĕm khàt |
| draagriem (de) | สายกระเป๋า | săai grà-bpăo |

handtas (de)	กระเป๋า	grà-bpăo
damestas (de)	กระเป๋าถือ	grà-bpăo thĕu
rugzak (de)	กระเป๋าสะพายหลัง	grà-bpăo sà-phaai lăng

37. Kleding. Diversen

mode (de)	แฟชั่น	fae-chân
de mode (bn)	คานิยม	khâa ní-yom
kledingstilist (de)	นักออกแบบแฟชั่น	nák òrk bàep fae-chân

kraag (de)	คอปกเสื้อ	khor bpòk sêua
zak (de)	กระเป๋า	grà-bpăo
zak- (abn)	กระเป๋า	grà-bpăo
mouw (de)	แขนเสื้อ	khăen sêua
lusje (het)	ที่แขวนเสื้อ	thêe khwăen sêua
gulp (de)	ซิปกางเกง	síp gaang-gayng

rits (de)	ซิป	síp
sluiting (de)	ซิป	síp
knoop (de)	กระดุม	grà dum
knoopsgat (het)	รูกระดุม	roo grà dum
losraken (bijv. knopen)	หลุดออก	lùt òrk

naaien (kleren, enz.)	เย็บ	yép
borduren (ww)	ปัก	bpàk
borduursel (het)	ลายปัก	laai bpàk
naald (de)	เข็มเย็บผ้า	khĕm yép phâa
draad (de)	เสนดาย	sây-dâai
naad (de)	รอยเย็บ	roi yép

vies worden (ww)	สกปรก	sòk-gà-bpròk
vlek (de)	รอยเปื้อน	roi bpêuan
gekreukt raken (ov. kleren)	พับเป็นรอยยน	pháp bpen roi yôn
scheuren (ov.ww.)	ฉีก	chèek
mot (de)	แมลงกินผ้า	má-laeng gin phâa

38. Persoonlijke verzorging. Schoonheidsmiddelen

tandpasta (de)	ยาสีฟัน	yaa sĕe fan
tandenborstel (de)	แปรงสีฟัน	bpraeng sĕe fan
tanden poetsen (ww)	แปรงฟัน	bpraeng fan

scheermes (het)	มีดโกน	mêet gohn
scheerschuim (het)	ครีมโกนหนวด	khreem gohn nùat
zich scheren (ww)	โกน	gohn
zeep (de)	สบู่	sà-bòo

shampoo (de)	แชมพู	chaem-phoo
schaar (de)	กรรไกร	gan-grai
nagelvijl (de)	ตะไบเล็บ	dtà-bai lép
nagelknipper (de)	กรรไกรตัดเล็บ	gan-grai dtàt lép
pincet (het)	แหนบ	nàep

cosmetica (mv.)	เครื่องสำอาง	khrêuang sǎm-aang
masker (het)	มาสก์หน้า	mâak nâa
manicure (de)	การแต่งเล็บ	gaan dtàeng lép
manicure doen	แต่งเล็บ	dtàeng lép
pedicure (de)	การแต่งเล็บเท้า	gaan dtàeng lép táo

cosmetica tasje (het)	กระเป๋าเครื่องสำอาง	grà-bpǎo khrêuang sǎm-aang
poeder (de/het)	แป้งฝุ่น	bpâeng-fùn
poederdoos (de)	ตลับแป้ง	dtà-làp bpâeng
rouge (de)	แป้งทาแก้ม	bpâeng thaa gâem

parfum (de/het)	น้ำหอม	nám hǒrm
eau de toilet (de)	น้ำหอมออนๆ	náam hǒrm òn òn
lotion (de)	โลชั่น	loh-chân
eau de cologne (de)	โคโลญจ์	khoh-lohn

oogschaduw (de)	อายแชโดว์	aai-chae-doh
oogpotlood (het)	อายไลเนอร์	aai lai-ner
mascara (de)	มาสคารา	mâat-khaa-râa

lippenstift (de)	ลิปสติก	líp-sà-dtìk
nagellak (de)	น้ำยาทาเล็บ	nám yaa-thaa lép
haarlak (de)	สเปรย์ฉีดผม	sà-bpray chèet phǒm
deodorant (de)	ยาดับกลิ่น	yaa dàp glìn

crème (de)	ครีม	khreem
gezichtscrème (de)	ครีมทาหน้า	khreem thaa nâa
handcrème (de)	ครีมทามือ	khreem thaa meu
antirimpelcrème (de)	ครีมลดริ้วรอย	khreem lót ríw roi
dagcrème (de)	ครีมกลางวัน	khreem klaang wan
nachtcrème (de)	ครีมกลางคืน	khreem klaang kheun
dag- (abn)	กลางวัน	glaang wan
nacht- (abn)	กลางคืน	glaang kheun

tampon (de)	ผ้าอนามัยแบบสอด	phâa a-naa-mai bàep sòrt
toiletpapier (het)	กระดาษชำระ	grà-dàat cham-rá
föhn (de)	เครื่องเป่าผม	khrêuang bpào phǒm

39. Juwelen

sieraden (mv.)	เครื่องเพชรพลอย	khrêuang phét phloi
edel (bijv. ~ stenen)	เพชรพลอย	phét phloi
keurmerk (het)	ตราฮอลมาร์ค	dtraa hon-mâak

ring (de)	แหวน	wǎen
trouwring (de)	แหวนแต่งงาน	wǎen dtàeng ngaan
armband (de)	กำไลขอมือ	gam-lai khôr meu
oorringen (mv.)	ตุ้มหู	dtûm hǒo

halssnoer (het)	สร้อยคอ	sôi khor
kroon (de)	มงกุฎ	mong-gùt
kralen snoer (het)	สร้อยคอลูกปัด	sôi khor lôok bpàt

diamant (de)	เพชร	phét
smaragd (de)	มรกต	mor-rá-gòt
robijn (de)	พลอยสีทับทิม	phloi sěe tháp-thim
saffier (de)	ไพลิน	phai-lin
parel (de)	ไข่มุก	khài múk
barnsteen (de)	อำพัน	am phan

40. Horloges. Klokken

polshorloge (het)	นาฬิกา	naa-lí-gaa
wijzerplaat (de)	หน้าปัด	nâa bpàt
wijzer (de)	เข็ม	khěm
metalen horlogeband (de)	สายนาฬิกาข้อมือ	sǎai naa-lí-gaa khôr meu
horlogebandje (het)	สายรัดข้อมือ	sǎai rát khôr meu

batterij (de)	แบตเตอรี่	bàet-dter-rêe
leeg zijn (ww)	หมด	mòt
batterij vervangen	เปลี่ยนแบตเตอรี่	bplìan bàet-dter-rêe
voorlopen (ww)	เดินเร็วเกินไป	dern reo gern bpai
achterlopen (ww)	เดินช้า	dern cháa

wandklok (de)	นาฬิกาแขวนผนัง	naa-lí-gaa khwǎen phà-nǎng
zandloper (de)	นาฬิกาทราย	naa-lí-gaa saai
zonnewijzer (de)	นาฬิกาแดด	naa-lí-gaa dàet
wekker (de)	นาฬิกาปลุก	naa-lí-gaa bplùk
horlogemaker (de)	ช่างซ่อมนาฬิกา	châang sôrm naa-lí-gaa
repareren (ww)	ซ่อม	sôrm

Voedsel. Voeding

41. Voedsel

vlees (het)	เนื้อ	néua
kip (de)	ไก่	gài
kuiken (het)	เนื้อลูกไก่	néua lôok gài
eend (de)	เป็ด	bpèt
gans (de)	ห่าน	hàan
wild (het)	สัตว์ที่ล่า	sàt thêe lâa
kalkoen (de)	ไก่งวง	gài nguang
varkensvlees (het)	เนื้อหมู	néua mŏo
kalfsvlees (het)	เนื้อลูกวัว	néua lôok wua
schapenvlees (het)	เนื้อแกะ	néua gàe
rundvlees (het)	เนื้อวัว	néua wua
konijnenvlees (het)	เนื้อกระต่าย	néua grà-dtàai
worst (de)	ไส้กรอก	sâi gròrk
saucijs (de)	ไส้กรอกเวียนนา	sâi gròrk wian-naa
spek (het)	หมูเบคอน	mŏo bay-khorn
ham (de)	แฮม	haem
gerookte achterham (de)	แฮมแกมมอน	haem gaem-morn
paté (de)	ปาเต	bpaa dtay
lever (de)	ตับ	dtàp
gehakt (het)	เนื้อสับ	néua sàp
tong (de)	ลิ้น	lín
ei (het)	ไข่	khài
eieren (mv.)	ไข่	khài
eiwit (het)	ไข่ขาว	khài khăao
eigeel (het)	ไขแดง	khài daeng
vis (de)	ปลา	bplaa
zeevruchten (mv.)	อาหารทะเล	aa hăan thá-lay
schaaldieren (mv.)	สัตว์พวกกุ้งกั้งปู	sàt phûak gûng gâng bpoo
kaviaar (de)	ไข่ปลา	khài-bplaa
krab (de)	ปู	bpoo
garnaal (de)	กุ้ง	gûng
oester (de)	หอยนางรม	hŏi naang rom
langoest (de)	กุ้งมังกร	gûng mang-gon
octopus (de)	ปลาหมึก	bplaa mèuk
inktvis (de)	ปลาหมึกกล้วย	bplaa mèuk-glûay
steur (de)	ปลาสเตอร์เจียน	bpláa sà-dtêr jian
zalm (de)	ปลาแซลมอน	bplaa saen-morn
heilbot (de)	ปลาตาเดียว	bplaa dtaa-dieow
kabeljauw (de)	ปลาค็อด	bplaa khót

makreel (de)	ปลาแม็คเคอเร็ล	bplaa máek-kay-a-rěn
tonijn (de)	ปลาทูน่า	bplaa thoo-nâa
paling (de)	ปลาไหล	bplaa lǎi

forel (de)	ปลาเทราท์	bplaa thrau
sardine (de)	ปลาซาร์ดีน	bplaa saa-deen
snoek (de)	ปลาไพค์	bplaa phai
haring (de)	ปลาเฮอร์ริง	bplaa her-ring

brood (het)	ขนมปัง	khà-nǒm bpang
kaas (de)	เนยแข็ง	noie khǎeng
suiker (de)	น้ำตาล	nám dtaan
zout (het)	เกลือ	gleua

rijst (de)	ข้าว	khâao
pasta (de)	พาสต้า	phâat-dtâa
noedels (mv.)	กวยเตี๋ยว	gǔay-dtǐeow

boter (de)	เนย	noie
plantaardige olie (de)	น้ำมันพืช	nám man phêut
zonnebloemolie (de)	น้ำมันดอกทานตะวัน	nám man dòrk thaan dtà-wan
margarine (de)	เนยเทียม	noie thiam

| olijven (mv.) | มะกอก | má-gòrk |
| olijfolie (de) | น้ำมันมะกอก | nám man má-gòrk |

melk (de)	นม	nom
gecondenseerde melk (de)	นมข้น	nom khôn
yoghurt (de)	โยเกิร์ต	yoh-gèrt
zure room (de)	ซาวร์ครีม	saao khreem
room (de)	ครีม	khreem

| mayonaise (de) | มาย็องเนส | maa-yorng-nâyt |
| crème (de) | สวนผสมของเนยและน้ำตาล | sùan phà-sǒm khǒrng noie láe nám dtaan |

graan (het)	เมล็ดธัญพืช	má-lét than-yá-phêut
meel (het), bloem (de)	แป้ง	bpâeng
conserven (mv.)	อาหารกระป๋อง	aa-hǎan grà-bpǒrng

maïsvlokken (mv.)	คอร์นเฟลค	khorn-flâyk
honing (de)	น้ำผึ้ง	nám phêung
jam (de)	แยม	yaem
kauwgom (de)	หมากฝรั่ง	màak fà-ràng

42. Drankjes

water (het)	น้ำ	nám
drinkwater (het)	น้ำดื่ม	nám dèum
mineraalwater (het)	น้ำแร่	nám râe

zonder gas	ไม่มีฟอง	mâi mee forng
koolzuurhoudend (bn)	น้ำอัดลม	nám àt lom
bruisend (bn)	มีฟอง	mee forng

ijs (het)	น้ำแข็ง	nám khǎeng
met ijs	ใส่น้ำแข็ง	sài nám khǎeng

alcohol vrij (bn)	ไม่มีแอลกอฮอล์	mâi mee aen-gor-hor
alcohol vrije drank (de)	เครื่องดื่มที่ไม่มีแอลกอฮอล์	krêuang dèum têe mâi mee aen-gor-hor
frisdrank (de)	เครื่องดื่มให้ความสดชื่น	khrêuang dèum hâi khwaam sòt chêun
limonade (de)	น้ำเลมอนเนด	nám lay-morn-nâyt

alcoholische dranken (mv.)	เหล้า	lǎu
wijn (de)	ไวน์	wai
witte wijn (de)	ไวน์ขาว	wai khǎao
rode wijn (de)	ไวน์แดง	wai daeng

likeur (de)	สุรา	sù-raa
champagne (de)	แชมเปญ	chaem-bpayn
vermout (de)	เหลาองุ่นขาวซึ่งมีกลิ่นหอม	lâo a-ngùn khǎao sêung mee glìn hǒrm

whisky (de)	เหล้าวิสกี้	lǎu wít-sa -gêe
wodka (de)	เหล้าวอดก้า	lǎu wórt-gâa
gin (de)	เหล้ายิน	lǎu yin
cognac (de)	เหล้าคอนยัก	lǎu khorn yák
rum (de)	เหลารัม	lǎu ram

koffie (de)	กาแฟ	gaa-fae
zwarte koffie (de)	กาแฟดำ	gaa-fae dam
koffie (de) met melk	กาแฟใส่นม	gaa-fae sài nom
cappuccino (de)	กาแฟคาปูชิโน	gaa-fae khaa bpoo chí noh
oploskoffie (de)	กาแฟสำเร็จรูป	gaa-fae sǎm-rèt rôop

melk (de)	นม	nom
cocktail (de)	ค็อกเทล	khók-tayn
milkshake (de)	มิลค์เชค	min-châyk

sap (het)	น้ำผลไม้	nám phǒn-lá-máai
tomatensap (het)	น้ำมะเขือเทศ	nám má-khěua thâyt
sinaasappelsap (het)	น้ำส้ม	nám sôm
vers geperst sap (het)	น้ำผลไม้คั้นสด	nám phǒn-lá-máai khán sòt

bier (het)	เบียร์	bia
licht bier (het)	เบียร์ไลท์	bia lai
donker bier (het)	เบียร์ดารูค	bia dàak

thee (de)	ชา	chaa
zwarte thee (de)	ชาดำ	chaa dam
groene thee (de)	ชาเขียว	chaa khǐeow

43. Groenten

groenten (mv.)	ผัก	phàk
verse kruiden (mv.)	ผักใบเขียว	phàk bai khǐeow
tomaat (de)	มะเขือเทศ	má-khěua thâyt

augurk (de)	แตงกวา	dtaeng-gwaa
wortel (de)	แครอท	khae-rót
aardappel (de)	มันฝรั่ง	man fà-ràng
ui (de)	หัวหอม	hŭa hŏrm
knoflook (de)	กระเทียม	grà-thiam

kool (de)	กะหล่ำปลี	gà-làm bplee
bloemkool (de)	ดอกกะหล่ำ	dòrk gà-làm
spruitkool (de)	กะหล่ำดาว	gà-làm-daao
broccoli (de)	บร็อคโคลี่	bròrk-khoh-lêe

rode biet (de)	บีทรูท	bee-trôot
aubergine (de)	มะเขือยาว	má-khĕua-yaao
courgette (de)	แตงซูคินี	dtaeng soo-khí-nee
pompoen (de)	ฟักทอง	fák-thorng
raap (de)	หัวผักกาด	hŭa-phàk-gàat

peterselie (de)	ผักชีฝรั่ง	phàk chee fà-ràng
dille (de)	ผักชีลาว	phàk-chee-laao
sla (de)	ผักกาดหอม	phàk gàat hŏrm
selderij (de)	คื่นช่าย	khêun-châai
asperge (de)	หน่อไม้ฝรั่ง	nòr máai fà-ràng
spinazie (de)	ผักขม	phàk khŏm

erwt (de)	ถั่วลันเตา	thùa-lan-dtao
bonen (mv.)	ถั่ว	thùa
maïs (de)	ข้าวโพด	khâao-phôht
nierboon (de)	ถั่วรูปไต	thùa rôop dtai

peper (de)	พริกหยวก	phrík-yùak
radijs (de)	หัวไชเท้า	hŭa chai tháo
artisjok (de)	อาร์ติโชค	aa dtì chôhk

44. Vruchten. Noten

vrucht (de)	ผลไม้	phŏn-lá-máai
appel (de)	แอปเปิ้ล	àep-bpêrn
peer (de)	แพร์	phae
citroen (de)	มะนาว	má-naao
sinaasappel (de)	ส้ม	sôm
aardbei (de)	สตรอว์เบอร์รี่	sà-dtror-ber-rêe

mandarijn (de)	ส้มแมนดาริน	sôm maen daa rin
pruim (de)	พลัม	phlam
perzik (de)	ลูกทอ	lôok thór
abrikoos (de)	แอปริคอท	ae-bprì-khôrt
framboos (de)	ราสเบอร์รี่	râat-ber-rêe
ananas (de)	สับปะรด	sàp-bpà-rót

banaan (de)	กล้วย	glûay
watermeloen (de)	แตงโม	dtaeng moh
druif (de)	องุ่น	a-ngùn
zure kers (de)	เชอร์รี่	cher-rêe
zoete kers (de)	เชอร์รี่ป่า	cher-rêe bpàa

meloen (de)	เมลอน	may-lorn
grapefruit (de)	สมโอ	sôm oh
avocado (de)	อะโวคาโด	a-who-khaa-doh
papaja (de)	มะละกอ	má-lá-gor
mango (de)	มะม่วง	má-mûang
granaatappel (de)	ทับทิม	tháp-thim

rode bes (de)	เรดเคอร์แรนท์	râyt-khêr-raen
zwarte bes (de)	แบล็คเคอูร์แรนท์	blàek khêr-raen
kruisbes (de)	กูสเบอร์รี่	gòot-ber-rêe
blauwe bosbes (de)	บิลเบอร์รี่	bil-ber-rêe
braambes (de)	แบล็คเบอร์รี่	blàek ber-rêe

rozijn (de)	ลูกเกด	lôok gàyt
vijg (de)	มะเดื่อฝรั่ง	má dèua fà-ràng
dadel (de)	ลูกอินทผลัม	lôok in-thá-plǎm

pinda (de)	ถั่วลิสง	thùa-lí-sǒng
amandel (de)	อัลมอนด์	an-morn
walnoot (de)	วอลนัต	wor-lá-nát
hazelnoot (de)	เฮเซลนัท	hay sayn nát
kokosnoot (de)	มะพร้าว	má-phráao
pistaches (mv.)	ถั่วพิสตาชิโอ	thùa phít dtaa chí oh

45. Brood. Snoep

suikerbakkerij (de)	ขนม	khà-nǒm
brood (het)	ขนมปัง	khà-nǒm bpang
koekje (het)	คุกกี้	khúk-gêe

chocolade (de)	ช็อกโกแลต	chók-goh-láet
chocolade- (abn)	ช็อกโกแลต	chók-goh-láet
snoepje (het)	ลูกกวาด	lôok gwàat
cakeje (het)	ขนมเค้ก	khà-nǒm kháyk
taart (bijv. verjaardags~)	ขนมเค้ก	khà-nǒm kháyk

| pastei (de) | ขนมพาย | khà-nǒm phaai |
| vulling (de) | ไส้ในขนม | sâi nai khà-nǒm |

confituur (de)	แยม	yaem
marmelade (de)	แยมผิวส้ม	yaem phǐw sôm
wafel (de)	วาฟเฟิล	waaf-fern
ijsje (het)	ไอศกรีม	ai-sà-greem
pudding (de)	พุดดิ้ง	phút-dîng

46. Bereide gerechten

gerecht (het)	มื้ออาหาร	méu aa-hǎan
keuken (bijv. Franse ~)	อาหาร	aa-hǎan
recept (het)	ตำราอาหาร	dtam-raa aa-hǎan
portie (de)	สวน	sùan
salade (de)	สลัด	sà-làt

soep (de)	ซุป	súp
bouillon (de)	ซุปน้ำใส	súp nám-sǎi
boterham (de)	แซนด์วิช	saen-wít
spiegelei (het)	ไข่ทอด	khài thôrt

hamburger (de)	แฮมเบอร์เกอร์	haem-ber-gêr
biefstuk (de)	สเต็กเนื้อ	sà-dtèk néua

garnering (de)	เครื่องเคียง	khrêuang khiang
spaghetti (de)	สปาเก็ตตี้	sà-bpaa-gèt-dtêe
aardappelpuree (de)	มันฝรั่งบด	man fà-ràng bòt
pizza (de)	พิซซ่า	phít-sâa
pap (de)	ข้าวต้ม	khâao-dtôm
omelet (de)	ไข่เจียว	khài jieow

gekookt (in water)	ต้ม	dtôm
gerookt (bn)	รมควัน	rom khwan
gebakken (bn)	ทอด	thôrt
gedroogd (bn)	ตากแห้ง	dtàak hâeng
diepvries (bn)	แช่แข็ง	châe khǎeng
gemarineerd (bn)	ดอง	dorng

zoet (bn)	หวาน	wǎan
gezouten (bn)	เค็ม	khem
koud (bn)	เย็น	yen
heet (bn)	ร้อน	rórn
bitter (bn)	ขม	khǒm
lekker (bn)	อร่อย	à-ròi

koken (in kokend water)	ต้ม	dtôm
bereiden (avondmaaltijd ~)	ทำอาหาร	tham aa-hǎan
bakken (ww)	ทอด	thôrt
opwarmen (ww)	อุ่น	ùn

zouten (ww)	ใส่เกลือ	sài gleua
peperen (ww)	ใส่พริกไทย	sài phrík thai
raspen (ww)	ขูด	khòot
schil (de)	เปลือก	bplèuak
schillen (ww)	ปอกเปลือก	bpòrk bplêuak

47. Kruiden

zout (het)	เกลือ	gleua
gezouten (bn)	เค็ม	khem
zouten (ww)	ใส่เกลือ	sài gleua

zwarte peper (de)	พริกไทย	phrík thai
rode peper (de)	พริกแดง	phrík daeng
mosterd (de)	มัสตาร์ด	mát-dtàat
mierikswortel (de)	ฮอสแรดิช	hórt rae dìt

condiment (het)	เครื่องปรุงรส	khrêuang bprung rót
specerij, kruiderij (de)	เครื่องเทศ	khrêuang thâyt
saus (de)	ซอส	sós

azijn (de)	น้ำส้มสายชู	nám sôm sǎai choo
anijs (de)	เทียนสัตตบุษย์	thian-sàt-dtà-bùt
basilicum (de)	ใบโหระพา	bai hǒh rá phaa
kruidnagel (de)	กานพลู	gaan-phloo
gember (de)	ขิง	khǐng
koriander (de)	ผักชีลา	pàk-chee-laa
kaneel (de/het)	อบเชย	òp-choie

sesamzaad (het)	งา	ngaa
laurierblad (het)	ใบกระวาน	bai grà-waan
paprika (de)	พริกป่น	phrík bpòn
komijn (de)	เทียนตากบ	thian dtaa gòp
saffraan (de)	หญ้าฝรั่น	yâa fà-ràn

48. Maaltijden

| eten (het) | อาหาร | aa-hǎan |
| eten (ww) | กิน | gin |

ontbijt (het)	อาหารเช้า	aa-hǎan cháo
ontbijten (ww)	ทานอาหารเช้า	thaan aa-hǎan cháo
lunch (de)	ขาวเที่ยง	khâao thîang
lunchen (ww)	ทานอาหารเที่ยง	thaan aa-hǎan thîang
avondeten (het)	อาหารเย็น	aa-hǎan yen
souperen (ww)	ทานอาหารเย็น	thaan aa-hǎan yen

| eetlust (de) | ความอยากอาหาร | kwaam yàak aa hǎan |
| Eet smakelijk! | กินให้อร่อย! | gin hâi a-ròi |

openen (een fles ~)	เปิด	bpèrt
morsen (koffie, enz.)	ทำหก	tham hòk
zijn gemorst	ทำหกออกมา	tham hòk òrk maa
koken (water kookt bij 100°C)	ต้ม	dtôm
koken (Hoe om water te ~)	ต้ม	dtôm
gekookt (~ water)	ต้ม	dtôm
afkoelen (koeler maken)	แช่เย็น	châe yen
afkoelen (koeler worden)	แช่เย็น	châe yen

| smaak (de) | รสชาติ | rót châat |
| nasmaak (de) | รส | rót |

volgen een dieet	ลดน้ำหนัก	lót nám nàk
dieet (het)	อาหารพิเศษ	aa-hǎan phí-sàyt
vitamine (de)	วิตามิน	wí-dtaa-min
calorie (de)	แคลอรี่	khae-lor-rêe
vegetariër (de)	คนกินเจ	khon gin jay
vegetarisch (bn)	มังสวิรัติ	mang-sà-wí-rát

vetten (mv.)	ไขมัน	khǎi man
eiwitten (mv.)	โปรตีน	bproh-dteen
koolhydraten (mv.)	คาร์โบไฮเดรต	kaa-boh-hai-dràyt
snede (de)	แผ่น	phàen
stuk (bijv. een ~ taart)	ชิ้น	chín
kruimel (de)	เศษ	sàyt

49. Tafelschikking

lepel (de)	ช้อน	chórn
mes (het)	มีด	mêet
vork (de)	ส้อม	sôrm
kopje (het)	แก้ว	gâew
bord (het)	จาน	jaan
schoteltje (het)	จานรอง	jaan rorng
servet (het)	ผ้าเช็ดปาก	phâa chét bpàak
tandenstoker (de)	ไม้จิ้มฟัน	máai jîm fan

50. Restaurant

restaurant (het)	ร้านอาหาร	ráan aa-hǎan
koffiehuis (het)	ร้านกาแฟ	ráan gaa-fae
bar (de)	ร้านเหล้า	ráan lâo
tearoom (de)	รานน้ำชา	ráan nám chaa
kelner, ober (de)	คนเสิร์ฟชาย	khon sèrf chaai
serveerster (de)	คนเสิร์ฟหญิง	khon sèrf yǐng
barman (de)	บาร์เทนเดอร์	baa-thayn-dêr
menu (het)	เมนู	may-noo
wijnkaart (de)	รายการไวน์	raai gaan wai
een tafel reserveren	จองโต๊ะ	jorng dtó
gerecht (het)	มื้ออาหาร	méu aa-hǎan
bestellen (eten ~)	สั่ง	sàng
een bestelling maken	สั่งอาหาร	sàng aa-hǎan
aperitief (de/het)	เครื่องดื่มเหล้า กอนอาหาร	khrêuang dèum lâo gòrn aa-hǎan
voorgerecht (het)	ของกินเล่น	khǒrng gin lâyn
dessert (het)	ของหวาน	khǒrng wǎan
rekening (de)	คิดเงิน	khít ngern
de rekening betalen	จ่ายค่าอาหาร	jàai khâa aa hǎan
wisselgeld teruggeven	ให้เงินทอน	hâi ngern thorn
fooi (de)	เงินทิป	ngern thíp

Familie, verwanten en vrienden

51. Persoonlijke informatie. Formulieren

naam (de)	ชื่อ	chêu
achternaam (de)	นามสกุล	naam sà-gun
geboortedatum (de)	วันเกิด	wan gèrt
geboorteplaats (de)	สถานที่เกิด	sà-thǎan thêe gèrt
nationaliteit (de)	สัญชาติ	sǎn-châat
woonplaats (de)	ที่อยู่อาศัย	thêe yòo aa-sǎi
land (het)	ประเทศ	bprà-thâyt
beroep (het)	อาชีพ	aa-chêep
geslacht (ov. het vrouwelijk ~)	เพศ	phâyt
lengte (de)	ความสูง	khwaam sǒong
gewicht (het)	น้ำหนัก	nám nàk

52. Familieleden. Verwanten

moeder (de)	มารดา	maan-daa
vader (de)	บิดา	bì-daa
zoon (de)	ลูกชาย	lôok chaai
dochter (de)	ลูกสาว	lôok sǎao
jongste dochter (de)	ลูกสาวคนเล็ก	lôok sǎao khon lék
jongste zoon (de)	ลูกชายคนเล็ก	lôok chaai khon lék
oudste dochter (de)	ลูกสาวคนโต	lôok sǎao khon dtoh
oudste zoon (de)	ลูกชายคนโต	lôok chaai khon dtoh
oudere broer (de)	พี่ชาย	phêe chaai
jongere broer (de)	น้องชาย	nórng chaai
oudere zuster (de)	พี่สาว	phêe sǎao
jongere zuster (de)	น้องสาว	nórng sǎao
neef (zoon van oom, tante)	ลูกพี่ลูกน้อง	lôok phêe lôok nórng
nicht (dochter van oom, tante)	ลูกพี่ลูกน้อง	lôok phêe lôok nórng
mama (de)	แม่	mâe
papa (de)	พ่อ	phôr
ouders (mv.)	พ่อแม่	phôr mâe
kind (het)	เด็ก, ลูก	dèk, lôok
kinderen (mv.)	เด็กๆ	dèk dèk
oma (de)	ย่า, ยาย	yâa, yaai
opa (de)	ปู่, ตา	bpòo, dtaa

kleinzoon (de)	หลานชาย	lǎan chaai
kleindochter (de)	หลานสาว	lǎan sǎao
kleinkinderen (mv.)	หลานๆ	lǎan

oom (de)	ลุง	lung
tante (de)	ป้า	bpâa
neef (zoon van broer, zus)	หลานชาย	lǎan chaai
nicht (dochter van broer, zus)	หลานสาว	lǎan sǎao

schoonmoeder (de)	แม่ยาย	mâe yaai
schoonvader (de)	พ่อสามี	phôr sǎa-mee
schoonzoon (de)	ลูกเขย	lôok khǒie
stiefmoeder (de)	แม่เลี้ยง	mâe líang
stiefvader (de)	พ่อเลี้ยง	phôr líang

zuigeling (de)	ทารก	thaa-rók
wiegenkind (het)	เด็กเล็ก	dèk lék
kleuter (de)	เด็ก	dèk

vrouw (de)	ภรรยา	phan-rá-yaa
man (de)	สามี	sǎa-mee
echtgenoot (de)	สามี	sǎa-mee
echtgenote (de)	ภรรยา	phan-rá-yaa

gehuwd (mann.)	แต่งงานแล้ว	dtàeng ngaan láew
gehuwd (vrouw.)	แต่งงานแล้ว	dtàeng ngaan láew
ongehuwd (mann.)	เป็นโสด	bpen sòht
vrijgezel (de)	ชายโสด	chaai sòht
gescheiden (bn)	หย่าแล้ว	yàa láew
weduwe (de)	แม่หม้าย	mâe mâai
weduwnaar (de)	พ่อหม้าย	phôr mâai

familielid (het)	ญาติ	yâat
dichte familielid (het)	ญาติใกล้ชิด	yâat glâi chít
verre familielid (het)	ญาติห่างๆ	yâat hàang hàang
familieleden (mv.)	ญาติๆ	yâat

wees (weesjongen)	เด็กชายกำพร้า	dèk chaai gam phráa
wees (weesmeisje)	เด็กหญิงกำพรา	dèk yǐng gam phráa
voogd (de)	ผู้ปกครอง	phôo bpòk khrorng
adopteren (een jongen te ~)	บุญธรรม	bun tham
adopteren (een meisje te ~)	บุญธรรม	bun tham

53. Vrienden. Collega's

vriend (de)	เพื่อน	phêuan
vriendin (de)	เพื่อน	phêuan
vriendschap (de)	มิตรภาพ	mít-dtrà-phâap
bevriend zijn (ww)	เป็นเพื่อน	bpen phêuan

makker (de)	เพื่อนสนิท	phêuan sà-nìt
vriendin (de)	เพื่อนสนิท	phêuan sà-nìt
partner (de)	หุนส่วน	hûn sùan
chef (de)	หัวหน้า	hǔa-nâa

baas (de)	ผู้บังคับบัญชา	phôo bang-kháp ban-chaa
eigenaar (de)	เจ้าของ	jâo khŏrng
ondergeschikte (de)	ลูกน้อง	lôok nórng
collega (de)	เพื่อนร่วมงาน	phêuan rûam ngaan

kennis (de)	ผู้คุ้นเคย	phôo khún khoie
medereiziger (de)	เพื่อนร่วมทาง	pêuan rûam thaang
klasgenoot (de)	เพื่อนรุ่น	phêuan rûn

buurman (de)	เพื่อนบ้านผู้ชาย	phêuan bâan pôo chaai
buurvrouw (de)	เพื่อนบ้านผู้หญิง	phêuan bâan phôo yĭng
buren (mv.)	เพื่อนบ้าน	phêuan bâan

54. Man. Vrouw

vrouw (de)	ผู้หญิง	phôo yĭng
meisje (het)	หญิงสาว	yĭng săao
bruid (de)	เจ้าสาว	jâo săao

mooi(e) (vrouw, meisje)	สวย	sŭay
groot, grote (vrouw, meisje)	สูง	sŏong
slank(e) (vrouw, meisje)	ผอม	phŏrm
korte, kleine (vrouw, meisje)	เตี้ย	dtîa

| blondine (de) | ผมสีทอง | phŏm sĕe thorng |
| brunette (de) | ผมสีคล้ำ | phŏm sĕe khlám |

dames- (abn)	สตรี	sàt-dtree
maagd (de)	บริสุทธิ์	bor-rí-sùt
zwanger (bn)	ตั้งครรภ์	dtâng khan

man (de)	ผู้ชาย	phôo chaai
blonde man (de)	ผมสีทอง	phŏm sĕe thorng
bruinharige man (de)	ผมสีคล้ำ	phŏm sĕe khlám
groot (bn)	สูง	sŏong
klein (bn)	เตี้ย	dtîa

onbeleefd (bn)	หยาบคาย	yàap kaai
gedrongen (bn)	แข็งแรง	khăeng raeng
robuust (bn)	กำยำ	gam-yam
sterk (bn)	แข็งแรง	khăeng raeng
sterkte (de)	ความแข็งแรง	khwaam khăeng raeng

mollig (bn)	ท้วม	thúam
getaand (bn)	ผิวดำ	phĭw dam
slank (bn)	ผอม	phŏrm
elegant (bn)	สง่า	sà-ngàa

55. Leeftijd

| leeftijd (de) | อายุ | aa-yú |
| jeugd (de) | วัยเยาว์ | wai yao |

jong (bn)	หนุ่ม	nùm
jonger (bn)	อายุน้อยกว่า	aa-yú nói gwàa
ouder (bn)	อายุสูงกวา	aa-yú sŏong gwàa

jongen (de)	ชายหนุ่ม	chaai nùm
tiener, adolescent (de)	วัยรุ่น	wai rûn
kerel (de)	คนหนุ่ม	khon nùm

| oude man (de) | ชายชรา | chaai chá-raa |
| oude vrouw (de) | หญิงชรา | yĭng chá-raa |

volwassen (bn)	ผู้ใหญ่	phôo yài
van middelbare leeftijd (bn)	วัยกลาง	wai glaang
bejaard (bn)	วัยชรา	wai chá-raa
oud (bn)	แก่	gàe

pensioen (het)	การเกษียณอายุ	gaan gà-sĭan aa-yú
met pensioen gaan	เกษียณ	gà-sĭan
gepensioneerde (de)	ผู้เกษียณอายุ	phôo gà-sĭan aa-yú

56. Kinderen

kind (het)	เด็ก, ลูก	dèk, lôok
kinderen (mv.)	เด็กๆ	dèk dèk
tweeling (de)	แฝด	fàet

wieg (de)	เปล	bplay
rammelaar (de)	ของเล่นกุ๊งกิ๊ง	khŏrng lên gúng-gîng
luier (de)	ผ้าอ้อม	phâa ôrm

speen (de)	จุกนม	jùk-nom
kinderwagen (de)	รถเข็นเด็ก	rót khěn dèk
kleuterschool (de)	โรงเรียนอนุบาล	rohng rian a-nú-baan
babysitter (de)	คนเฝ้าเด็ก	khon fâo dèk
kindertijd (de)	วัยเด็ก	wai dèk
pop (de)	ตุ๊กตา	dtúk-dtaa
speelgoed (het)	ของเล่น	khŏrng lên
bouwspeelgoed (het)	ชุดของเล่นก่อสร้าง	chút khŏrng lên gòr sâang

welopgevoed (bn)	มีกิริยามารยาทดี	mee gì-rí-yaa maa-rá-yâat dee
onopgevoed (bn)	ไม่มีมารยาท	mâi mee maa-rá-yâat
verwend (bn)	เสียคน	sĭa khon

stout zijn (ww)	ซน	son
stout (bn)	ซน	son
stoutheid (de)	ความเกเร	kwaam gay-ray
stouterd (de)	เด็กเกเร	dèk gay-ray

gehoorzaam (bn)	ที่เชื่อฟัง	thêe chêua fang
ongehoorzaam (bn)	ที่ไม่เชื่อฟัง	thêe mâi chêua fang
braaf (bn)	ที่เชื่อฟังผู้ใหญ่	thée chêua fang phôo yài
slim (verstandig)	ฉลาด	chà-làat
wonderkind (het)	เด็กมีพรสวรรค์	dèk mee phon sà-wăn

57. Gehuwde paren. Gezinsleven

kussen (een kus geven)	จูบ	jòop
elkaar kussen (ww)	จูบ	jòop
gezin (het)	ครอบครัว	khrôrp khrua
gezins- (abn)	ครอบครัว	khrôrp khrua
paar (het)	ผัวเมีย	phŭa mia
huwelijk (het)	การแต่งงาน	gaan dtàeng ngaan
thuis (het)	บ้าน	bâan
dynastie (de)	วงศ์ตระกูล	wong dtrà-goon
date (de)	การออกเดท	gaan òrk dàyt
zoen (de)	การจูบ	gaan jòop
liefde (de)	ความรัก	khwaam rák
liefhebben (ww)	รัก	rák
geliefde (bn)	ที่รัก	thêe rák
tederheid (de)	ความละเมียดละไม	khwaam lá-mîat lá-mai
teder (bn)	ละเมียดละไม	lá-mîat lá-mai
trouw (de)	ความซื่อ	khwaam sêu
trouw (bn)	ซื่อ	sêu
zorg (bijv. bejaarden~)	การดูแล	gaan doo lae
zorgzaam (bn)	ชอบดูแล	chôrp doo lae
jonggehuwden (mv.)	คู่แต่งงานใหม่	khôo dtàeng ngaan mài
wittebroodsweken (mv.)	ฮันนีมูน	han-nee-moon
trouwen (vrouw)	แต่งงาน	dtàeng ngaan
trouwen (man)	แต่งงาน	dtàeng ngaan
bruiloft (de)	การสมรส	gaan sŏm rót
gouden bruiloft (de)	การสมรสครบรอบ50ปี	gaan sŏm rót khróp rôrp hâa-sìp bpee
verjaardag (de)	วันครบรอบ	wan khróp rôrp
minnaar (de)	คู่รัก	khôo rák
minnares (de)	เมียน้อย	mia nói
overspel (het)	การคบชู้	gaan khóp chóo
overspel plegen (ww)	คบชู้	khóp chóo
jaloers (bn)	หึงหวง	hĕung hŭang
jaloers zijn (echtgenoot, enz.)	หึง	hĕung
echtscheiding (de)	การหย่าร้าง	gaan yàa ráang
scheiden (ww)	หย่า	yàa
ruzie hebben (ww)	ทะเลาะ	thá-lór
vrede sluiten (ww)	ประนีประนอม	bprà-nee-bprà-nom
samen (bw)	ด้วยกัน	dûay gan
seks (de)	เพศสัมพันธ์	phâyt săm-phan
geluk (het)	ความสุข	khwaam sùk
gelukkig (bn)	มีความสุข	mee khwaam sùk
ongeluk (het)	เหตุร้าย	hàyt ráai
ongelukkig (bn)	ไม่มีความสุข	mâi mee khwaam sùk

Karakter. Gevoelens. Emoties

58. Gevoelens. Emoties

gevoel (het)	ความรู้สึก	khwaam róo sèuk
gevoelens (mv.)	ความรู้สึก	khwaam róo sèuk
voelen (ww)	รู้สึก	róo sèuk
honger (de)	ความหิว	khwaam hĭw
honger hebben (ww)	หิว	hĭw
dorst (de)	ความกระหาย	khwaam grà-hăai
dorst hebben	กระหาย	grà-hăai
slaperigheid (de)	ความง่วง	khwaam ngûang
willen slapen	ง่วง	ngûang
moeheid (de)	ความเหนื่อย	khwaam nèuay
moe (bn)	เหนื่อย	nèuay
vermoeid raken (ww)	เหนื่อย	nèuay
stemming (de)	อารมณ์	aa-rom
verveling (de)	ความเบื่อ	khwaam bèua
zich vervelen (ww)	เบื่อ	bèua
afzondering (de)	ความเหงา	khwaam ngăo
zich afzonderen (ww)	ปลีกวิเวก	bplèek wí-wâyk
bezorgd maken	ทำให้...เป็นห่วง	tham hâi...bpen hùang
bezorgd zijn (ww)	กังวล	gang-won
zorg (bijv. geld~en)	ความเป็นห่วง	khwaam bpen hùang
ongerustheid (de)	ความวิตกกังวล	khwaam wí-dtòk gang-won
ongerust (bn)	เป็นห่วงใหญ่	bpen hùang yài
zenuwachtig zijn (ww)	กระวนกระวาย	grà won grà waai
in paniek raken	ตื่นตระหนก	dtèun dtrà-nòk
hoop (de)	ความหวัง	khwaam wăng
hopen (ww)	หวัง	wăng
zekerheid (de)	ความแน่ใจ	khwaam nâe jai
zeker (bn)	แน่ใจ	nâe jai
onzekerheid (de)	ความไม่มั่นใจ	khwaam mâi mân jai
onzeker (bn)	ไม่มั่นใจ	mâi mân jai
dronken (bn)	เมา	mao
nuchter (bn)	ไม่เมา	mâi mao
zwak (bn)	ออนแอ	òrn ae
gelukkig (bn)	มีความสุข	mee khwaam sùk
doen schrikken (ww)	ทำให้...กลัว	tham hâi...glua
toorn (de)	ความโกรธเคือง	khwaam gròht kheuang
woede (de)	ความเดือดดาล	khwaam dèuat daan
depressie (de)	ความหดหู่	khwaam hòt-hòo
ongemak (het)	อึดอัด	èut àt

gemak, comfort (het)	สบาย	sà-baai
spijt hebben (ww)	เสียดาย	sĭa daai
spijt (de)	ความเสียดาย	khwaam sĭa daai
pech (de)	โชคราย	chôhk ráai
bedroefdheid (de)	ความเศรา	khwaam sâo
schaamte (de)	ความละอายใจ	khwaam lá-aai jai
pret (de), plezier (het)	ความปิติ	khwaam bpì-dtì
enthousiasme (het)	ความกระตือรือรน	khwaam grà-dteu-reu-rón
enthousiasteling (de)	คนที่กระตือรือรน	khon thêe grà-dteu-reu-rón
enthousiasme vertonen	แสดงความ กระตือรือรน	sà-daeng khwaam grà-dteu-reu-rón

59. Karakter. Persoonlijkheid

karakter (het)	นิสัย	ní-sǎi
karakterfout (de)	ขอเสีย	khôr sĭa
verstand (het)	สติ	sà-dtì
rede (de)	สติ	sà-dtì
geweten (het)	มโนธรรม	má-noh tham
gewoonte (de)	นิสัย	ní-sǎi
bekwaamheid (de)	ความสามารถ	khwaam sǎa-mâat
kunnen (bijv., ~ zwemmen)	สามารถ	sǎa-mâat
geduldig (bn)	อดทน	òt thon
ongeduldig (bn)	ใจรอนใจเร็ว	jai rórn jai reo
nieuwsgierig (bn)	อยากรูอยากเห็น	yàak róo yàak hěn
nieuwsgierigheid (de)	ความอยากรูอยากเห็น	khwaam yàak róo yàak hěn
bescheidenheid (de)	ความถอมตน	khwaam thòrm dton
bescheiden (bn)	ถอมตน	thòrm dton
onbescheiden (bn)	หยาบโลน	yàap lohn
luiheid (de)	ความขี้เกียจ	khwaam khêe gìat
lui (bn)	ขี้เกียจ	khêe gìat
luiwammes (de)	คนขี้เกียจ	khon khêe gìat
sluwheid (de)	ความเจ้าเล่ห์	khwaam jâo lây
sluw (bn)	เจาเลห	jâo lây
wantrouwen (het)	ความหวาดระแวง	khwaam wàat rá-waeng
wantrouwig (bn)	เคลือบแคลง	khlêuap-khlaeng
gulheid (de)	ความเอื้อเฟื้อ	khwaam êua féua
gul (bn)	มีน้ำใจ	mee nám jai
talentrijk (bn)	มีพรสวรรค์	mee phon sà-wǎn
talent (het)	พรสวรรค	phon sà-wǎn
moedig (bn)	กลาหาญ	glâa hǎan
moed (de)	ความกลาหาญ	khwaam glâa hǎan
eerlijk (bn)	ซื่อสัตย	sêu sàt
eerlijkheid (de)	ความซื่อสัตย	khwaam sêu sàt
voorzichtig (bn)	ระมัดระวัง	rá mát rá-wang
manhaftig (bn)	กลา	glâa

ernstig (bn)	เอาจริงเอาจัง	ao jing ao jang
streng (bn)	เขมงวด	khêm ngûat
resoluut (bn)	เด็ดเดี่ยว	dèt dìeow
onzeker, irresoluut (bn)	ไม่เด็ดขาด	mâi dèt khàat
schuchter (bn)	อาย	aai
schuchterheid (de)	ความขวยอาย	khwaam khǔay aai
vertrouwen (het)	ความไว้ใจ	khwaam wái jai
vertrouwen (ww)	ไว้เนื้อเชื่อใจ	wái néua chêua jai
goedgelovig (bn)	เชื่อใจ	chêua jai
oprecht (bw)	อย่างจริงใจ	yàang jing jai
oprecht (bn)	จริงใจ	jing jai
oprechtheid (de)	ความจริงใจ	khwaam jing jai
open (bn)	เปิดเผย	bpèrt phǒie
rustig (bn)	ใจเย็น	jai yen
openhartig (bn)	จริงใจ	jing jai
naïef (bn)	หลงเชื่อ	lǒng chêua
verstrooid (bn)	ใจลอย	jai loi
leuk, grappig (bn)	ตลก	dtà-lòk
gierigheid (de)	ความโลภ	khwaam lôhp
gierig (bn)	โลภ	lôhp
inhalig (bn)	ขี้เหนียว	khêe nǐeow
kwaad (bn)	เลว	leo
koppig (bn)	ดื้อ	dêu
onaangenaam (bn)	ไม่น่าพึงพอใจ	mâi nâa pheung phor jai
egoïst (de)	คนที่เห็นแก่ตัว	khon thêe hěn gàe dtua
egoïstisch (bn)	เห็นแก่ตัว	hěn gàe dtua
lafaard (de)	คนขี้ขลาด	khon khêe khlàat
laf (bn)	ขี้ขลาด	khêe khlàat

60. Slaap. Dromen

slapen (ww)	นอน	norn
slaap (in ~ vallen)	ความนอน	khwaam norn
droom (de)	ความฝัน	khwaam fǎn
dromen (in de slaap)	ฝัน	fǎn
slaperig (bn)	ง่วง	ngûang
bed (het)	เตียง	dtiang
matras (de)	ฟูกนอน	fôok norn
deken (de)	ผ้าห่ม	phâa hòm
kussen (het)	หมอน	mǒrn
laken (het)	ผ้าปูที่นอน	phâa bpoo thêe norn
slapeloosheid (de)	อาการนอนไม่หลับ	aa-gaan norn mâi làp
slapeloos (bn)	นอนไม่หลับ	norn mâi làp
slaapmiddel (het)	ยานอนหลับ	yaa-norn-làp
slaapmiddel innemen	กินยานอนหลับ	gin yaa-norn-làp
willen slapen	ง่วง	ngûang

geeuwen (ww)	หาว	hǎao
gaan slapen	ไปนอน	bpai norn
het bed opmaken	ปูที่นอน	bpoo thêe norn
inslapen (ww)	หลับ	làp

nachtmerrie (de)	ฝันร้าย	fǎn ráai
gesnurk (het)	การกรน	gaan-kron
snurken (ww)	กรน	gron

wekker (de)	นาฬิกาปลุก	naa-lí-gaa bplùk
wekken (ww)	ปลุก	bplùk
wakker worden (ww)	ตื่น	dtèun
opstaan (ww)	ลุกขึ้น	lúk khêun
zich wassen (ww)	ล้างหน้าล้างตา	láang nâa láang dtaa

61. Humor. Gelach. Blijdschap

humor (de)	อารมณ์ขัน	aa-rom khǎn
gevoel (het) voor humor	อารมณ์	aa-rom
plezier hebben (ww)	เริงรื่น	rerng rêun
vrolijk (bn)	เริงรื่น	rerng rêun
pret (de), plezier (het)	ความรื่นเริง	khwaam rêun-rerng

glimlach (de)	รอยยิ้ม	roi yím
glimlachen (ww)	ยิ้ม	yím
beginnen te lachen (ww)	เริ่มหัวเราะ	rêrm hǔa rór
lachen (ww)	หัวเราะ	hǔa rór
lach (de)	การหัวเราะ	gaan hǔa rór

mop (de)	เรื่องขำขัน	rêuang khǎm khǎn
grappig (een ~ verhaal)	ตลก	dtà-lòk
grappig (~e clown)	ขบขัน	khòp khǎn

grappen maken (ww)	ล้อเล่น	lór lên
grap (de)	ตลก	dtà-lòk
blijheid (de)	ความสุขสันต์	khwaam sùk-sǎn
blij zijn (ww)	โมทนา	moh-thá-naa
blij (bn)	ยินดี	yin dee

62. Discussie, conversatie. Deel 1

communicatie (de)	การสื่อสาร	gaan sèu sǎan
communiceren (ww)	สื่อสาร	sèu sǎan

conversatie (de)	การสนทนา	gaan sǒn-thá-naa
dialoog (de)	บทสนทนา	bòt sǒn-thá-naa
discussie (de)	การหารือ	gaan hǎa-reu
debat (het)	การโต้แย้ง	gaan dtôh yáeng
debatteren, twisten (ww)	โต้แย้ง	dtôh yáeng

gesprekspartner (de)	คู่สนทนา	khôo sǒn-tá-naa
thema (het)	หัวข้อ	hǔa khôr

standpunt (het)	แง่คิด	ngâe khít
mening (de)	ความคิดเห็น	khwaam khít hěn
toespraak (de)	สุนทรพจน์	sǔn tha ra phót

bespreking (de)	การหารือ	gaan hǎa-reu
bespreken (spreken over)	หารือ	hǎa-reu
gesprek (het)	การสนทนา	gaan sǒn-thá-naa
spreken (converseren)	คุยกัน	khui gan
ontmoeting (de)	การพบกัน	gaan phóp gan
ontmoeten (ww)	พบ	phóp

spreekwoord (het)	สุภาษิต	sù-phaa-sìt
gezegde (het)	คำกล่าว	kham glàao
raadsel (het)	ปริศนา	bprìt-sà-nǎa
een raadsel opgeven	ถามปริศนา	thǎam bprìt-sà-nǎa
wachtwoord (het)	รหัสผ่าน	rá-hàt phàan
geheim (het)	ความลับ	khwaam láp

eed (de)	คำสาบาน	kham sǎa-baan
zweren (een eed doen)	สาบาน	sǎa baan
belofte (de)	คำสัญญา	kham sǎn-yaa
beloven (ww)	สัญญา	sǎn-yaa

advies (het)	คำแนะนำ	kham náe nam
adviseren (ww)	แนะนำ	náe nam
advies volgen (iemands ~)	ทำตามคำแนะนำ	tham dtaam kham náe nam
luisteren (gehoorzamen)	เชื่อฟัง	chêua fang

nieuws (het)	ข่าว	khàao
sensatie (de)	ข่าวดัง	khàao dang
informatie (de)	ข้อมูล	khôr moon
conclusie (de)	ข้อสรุป	khôr sà-rùp
stem (de)	เสียง	sǐang
compliment (het)	คำชมเชย	kham chom choie
vriendelijk (bn)	ใจดี	jai dee

woord (het)	คำ	kham
zin (de), zinsdeel (het)	วลี	wá-lee
antwoord (het)	คำตอบ	kham dtòrp

| waarheid (de) | ความจริง | khwaam jing |
| leugen (de) | การโกหก | gaan goh-hòk |

gedachte (de)	ความคิด	khwaam khít
idee (de/het)	ความคิด	khwaam khít
fantasie (de)	จินตนาการ	jin-dtà-naa gaan

63. Discussie, conversatie. Deel 2

gerespecteerd (bn)	ที่นับถือ	thêe náp thěu
respecteren (ww)	นับถือ	náp thěu
respect (het)	ความนับถือ	khwaam náp thěu
Geachte ... (brief)	ท่าน	thâan
voorstellen (Mag ik jullie ~)	แนะนำ	náe nam

kennismaken (met …)	รู้จัก	róo jàk
intentie (de)	ความตั้งใจ	khwaam dtâng jai
intentie hebben (ww)	ตั้งใจ	dtâng jai
wens (de)	การขอพร	gaan khŏr phon
wensen (ww)	ขอ	khŏr

verbazing (de)	ความประหลาดใจ	khwaam bprà-làat jai
verbazen (verwonderen)	ทำให้…ประหลาดใจ	tham hâi…bprà-làat jai
verbaasd zijn (ww)	ประหลาดใจ	bprà-làat jai

geven (ww)	ให้	hâi
nemen (ww)	รับ	ráp
teruggeven (ww)	ให้คืน	hâi kheun
retourneren (ww)	เอาคืน	ao kheun

zich verontschuldigen	ขอโทษ	khŏr thôht
verontschuldiging (de)	คำขอโทษ	kham khŏr thôht
vergeven (ww)	ให้อภัย	hâi a-phai

spreken (ww)	คุยกัน	khui gan
luisteren (ww)	ฟัง	fang
aanhoren (ww)	ฟังจนจบ	fang jon jòp
begrijpen (ww)	เขาใจ	khâo jai

tonen (ww)	แสดง	sà-daeng
kijken naar …	ดู	doo
roepen (vragen te komen)	เรียก	rîak
afleiden (storen)	รบกวน	róp guan
storen (lastigvallen)	รบกวน	róp guan
doorgeven (ww)	ส่ง	sòng

verzoek (het)	ข้อร้องขอ	khŏr rórng khŏr
verzoeken (ww)	ร้องขอ	rórng khŏr
eis (de)	ขอเรียกร้อง	khŏr rîak rórng
eisen (met klem vragen)	เรียกร้อง	rîak rórng

beledigen (beledigende namen geven)	แซว	saew
uitlachen (ww)	ล้อเลียน	lór lian
spot (de)	ขอล้อเลียน	khŏr lór lian
bijnaam (de)	ชื่อเล่น	chêu lên

zinspeling (de)	การพูดเป็นนัย	gaan phôot bpen nai
zinspelen (ww)	พูดเป็นนัย	phôot bpen nai
impliceren (duiden op)	หมายความว่า	măai khwaam wâa

beschrijving (de)	คำพรรณนา	kham phan-ná-naa
beschrijven (ww)	พรรณนา	phan-ná-naa
lof (de)	คำชม	kham chom
loven (ww)	ชม	chom

teleurstelling (de)	ความผิดหวัง	khwaam phìt wăng
teleurstellen (ww)	ทำให้…ผิดหวัง	tham hâi…phìt wăng
teleurgesteld zijn (ww)	ผิดหวัง	phìt wăng
veronderstelling (de)	ขอสมมุติ	khŏr sŏm mút
veronderstellen (ww)	สมมุติ	sŏm mút

| waarschuwing (de) | คำเตือน | kham dteuan |
| waarschuwen (ww) | เตือน | dteuan |

64. Discussie, conversatie. Deel 3

| aanpraten (ww) | เกลี้ยกล่อม | glîak-glôrm |
| kalmeren (kalm maken) | ทำให้...สงบ | tham hâi...sà-ngòp |

stilte (de)	ความเงียบ	khwaam ngîap
zwijgen (ww)	เงียบ	ngîap
fluisteren (ww)	กระซิบ	grà síp
gefluister (het)	เสียงกระซิบ	sĭang grà síp

| open, eerlijk (bw) | พูดตรงๆ | phôot dtrorng dtrorng |
| volgens mij ... | ในสายตาของ ผม/ฉัน... | nai sǎai dtaa-kŏrng phŏm/chǎn... |

detail (het)	รายละเอียด	raai lá-ìat
gedetailleerd (bn)	โดยละเอียด	doi lá-ìat
gedetailleerd (bw)	อยางละเอียด	yàang lá-ìat

| hint (de) | คำบอกใบ้ | kham bòrk bâi |
| een hint geven | บอกใบ้ | bòrk bâi |

blik (de)	การมอง	gaan morng
een kijkje nemen	มอง	morng
strak (een ~ke blik)	จอง	jôrng
knipperen (ww)	กระพริบตา	grà phríp dtaa
knipogen (ww)	ขยิบตา	khà-yìp dtaa
knikken (ww)	พยักหน้า	phá-yák nâa

zucht (de)	การถอนหายใจ	gaan thŏrn hǎai jai
zuchten (ww)	ถอนหายใจ	thŏrn hǎai-jai
huiveren (ww)	สั่น	sàn
gebaar (het)	อิริยาบถ	i-rí-yaa-bòt
aanraken (ww)	สัมผัส	sǎm-phàt
grijpen (ww)	จับ	jàp
een schouderklopje geven	แตะ	dtàe

Kijk uit!	ระวัง!	rá-wang
Echt?	จริงหรือ?	jing rěu
Bent je er zeker van?	คุณแน่ใจหรือ?	khun nâe jai rěu
Succes!	ขอให้โชคดี!	khŏr hâi chôhk dee
Juist, ja!	ฉันเข้าใจ!	chǎn khâo jai
Wat jammer!	นาเสียดาย!	nâa sĭa-daai

65. Overeenstemming. Weigering

instemming (het)	การยินยอม	gaan yin yorm
instemmen (akkoord gaan)	ยินยอม	yin yorm
goedkeuring (de)	คำอนุมัติ	kham a-nú-mát
goedkeuren (ww)	อนุมัติ	a-nú-mát

| weigering (de) | คำปฏิเสธ | kham bpà-dtì-sàyt |
| weigeren (ww) | ปฏิเสธ | bpà-dtì-sàyt |

Geweldig!	เยี่ยม!	yîam
Goed!	ดีเลย!	dee loie
Akkoord!	โอเค!	oh-khay

verboden (bn)	ไม่ได้รับอนุญาต	mâi dâai ráp a-nú-yâat
het is verboden	ห้าม	hâam
het is onmogelijk	มันเป็นไปไม่ได้	man bpen bpai mâi dâai
onjuist (bn)	ไม่ถูกต้อง	mâi thòok dtôrng

afwijzen (ww)	ปฏิเสธ	bpà-dtì-sàyt
steunen	สนับสนุน	sà-nàp-sà-nǔn
(een goed doel, enz.)		
aanvaarden (excuses ~)	ยอมรับ	yorm ráp

bevestigen (ww)	ยืนยัน	yeun yan
bevestiging (de)	คำยืนยัน	kham yeun yan
toestemming (de)	คำอนุญาต	kham a-nú-yâat
toestaan (ww)	อนุญาต	a-nú-yâat
beslissing (de)	การตัดสินใจ	gaan dtàt sǐn jai
z'n mond houden (ww)	ไม่พูดอะไร	mâi phôot a-rai

voorwaarde (de)	เงื่อนไข	ngêuan khǎi
smoes (de)	ขออ้าง	khôr âang
lof (de)	คำชม	kham chom
loven (ww)	ชม	chom

66. Succes. Veel geluk. Mislukking

succes (het)	ความสำเร็จ	khwaam sǎm-rèt
succesvol (bw)	ให้เป็นผลสำเร็จ	hâi bpen phǒn sǎm-rèt
succesvol (bn)	ที่สำเร็จ	thêe sǎm-rèt

geluk (het)	โชค	chôhk
Succes!	ขอให้โชคดี!	khǒr hâi chôhk dee
geluks- (bn)	มีโชค	mee chôhk
gelukkig (fortuinlijk)	มีโชคดี	mee chôhk dee

mislukking (de)	ความล้มเหลว	khwaam lóm lěo
tegenslag (de)	โชคร้าย	chôhk ráai
pech (de)	โชคราย	chôhk ráai
zonder succes (bn)	ไม่ประสบ	mâi bprà-sòp
	ความสำเร็จ	khwaam sǎm-rèt
catastrofe (de)	ความล้มเหลว	khwaam lóm lěo

fierheid (de)	ความภาคภูมิใจ	khwaam phâak phoom jai
fier (bn)	ภูมิใจ	phoom jai
fier zijn (ww)	ภูมิใจ	phoom jai

winnaar (de)	ผู้ชนะ	phôo chá-ná
winnen (ww)	ชนะ	chá-ná
verliezen (ww)	แพ้	pháe

poging (de)	ความพยายาม	khwaam phá-yaa-yaam
pogen, proberen (ww)	พยายาม	phá-yaa-yaam
kans (de)	โอกาส	oh-gàat

67. Ruzies. Negatieve emoties

schreeuw (de)	เสียงตะโกน	sĭang dtà-gohn
schreeuwen (ww)	ตะโกน	dtà-gohn
beginnen te schreeuwen	เริ่มตะโกน	rêrm dtà-gohn

ruzie (de)	การทะเลาะ	gaan thá-lór
ruzie hebben (ww)	ทะเลาะ	thá-lór
schandaal (het)	ความทะเลาะ	khwaam thá-lór
schandaal maken (ww)	ตีโพยตีพาย	dtee phoi dtee phaai
conflict (het)	ความขัดแย้ง	khwaam khàt yáeng
misverstand (het)	การเขาใจผิด	gaan khâo jai phìt

belediging (de)	คำดูถูก	kham doo thòok
beledigen	ดูถูก	doo thòok
(met scheldwoorden)		
beledigd (bn)	โดนดูถูก	dohn doo thòok
krenking (de)	ความเคียดแค้น	khwaam khîat-kháen
krenken (beledigen)	ลวงเกิน	lûang gern
gekwetst worden (ww)	ถือสา	thĕu săa

verontwaardiging (de)	ความโกรธแค้น	khwaam gròht kháen
verontwaardigd zijn (ww)	ขุนเคือง	khùn kheuang
klacht (de)	คำร้อง	kham rórng
klagen (ww)	บน	bòn

verontschuldiging (de)	คำขอโทษ	kham khŏr thôht
zich verontschuldigen	ขอโทษ	khŏr thôht
excuus vragen	ขออภัย	khŏr a-phai

kritiek (de)	คำวิจารณ์	kham wí-jaan
bekritiseren (ww)	วิจารณ์	wí-jaan
beschuldiging (de)	การกลาวหา	gaan glàao hăa
beschuldigen (ww)	กลาวหา	glàao hăa

wraak (de)	การแก้แค้น	gaan gâe kháen
wreken (ww)	แก้แค้น	gâe kháen
wraak nemen (ww)	แก้แค้น	gâe kháen

minachting (de)	ความดูหมิ่น	khwaam doo mìn
minachten (ww)	ดูหมิ่น	doo mìn
haat (de)	ความเกลียดชัง	khwaam glìat chang
haten (ww)	เกลียด	glìat

zenuwachtig (bn)	กระวนกระวาย	grà won grà waai
zenuwachtig zijn (ww)	กระวนกระวาย	grà won grà waai
boos (bn)	โกรธ	gròht
boos maken (ww)	ทำให้...โกรธ	tham hâi...gròht
vernedering (de)	ความเสียดเยย	khwaam sìat yóie
vernederen (ww)	ฉีกหนา	chèek nâa

zich vernederen (ww)	ฉีกหน้าตนเอง	chèek nâa dton ayng
schok (de)	ความตกตะลึง	khwaam dtòk dtà-leung
schokken (ww)	ทำให้...ตกตะลึง	tham hâi...dtòk dtà-leung

onaangenaamheid (de)	ปัญหา	bpan-hǎa
onaangenaam (bn)	ไม่นาพึงพอใจ	mâi nâa pheung phor jai

vrees (de)	ความกลัว	khwaam glua
vreselijk (bijv. ~ onweer)	แย	yâe
eng (bn)	นากลัว	nâa glua
gruwel (de)	ความกลัว	khwaam glua
vreselijk (~ nieuws)	แยมาก	yâe mâak

beginnen te beven	เริ่มตัวสั่น	rêrm dtua sàn
huilen (wenen)	ร้องไห้	rórng hâi
beginnen te huilen (wenen)	เริ่มร้องไห้	rêrm rórng hâi
traan (de)	น้ำตา	nám dtaa

schuld (~ geven aan)	ความผิด	khwaam phìt
schuldgevoel (het)	ผิด	phìt
schande (de)	เสียเกียรติ	sǐa gìat
protest (het)	การประท้วง	gaan bprà-thúang
stress (de)	ความวาวุ่นใจ	khwaam wáa-wûn-jai

storen (lastigvallen)	รบกวน	róp guan
kwaad zijn (ww)	โกรธจัด	gròht jàt
kwaad (bn)	โกรธ	gròht
beëindigen (een relatie ~)	ยุติ	yút-dtì
vloeken (ww)	ดุด่า	dù dàa

schrikken (schrik krijgen)	ตกใจ	dtòk jai
slaan (iemand ~)	ตี	dtee
vechten (ww)	สู้	sôo

regelen (conflict)	ยุติ	yút-dtì
ontevreden (bn)	ไม่พอใจ	mâi phor jai
woedend (bn)	โกรธจัด	gròht jàt

Dat is niet goed!	มันไม่ค่อยดี	man mâi khôi dee
Dat is slecht!	มันไม่ดีเลย	man mâi dee loie

Geneeskunde

68. Ziekten

ziekte (de)	โรค	rôhk
ziek zijn (ww)	ป่วย	bpùay
gezondheid (de)	สุขภาพ	sùk-khà-phâap
snotneus (de)	น้ำมูกไหล	nám môok lǎi
angina (de)	ตอมทอนซิลอักเสบ	dtòm thorn-sin àk-sàyp
verkoudheid (de)	หวัด	wàt
verkouden raken (ww)	เป็นหวัด	bpen wàt
bronchitis (de)	โรคหลอดลมอักเสบ	rôhk lòrt lom àk-sàyp
longontsteking (de)	โรคปอดบวม	rôhk bpòrt-buam
griep (de)	ไขหวัดใหญ่	khâi wàt yài
bijziend (bn)	สายตาสั้น	sǎai dtaa sân
verziend (bn)	สายตายาว	sǎai dtaa yaao
scheelheid (de)	ตาเหล	dtaa làv
scheel (bn)	เป็นตาเหล่	bpen dtaa kǎv rěu làv
grauwe staar (de)	ต้อกระจก	dtôr grà-jòk
glaucoom (het)	ต้อหิน	dtôr hǐn
beroerte (de)	โรคหลอดเลือดสมอง	rôhk lòrt lêuat sà-mǒrng
hartinfarct (het)	อาการหัวใจวาย	aa-gaan hǔa jai waai
myocardiaal infarct (het)	กลามเนื้อหัวใจตาย เหตุขาดเลือด	glâam néua hǔa jai dtaai hàyt khàat lêuat
verlamming (de)	อัมพาต	am-má-phâat
verlammen (ww)	ทำให้เป็นอัมพาต	tham hâi bpen am-má-phâat
allergie (de)	ภูมิแพ้	phoom pháe
astma (de/het)	โรคหืด	rôhk hèut
diabetes (de)	โรคเบาหวาน	rôhk bao wǎan
tandpijn (de)	อาการปวดฟัน	aa-gaan bpùat fan
tandbederf (het)	ฟันผุ	fan phù
diarree (de)	อาการท้องเสีย	aa-gaan thórng sǐa
constipatie (de)	อาการทองผูก	aa-gaan thórng phòok
maagstoornis (de)	อาการปวดทอง	aa-gaan bpùat thórng
voedselvergiftiging (de)	ภาวะอาหารเป็นพิษ	phaa-wá aa hǎan bpen pít
voedselvergiftiging oplopen	กินอาหารเป็นพิษ	gin aa hǎan bpen phít
artritis (de)	โรคข้ออักเสบ	rôhk khôr àk-sàyp
rachitis (de)	โรคกระดูกออน	rôhk grà-dòok òrn
reuma (het)	โรครูมาติ๊ก	rôhk roo-maa-dtìk
arteriosclerose (de)	ภาวะหลอดเลือดแข็ง	phaa-wá lòrt lêuat khǎeng
gastritis (de)	โรคกระเพาะอาหาร	rôhk grà-phór aa-hǎan
blindedarmontsteking (de)	ไส้ติ่งอักเสบ	sâi dtìng àk-sàyp

| galblaasontsteking (de) | โรคถุงน้ำดีอักเสบ | rôhk thŭng nám dee àk-sàyp |
| zweer (de) | แผลเปื่อย | phlǎe bpèuay |

mazelen (mv.)	โรคหัด	rôhk hàt
rodehond (de)	โรคหัดเยอรมัน	rôhk hàt yer-rá-man
geelzucht (de)	โรคดีซ่าน	rôhk dee sâan
leverontsteking (de)	โรคตับอักเสบ	rôhk dtàp àk-sàyp

schizofrenie (de)	โรคจิตเภท	rôhk jìt-dtà-phâyt
dolheid (de)	โรคพิษสุนัขบ้า	rôhk phít sù-nák bâa
neurose (de)	โรคประสาท	rôhk bprà-sàat
hersenschudding (de)	สมองกระทบกระเทือน	sà-mŏrng grà-thóp grà-theuan

kanker (de)	มะเร็ง	má-reng
sclerose (de)	การแข็งตัวของเนื้อเยื่อรางกาย	gaan kǎeng dtua kŏng néua yêua râang gaai
multiple sclerose (de)	โรคปลอกประสาทเสื่อมแข็ง	rôhk bplòk bprà-sàat sèuam kǎeng

alcoholisme (het)	โรคพิษสุราเรื้อรัง	rôhk phít sù-raa réua rang
alcoholicus (de)	คนขี้เหล้า	khon khêe lâo
syfilis (de)	โรคซิฟิลิส	rôhk sí-fí-lít
AIDS (de)	โรคเอดส์	rôhk àyt

tumor (de)	เนื้องอก	néua ngôk
kwaadaardig (bn)	ร้าย	ráai
goedaardig (bn)	ไม่ร้าย	mâi ráai

koorts (de)	ไข้	khâi
malaria (de)	ไข้มาลาเรีย	kâi maa-laa-ria
gangreen (het)	เนื้อตายเน่า	néua dtaai nâo
zeeziekte (de)	ภาวะเมาคลื่น	phaa-wá mao khlêun
epilepsie (de)	โรคลมบ้าหมู	rôhk lom bâa-mŏo

epidemie (de)	โรคระบาด	rôhk rá-bàat
tyfus (de)	โรครากสาดใหญ่	rôhk râak-sàat yài
tuberculose (de)	วัณโรค	wan-ná-rôhk
cholera (de)	อหิวาตกโรค	a-hì-wâat-gà-rôhk
pest (de)	กาฬโรค	gaan-lá-rôhk

69. Symptomen. Behandelingen. Deel 1

symptoom (het)	อาการ	aa-gaan
temperatuur (de)	อุณหภูมิ	un-hà-phoom
verhoogde temperatuur (de)	อุณหภูมิสูง	un-hà-phoom sŏong
polsslag (de)	ชีพจร	chêep-phá-jon

duizeling (de)	อาการเวียนหัว	aa-gaan wian hŭa
heet (erg warm)	ร้อน	rórn
koude rillingen (mv.)	หนาวสั่น	nǎao sàn
bleek (bn)	หน้าเชียว	nâa sieow
hoest (de)	การไอ	gaan ai
hoesten (ww)	ไอ	ai

niezen (ww)	จาม	jaam
flauwte (de)	การเป็นลม	gaan bpen lom
flauwvallen (ww)	เป็นลม	bpen lom

blauwe plek (de)	ฟกช้ำ	fók chám
buil (de)	บวม	buam
zich stoten (ww)	ชน	chon
kneuzing (de)	รอยฟกช้ำ	roi fók chám
kneuzen (gekneusd zijn)	ได้รอยช้ำ	dâai roi chám

hinken (ww)	กะโผลกกะเผลก	gà-phlòhk-gà-phlàyk
verstuiking (de)	ข้อหลุด	khôr lùt
verstuiken (enkel, enz.)	ทำข้อหลุด	tham khôr lùt
breuk (de)	กระดูกหัก	grà-dòok hàk
een breuk oplopen	หักกระดูก	hàk grà-dòok

snijwond (de)	รอยบาด	roi bàat
zich snijden (ww)	ทำบาด	tham bàat
bloeding (de)	การเลือดไหล	gaan lêuat lǎi

| brandwond (de) | แผลไฟไหม้ | phlǎe fai mâi |
| zich branden (ww) | ได้รับแผลไฟไหม้ | dâai ráp phlǎe fai mâi |

prikken (ww)	ตำ	dtam
zich prikken (ww)	ตำตัวเอง	dtam dtua ayng
blesseren (ww)	ทำให้บาดเจ็บ	tham hâi bàat jèp
blessure (letsel)	การบาดเจ็บ	gaan bàat jèp
wond (de)	แผล	phlǎe
trauma (het)	แผลบาดเจ็บ	phlǎe bàat jèp

ijlen (ww)	คลุ้มคลั่ง	khlúm khlâng
stotteren (ww)	พูดตะกุกตะกัก	phôot dtà-gùk-dtà-gàk
zonnesteek (de)	โรคลมแดด	rôhk lom dàet

70. Symptomen. Behandelingen. Deel 2

| pijn (de) | ความเจ็บปวด | khwaam jèp bpùat |
| splinter (de) | เสี้ยน | sîan |

zweet (het)	เหงื่อ	ngèua
zweten (ww)	เหงื่อออก	ngèua òrk
braking (de)	การอาเจียน	gaan aa-jian
stuiptrekkingen (mv.)	การชัก	gaan chák

zwanger (bn)	ตั้งครรภ์	dtâng khan
geboren worden (ww)	เกิด	gèrt
geboorte (de)	การคลอด	gaan khlôrt
baren (ww)	คลอดบุตร	khlôrt bùt
abortus (de)	การแท้งบุตร	gaan tháeng bùt

ademhaling (de)	การหายใจ	gaan hǎai-jai
inademing (de)	การหายใจเข้า	gaan hǎai-jai khâo
uitademing (de)	การหายใจออก	gaan hǎai-jai òrk
uitademen (ww)	หายใจออก	hǎai-jai òrk

inademen (ww)	หายใจเข้า	hǎai-jai khâo
invalide (de)	คนพิการ	khon phí-gaan
gehandicapte (de)	พิการ	phí-gaan
drugsverslaafde (de)	ผู้ติดยาเสพติด	phôo dtìt yaa-sàyp-dtìt

doof (bn)	หูหนวก	hǒo nùak
stom (bn)	เป็นใบ้	bpen bâi
doofstom (bn)	หูหนวกเป็นใบ้	hǒo nùak bpen bâi

krankzinnig (bn)	บ้า	bâa
krankzinnige (man)	คนบ้า	khon bâa
krankzinnige (vrouw)	คนบ้า	khon bâa
krankzinnig worden	เสียสติ	sǐa sà-dtì

gen (het)	ยีน	yeun
immuniteit (de)	ภูมิคุ้มกัน	phoom khúm gan
erfelijk (bn)	เป็นกรรมพันธุ์	bpen gam-má-phan
aangeboren (bn)	แต่กำเนิด	dtàe gam-nèrt

virus (het)	เชื้อไวรัส	chéua wai-rát
microbe (de)	จุลินทรีย์	jù-lin-see
bacterie (de)	แบคทีเรีย	bàek-tee-ria
infectie (de)	การติดเชื้อ	gaan dtìt chéua

71. Symptomen. Behandelingen. Deel 3

| ziekenhuis (het) | โรงพยาบาล | rohng phá-yaa-baan |
| patiënt (de) | ผู้ป่วย | phôo bpùay |

diagnose (de)	การวินิจฉัยโรค	gaan wí-nít-chǎi rôhk
genezing (de)	การรักษา	gaan rák-sǎa
medische behandeling (de)	การรักษาทางการแพทย์	gaan rák-sǎa thaang gaan phâet
onder behandeling zijn	รับการรักษา	ráp gaan rák-sǎa
behandelen (ww)	รักษา	rák-sǎa
zorgen (zieken ~)	รักษา	rák-sǎa
ziekenzorg (de)	การดูแลรักษา	gaan doo lae rák-sǎa

operatie (de)	การผ่าตัด	gaan phàa dtàt
verbinden (een arm ~)	พันแผล	phan phlǎe
verband (het)	การพันแผล	gaan phan phlǎe

vaccin (het)	การฉีดวัคซีน	gaan chèet wák-seen
inenten (vaccineren)	ฉีดวัคซีน	chèet wák-seen
injectie (de)	การฉีดยา	gaan chèet yaa
een injectie geven	ฉีดยา	chèet yaa

aanval (de)	มีอาการเฉียบพลัน	mee aa-gaan chìap phlan
amputatie (de)	การตัดอวัยวะออก	gaan dtàt a-wai-wá òrk
amputeren (ww)	ตัด	dtàt
coma (het)	อาการโคม่า	aa-gaan khoh-mâa
in coma liggen	อยู่ในอาการโคม่า	yòo nai aa-gaan khoh-mâa
intensieve zorg, ICU (de)	หน่วยอภิบาล	nùay à-phí-baan
zich herstellen (ww)	ฟื้นตัว	féun dtua

toestand (de)	อาการ	aa-gaan
bewustzijn (het)	สติสัมปชัญญะ	sà-dtì săm-bpà-chan-yá
geheugen (het)	ความทรงจำ	khwaam song jam

trekken (een kies ~)	ถอน	thŏrn
vulling (de)	การอุด	gaan ùt
vullen (ww)	อุด	ùt

| hypnose (de) | การสะกดจิต | gaan sà-gòt jìt |
| hypnotiseren (ww) | สะกดจิต | sà-gòt jìt |

72. Artsen

dokter, arts (de)	แพทย์	phâet
ziekenzuster (de)	พยาบาล	phá-yaa-baan
lijfarts (de)	แพทย์ส่วนตัว	phâet sùan dtua

tandarts (de)	ทันตแพทย์	than-dtà phâet
oogarts (de)	จักษุแพทย์	jàk-sù phâet
therapeut (de)	อายุรแพทย์	aa-yú-rá-phâet
chirurg (de)	ศัลยแพทย์	săn-yá-phâet

psychiater (de)	จิตแพทย์	jìt-dtà-phâet
pediater (de)	กุมารแพทย์	gù-maan phâet
psycholoog (de)	นักจิตวิทยา	nák jìt wít-thá-yaa
gynaecoloog (de)	นรีแพทย์	ná-ree phâet
cardioloog (de)	หทัยแพทย์	hà-thai phâet

73. Geneeskunde. Medicijnen. Accessoires

geneesmiddel (het)	ยา	yaa
middel (het)	ยา	yaa
voorschrijven (ww)	จ่ายยา	jàai yaa
recept (het)	ใบสั่งยา	bai sàng yaa

tablet (de/het)	ยาเม็ด	yaa mét
zalf (de)	ยาทา	yaa thaa
ampul (de)	หลอดยา	lòrt yaa
drank (de)	ยาส่วนผสม	yaa sùan phà-sŏm
siroop (de)	น้ำเชื่อม	nám chêuam
pil (de)	ยาเม็ด	yaa mét
poeder (de/het)	ยาผง	yaa phŏng

verband (het)	ผ้าพันแผล	phâa phan phlăe
watten (mv.)	สำลี	săm-lee
jodium (het)	ไอโอดีน	ai oh-deen

pleister (de)	พลาสเตอร์	phláat-dtêr
pipet (de)	ที่หยอดตา	thêe yòrt dtaa
thermometer (de)	ปรอท	bpa -ròrt
spuit (de)	เข็มฉีดยา	khěm chèet-yaa
rolstoel (de)	รถเข็นคนพิการ	rót khěn khon phí-gaan

krukken (mv.)	ไม้ค้ำยัน	máai khám yan
pijnstiller (de)	ยาแกปวด	yaa gâe bpùat
laxeermiddel (het)	ยาระบาย	yaa rá-baai
spiritus (de)	เอธานอล	ay-thaa-norn
medicinale kruiden (mv.)	สมุนไพร	sà-mǔn phrai
	ทางการแพทย์	thaang gaan phâet
kruiden- (abn)	สมุนไพร	sà-mǔn phrai

74. Roken. Tabaksproducten

tabak (de)	ยาสูบ	yaa sòop
sigaret (de)	บุหรี่	bù rèe
sigaar (de)	ซิการ์	sí-gâa
pijp (de)	ไปป์	bpai
pakje (~ sigaretten)	ซอง	sorng

lucifers (mv.)	ไม้ขีด	máai khèet
luciferdoosje (het)	กลองไม้ขีด	glòrng máai khèet
aansteker (de)	ไฟแช็ก	fai cháek
asbak (de)	ที่เขี่ยบุหรี่	thêe khìa bù rèe
sigarettendoosje (het)	กลองใสบุหรี่	glòrng sài bù rèe

| sigarettenpijpje (het) | ที่ต่อบุหรี่ | thêe dtòr bù rèe |
| filter (de/het) | ตัวกรองบุหรี่ | dtua grorng bù rèe |

roken (ww)	สูบ	sòop
een sigaret opsteken	จุดบุหรี่	jùt bù rèe
roken (het)	การสูบบุหรี่	gaan sòop bù rèe
roker (de)	ผู้สูบบุหรี่	pôo sòop bù rèe

peuk (de)	ก้นบุหรี่	gôn bù rèe
rook (de)	ควันบุหรี่	khwan bù rèe
as (de)	ขี้บุหรี่	khêe bù rèe

HET MENSELIJKE LEEFGEBIED

Stad

75. Stad. Het leven in de stad

stad (de)	เมือง	meuang
hoofdstad (de)	เมืองหลวง	meuang lŭang
dorp (het)	หมู่บ้าน	mòo bâan
plattegrond (de)	แผนที่เมือง	phăen thêe meuang
centrum (ov. een stad)	ใจกลางเมือง	jai glaang-meuang
voorstad (de)	ชานเมือง	chaan meuang
voorstads- (abn)	ชานเมือง	chaan meuang
randgemeente (de)	รอบนอกเมือง	rôrp nôrk meuang
omgeving (de)	เขตรอบเมือง	khàyt rôrp-meuang
blok (huizenblok)	บล็อกผังเมือง	blòrk phăng meuang
woonwijk (de)	บล็อกที่อยู่อาศัย	blòrk thêe yòo aa-săi
verkeer (het)	การจราจร	gaan jà-raa-jon
verkeerslicht (het)	ไฟจราจร	fai jà-raa-jon
openbaar vervoer (het)	ขนส่งมวลชน	khŏn sòng muan chon
kruispunt (het)	สี่แยก	sèe yâek
zebrapad (oversteekplaats)	ทางม้าลาย	thaang máa laai
onderdoorgang (de)	อุโมงค์คนเดิน	u-mohng kon dern
oversteken (de straat ~)	ข้าม	khâam
voetganger (de)	คนเดินเท้า	khon dern tháo
trottoir (het)	ทางเทา	thaang tháo
brug (de)	สะพาน	sà-phaan
dijk (de)	ทางเลียบแม่น้ำ	thaang lîap mâe náam
fontein (de)	น้ำพุ	nám phú
allee (de)	ทางเลียบสวน	thaang lîap sŭan
park (het)	สวน	sŭan
boulevard (de)	ถนนกว้าง	thà-nŏn gwâang
plein (het)	จัตุรัส	jàt-dtù-ràt
laan (de)	ถนนใหญ่	thà-nŏn yài
straat (de)	ถนน	thà-nŏn
zijstraat (de)	ซอย	soi
doodlopende straat (de)	ทางตัน	thaang dtan
huis (het)	บ้าน	bâan
gebouw (het)	อาคาร	aa-khaan
wolkenkrabber (de)	ตึกระฟ้า	dtèuk rá-fáa
gevel (de)	ด้านหน้าอาคาร	dâan-nâa aa-khaan
dak (het)	หลังคา	lăng khaa

venster (het)	หน้าต่าง	nâa dtàang
boog (de)	ซุมประตู	súm bprà-dtoo
pilaar (de)	เสา	săo
hoek (ov. een gebouw)	มุม	mum

vitrine (de)	หน้าต่างร้านค้า	nâa dtàang ráan kháa
gevelreclame (de)	ป้ายราน	bpâai ráan
affiche (de/het)	โปสเตอร์	bpòht-dtêr
reclameposter (de)	ป้ายโฆษณา	bpâai khôht-sà-naa
aanplakbord (het)	กระดานปิดประกาศโฆษณา	grà-daan bpìt bprà-gàat khôht-sà-naa

vuilnis (de/het)	ขยะ	khà-yà
vuilnisbak (de)	ถังขยะ	thăng khà-yà
afval weggooien (ww)	ทิ้งขยะ	thíng khà-yà
stortplaats (de)	ที่ทิ้งขยะ	thêe thíng khà-yà

telefooncel (de)	ตู้โทรศัพท์	dtôo thoh-rá-sàp
straatlicht (het)	เสาโคม	săo khohm
bank (de)	ม้านั่ง	máa nâng

politieagent (de)	เจ้าหน้าที่ตำรวจ	jâo nâa-thêe dtam-rùat
politie (de)	ตำรวจ	dtam-rùat
zwerver (de)	ขอทาน	khŏr thaan
dakloze (de)	คนไร้บ้าน	khon rái bâan

76. Stedelijke instellingen

winkel (de)	ร้านค้า	ráan kháa
apotheek (de)	ร้านขายยา	ráan khăai yaa
optiek (de)	รานตัดแว่น	ráan dtàt wâen
winkelcentrum (het)	ศูนย์การค้า	sŏon gaan kháa
supermarkt (de)	ซูเปอร์มาร์เก็ต	soo-bper-maa-gèt

bakkerij (de)	ร้านขนมปัง	ráan khà-nŏm bpang
bakker (de)	คนอบขนมปัง	khon òp khà-nŏm bpang
banketbakkerij (de)	ร้านขนม	ráan khà-nŏm
kruidenier (de)	ร้านขายของชำ	ráan khăai khŏrng cham
slagerij (de)	รานขายเนื้อ	ráan khăai néua

groentewinkel (de)	ร้านขายผัก	ráan khăai phàk
markt (de)	ตลาด	dtà-làat

koffiehuis (het)	ร้านกาแฟ	ráan gaa-fae
restaurant (het)	รานอาหาร	ráan aa-hăan
bar (de)	บาร์	baa
pizzeria (de)	รานพิซซ่า	ráan phís-sâa

kapperssalon (de/het)	ร้านทำผม	ráan tham phŏm
postkantoor (het)	โรงไปรษณีย์	rohng bprai-sà-nee
stomerij (de)	ร้านซักแห้ง	ráan sák hâeng
fotostudio (de)	ห้องถ่ายภาพ	hôrng thàai phâap
schoenwinkel (de)	ร้านขายรองเท้า	ráan khăai rorng táo
boekhandel (de)	รานขายหนังสือ	ráan khăai năng-sĕu

sportwinkel (de)	ร้านขายอุปกรณ์กีฬา	ráan khǎai u-bpà-gon gee-laa
kledingreparatie (de)	ร้านซ่อมเสื้อผ้า	ráan sôrm sêua phâa
kledingverhuur (de)	ร้านเช่าเสื้อออกงาน	ráan châo sêua òrk ngaan
videotheek (de)	รานเช่าวิดีโอ	ráan châo wí-dee-oh
circus (de/het)	โรงละครสัตว์	rohng lá-khon sàt
dierentuin (de)	สวนสัตว์	sǔan sàt
bioscoop (de)	โรงภาพยนตร์	rohng phâap-phá-yon
museum (het)	พิพิธภัณฑ์	phí-phítha phan
bibliotheek (de)	ห้องสมุด	hôrng sà-mùt
theater (het)	โรงละคร	rohng lá-khon
opera (de)	โรงอุปรากร	rohng ù-bpà-raa-gon
nachtclub (de)	ไนท์คลับ	nai-khláp
casino (het)	คาสิโน	khaa-sì-noh
moskee (de)	สุเหร่า	sù-rào
synagoge (de)	โบสถ์ยิว	bòht yiw
kathedraal (de)	อาสนวิหาร	aa sǒn wí-hǎan
tempel (de)	วิหาร	wí-hǎan
kerk (de)	โบสถ์	bòht
instituut (het)	วิทยาลัย	wít-thá-yaa-lai
universiteit (de)	มหาวิทยาลัย	má-hǎa wít-thá-yaa-lai
school (de)	โรงเรียน	rohng rian
gemeentehuis (het)	ศาลากลางจังหวัด	sǎa-laa glaang jang-wàt
stadhuis (het)	ศาลาเทศบาล	sǎa-laa thâyt-sà-baan
hotel (het)	โรงแรม	rohng raem
bank (de)	ธนาคาร	thá-naa-khaan
ambassade (de)	สถานทูต	sà-thǎan thôot
reisbureau (het)	บริษัททัวร์	bor-rí-sàt thua
informatieloket (het)	สำนักงานศูนย์ขอมูล	sǎm-nák ngaan sǒon khôr moon
wisselkantoor (het)	รานแลกเงิน	ráan lâek ngern
metro (de)	รถไฟใต้ดิน	rót fai dtâi din
ziekenhuis (het)	โรงพยาบาล	rohng phá-yaa-baan
benzinestation (het)	ปั๊มน้ำมัน	bpám náam man
parking (de)	ลานจอดรถ	laan jòrt rót

77. Stedelijk vervoer

bus, autobus (de)	รถเมล์	rót may
tram (de)	รถราง	rót raang
trolleybus (de)	รถโดยสารประจำทางไฟฟ้า	rót doi sǎan bprà-jam thaang fai fáa
route (de)	เส้นทาง	sên thaang
nummer (busnummer, enz.)	หมายเลข	mǎai lâyk
rijden met …	ไปด้วย	bpai dûay
stappen (in de bus ~)	ขึ้น	khêun

75

afstappen (ww)	ลง	long
halte (de)	ป้าย	bpâai
volgende halte (de)	ป้ายถัดไป	bpâai thàt bpai
eindpunt (het)	ป้ายสุดท้าย	bpâai sùt tháai
dienstregeling (de)	ตารางเวลา	dtaa-raang way-laa
wachten (ww)	รอ	ror
kaartje (het)	ตั๋ว	dtŭa
reiskosten (de)	ค่าตั๋ว	khâa dtŭa
kassier (de)	คนขายตั๋ว	khon khăai dtŭa
kaartcontrole (de)	การตรวจตั๋ว	gaan dtrùat dtŭa
controleur (de)	พนักงานตรวจตั๋ว	phá-nák ngaan dtrùat dtŭa
te laat zijn (ww)	ไปสาย	bpai săai
missen (de bus ~)	พลาด	phlâat
zich haasten (ww)	รีบเร่ง	rêep râyng
taxi (de)	แท็กซี่	tháek-sêe
taxichauffeur (de)	คนขับแท็กซี่	khon khàp tháek-sêe
met de taxi (bw)	โดยแท็กซี่	doi tháek-sêe
taxistandplaats (de)	ป้ายจอดแท็กซี่	bpâai jòrt tháek sêe
een taxi bestellen	เรียกแท็กซี่	rîak tháek sêe
een taxi nemen	ขึ้นรถแท็กซี่	khêun rót tháek-sêe
verkeer (het)	การจราจร	gaan jà-raa-jon
file (de)	การจราจรติดขัด	gaan jà-raa-jon dtìt khàt
spitsuur (het)	ชั่วโมงเร่งด่วน	chûa mohng râyng dùan
parkeren (on.ww.)	จอด	jòrt
parkeren (ov.ww.)	จอด	jòrt
parking (de)	ลานจอดรถ	laan jòrt rót
metro (de)	รถไฟใต้ดิน	rót fai dtâi din
halte (bijv. kleine treinhalte)	สถานี	sà-thăa-nee
de metro nemen	ขึ้นรถไฟใต้ดิน	khêun rót fai dtâi din
trein (de)	รถไฟ	rót fai
station (treinstation)	สถานีรถไฟ	sà-thăa-nee rót fai

78. Bezienswaardigheden

monument (het)	อนุสาวรีย์	a-nú-săa-wá-ree
vesting (de)	ป้อม	bpôrm
paleis (het)	วัง	wang
kasteel (het)	ปราสาท	bpraa-sàat
toren (de)	หอ	hŏr
mausoleum (het)	สุสาน	sù-săan
architectuur (de)	สถาปัตยกรรม	sà-thăa-bpàt-dtà-yá-gam
middeleeuws (bn)	ยุคกลาง	yúk glaang
oud (bn)	โบราณ	boh-raan
nationaal (bn)	แห่งชาติ	hàeng châat
bekend (bn)	ที่มีชื่อเสียง	thêe mee chêu-sĭang
toerist (de)	นักท่องเที่ยว	nák thôrng thîeow
gids (de)	มัคคุเทศก์	mák-khú-thâyt

rondleiding (de)	ทัศนศึกษา	thát-sà-ná-sèuk-sǎa
tonen (ww)	แสดง	sà-daeng
vertellen (ww)	เลา	lâo

vinden (ww)	หาพบ	hǎa phóp
verdwalen (de weg kwijt zijn)	หลงทาง	lǒng thaang
plattegrond (~ van de metro)	แผนที่	phǎen thêe
plattegrond (~ van de stad)	แผนที่	phǎen thêe

souvenir (het)	ของที่ระลึก	khǒrng thêe rá-léuk
souvenirwinkel (de)	รานขาย	ráan khǎai
	ของที่ระลึก	khǒrng thêe rá-léuk
foto's maken	ถายภาพ	thàai phâap
zich laten fotograferen	ไดรับการ	dâai ráp gaan
	ถายภาพให	thàai phâap hâi

79. Winkelen

kopen (ww)	ซื้อ	séu
aankoop (de)	ของซื้อ	khǒrng séu
winkelen (ww)	ไปซื้อของ	bpai séu khǒrng
winkelen (het)	การชอปปิง	gaan chôp bping

open zijn	เปิด	bpèrt
(ov. een winkel, enz.)		
gesloten zijn (ww)	ปิด	bpìt

schoeisel (het)	รองเทา	rorng tháo
kleren (mv.)	เสื้อผา	sêua phâa
cosmetica (mv.)	เครื่องสำอาง	khrêuang sǎm-aang
voedingswaren (mv.)	อาหาร	aa-hǎan
geschenk (het)	ของขวัญ	khǒrng khwǎn

| verkoper (de) | พนักงานขาย | phá-nák ngaan khǎai |
| verkoopster (de) | พนักงานขาย | phá-nák ngaan khǎai |

kassa (de)	ที่จายเงิน	thêe jàai ngern
spiegel (de)	กระจก	grà-jòk
toonbank (de)	เคานเตอร	khao-dtêr
paskamer (de)	หองลองเสื้อผา	hôrng lorng sêua phâa

aanpassen (ww)	ลอง	lorng
passen (ov. kleren)	เหมาะ	mò
bevallen (prettig vinden)	ชอบ	chôrp

prijs (de)	ราคา	raa-khaa
prijskaartje (het)	ปายราคา	bpâai raa-khaa
kosten (ww)	ราคา	raa-khaa
Hoeveel?	ราคาเทาไหร?	raa-khaa thâo rài
korting (de)	ลดราคา	lót raa-khaa

niet duur (bn)	ไมแพง	mâi phaeng
goedkoop (bn)	ถูก	thòok
duur (bn)	แพง	phaeng

Dat is duur.	มันราคาแพง	man raa-khaa phaeng
verhuur (de)	การเช่า	gaan châo
huren (smoking, enz.)	เช่า	châo
krediet (het)	สินเชื่อ	sĭn chêua
op krediet (bw)	ซื้อเงินเชื่อ	séu ngern chêua

80. Geld

geld (het)	เงิน	ngern
ruil (de)	การแลกเปลี่ยน สกุลเงิน	gaan lâek bplìan sà-gun ngern
koers (de)	อัตราแลกเปลี่ยน สกุลเงิน	àt-dtraa lâek bplìan sà-gun ngern
geldautomaat (de)	เอทีเอ็ม	ay-thee-em
muntstuk (de)	เหรียญ	rĭan

| dollar (de) | ดอลลาร์ | dorn-lâa |
| euro (de) | ยูโร | yoo-roh |

lire (de)	ลีราอิตาลี	lee-raa ì-dtaa-lee
Duitse mark (de)	มาร์ค	mâak
frank (de)	ฟรังค์	frang
pond sterling (het)	ปอนด์สเตอร์ลิง	bporn sà-dtêr-ling
yen (de)	เยน	yayn

schuld (geldbedrag)	หนี้	nêe
schuldenaar (de)	ลูกหนี้	lôok nêe
uitlenen (ww)	ให้ยืม	hâi yeum
lenen (geld ~)	ขอยืม	khŏr yeum

bank (de)	ธนาคาร	thá-naa-khaan
bankrekening (de)	บัญชี	ban-chee
storten (ww)	ฝาก	fàak
op rekening storten	ฝากเงินเข้าบัญชี	fàak ngern khâo ban-chee
opnemen (ww)	ถอน	thŏrn

kredietkaart (de)	บัตรเครดิต	bàt khray-dìt
baar geld (het)	เงินสด	ngern sòt
cheque (de)	เช็ค	chék
een cheque uitschrijven	เขียนเช็ค	khĭan chék
chequeboekje (het)	สมุดเช็ค	sà-mùt chék

portefeuille (de)	กระเป๋าเงิน	grà-bpăo ngern
geldbeugel (de)	กระเป๋าสตางค์	grà-bpăo sà-dtaang
safe (de)	ตู้เซฟ	dtôo sâyf

erfgenaam (de)	ทายาท	thaa-yâat
erfenis (de)	มรดก	mor-rá-dòrk
fortuin (het)	เงินจำนวนมาก	ngern jam-nuan mâak

huur (de)	สัญญาเช่า	săn-yaa châo
huurprijs (de)	ค่าเช่า	kâa châo
huren (huis, kamer)	เช่า	châo
prijs (de)	ราคา	raa-khaa

kostprijs (de)	ราคา	raa-khaa
som (de)	จำนวนเงินรวม	jam-nuan ngern ruam
uitgeven (geld besteden)	จ่าย	jàai
kosten (mv.)	ค่าจ่าย	khâa jàai
bezuinigen (ww)	ประหยัด	bprà-yàt
zuinig (bn)	ประหยัด	bprà-yàt
betalen (ww)	จ่าย	jàai
betaling (de)	การจ่ายเงิน	gaan jàai ngern
wisselgeld (het)	เงินทอน	ngern thorn
belasting (de)	ภาษี	phaa-sěe
boete (de)	ค่าปรับ	khâa bpràp
beboeten (bekeuren)	ปรับ	bpràp

81. Post. Postkantoor

postkantoor (het)	โรงไปรษณีย์	rohng bprai-sà-nee
post (de)	จดหมาย	jòt mǎai
postbode (de)	บุรุษไปรษณีย์	bù-rùt bprai-sà-nee
openingsuren (mv.)	เวลาทำการ	way-laa tham gaan
brief (de)	จดหมาย	jòt mǎai
aangetekende brief (de)	จดหมายลงทะเบียน	jòt mǎai long thá-bian
briefkaart (de)	ไปรษณียบัตร	bprai-sà-nee-yá-bàt
telegram (het)	โทรเลข	thoh-rá-lâyk
postpakket (het)	พัสดุ	phát-sà-dù
overschrijving (de)	การโอนเงิน	gaan ohn ngern
ontvangen (ww)	รับ	ráp
sturen (zenden)	ฝาก	fàak
verzending (de)	การฝาก	gaan fàak
adres (het)	ที่อยู่	thêe yòo
postcode (de)	รหัสไปรษณีย์	rá-hàt bprai-sà-nee
verzender (de)	ผู้ฝาก	phôo fàak
ontvanger (de)	ผู้รับ	phôo ráp
naam (de)	ชื่อ	chêu
achternaam (de)	นามสกุล	naam sà-gun
tarief (het)	อัตราค่าส่งไปรษณีย์	àt-dtraa khâa sòng bprai-sà-nee
standaard (bn)	มาตรฐาน	mâat-dtrà-thǎan
zuinig (bn)	ประหยัด	bprà-yàt
gewicht (het)	น้ำหนัก	nám nàk
afwegen (op de weegschaal)	มีน้ำหนัก	mee nám nàk
envelop (de)	ซอง	sorng
postzegel (de)	แสตมป์ไปรษณีย์	sà-dtaem bprai-sà-nee
een postzegel plakken op	แสตมป์ตราประทับบนซอง	sà-dtaem dtraa bprà-tháp bon song

Woning. Huis. Thuis

82. Huis. Woning

huis (het)	บ้าน	bâan
thuis (bw)	ที่บ้าน	thêe bâan
cour (de)	สนาม	sà-năam
omheining (de)	รั้ว	rúa
baksteen (de)	อิฐ	ìt
van bakstenen	อิฐ	ìt
steen (de)	หิน	hĭn
stenen (bn)	หิน	hĭn
beton (het)	คอนกรีต	khorn-grèet
van beton	คอนกรีต	khorn-grèet
nieuw (bn)	ใหม่	mài
oud (bn)	เก่า	gào
vervallen (bn)	เสื่อมสภาพ	sèuam sà-phâap
modern (bn)	ทันสมัย	than sà-măi
met veel verdiepingen	ที่มีหลายชั้น	thêe mee lăai chán
hoog (bn)	สูง	sŏong
verdieping (de)	ชั้น	chán
met een verdieping	ชั้นเดียว	chán dieow
laagste verdieping (de)	ชั้นล่าง	chán lâang
bovenverdieping (de)	ชั้นบนสุด	chán bon sùt
dak (het)	หลังคา	lăng khaa
schoorsteen (de)	ปล่องควัน	bplòrng khwan
dakpan (de)	กระเบื้องหลังคา	grà-bêuang lăng khaa
pannen- (abn)	กระเบื้อง	grà-bêuang
zolder (de)	ห้องใต้หลังคา	hôrng dtâi lăng-khaa
venster (het)	หน้าต่าง	nâa dtàang
glas (het)	แก้ว	gâew
vensterbank (de)	ชั้นติดผนัง	chán dtìt phà-năng
	ใต้หน้าต่าง	dtâi nâa dtàang
luiken (mv.)	ชัตเตอร์	chát-dtêr
muur (de)	ฝาผนัง	făa phà-năng
balkon (het)	ระเบียง	rá-biang
regenpijp (de)	รางน้ำ	raang náam
boven (bw)	ชั้นบน	chán bon
naar boven gaan (ww)	ขึ้นไปข้างบน	khêun bpai khâang bon
afdalen (on.ww.)	ลง	long
verhuizen (ww)	ย้ายไป	yáai bpai

83. Huis. Ingang. Lift

ingang (de)	ทางเข้า	thaang khâo
trap (de)	บันได	ban-dai
treden (mv.)	ขั้นบันได	khân ban-dai
trapleuning (de)	ราวบันได	raao ban-dai
hal (de)	หองโถง	hôrng thŏhng
postbus (de)	ตู้จดหมาย	dtôo jòt măai
vuilnisbak (de)	ถังขยะ	thăng khà-yà
vuilniskoker (de)	ชองทิ้งขยะ	chôrng thíng khà-yà
lift (de)	ลิฟต์	líf
goederenlift (de)	ลิฟต์ขนของ	líf khŏn khŏrng
liftcabine (de)	กรงลิฟต์	grorng líf
de lift nemen	ขึ้นลิฟต์	khêun líf
appartement (het)	อูพาร์ตเมนต์	a-phâat-mayn
bewoners (mv.)	ผูอาศัย	phôo aa-săi
buurman (de)	เพื่อนบาน	phêuan bâan
buurvrouw (de)	เพื่อนบาน	phêuan bâan
buren (mv.)	เพื่อนบาน	phêuan bâan

84. Huis. Deuren. Sloten

deur (de)	ประตู	bprà-dtoo
toegangspoort (de)	ประตูรั้ว	bprà-dtoo rúa
deurkruk (de)	ลูกบิดประตู	lôok bìt bprà-dtoo
ontsluiten (ontgrendelen)	ไข	khăi
openen (ww)	เปิด	bpèrt
sluiten (ww)	ปิด	bpìt
sleutel (de)	ลูกกุญแจ	lôok gun-jae
sleutelbos (de)	พวง	phuang
knarsen (bijv. scharnier)	ออดแอ๊ด	órt-áet
knarsgeluid (het)	เสียงออดแอ๊ด	sĭang órt-áet
scharnier (het)	บานพับ	baan pháp
deurmat (de)	ที่เช็ดเทา	thêe chét tháo
slot (het)	แม่กุญแจ	mâe gun-jae
sleutelgat (het)	รูกุญแจ	roo gun-jae
grendel (de)	ไม้ที่วางขวาง	máai thêe waang khwăang
schuif (de)	กลอนประตู	glorn bprà-dtoo
hangslot (het)	ดอกกุญแจ	dòrk gun-jae
aanbellen (ww)	กดออด	gòt òrt
bel (geluid)	เสียงดัง	sĭang dang
deurbel (de)	กระดิ่งประตู	grà-dìng bprà-dtoo
belknop (de)	ปุ่มออดหนาประตู	bpùm òrt nâa bprà-dtoo
geklop (het)	เสียงเคาะ	sĭang khór
kloppen (ww)	เคาะ	khór
code (de)	รหัส	rá-hàt
cijferslot (het)	กุญแจรหัส	gun-jae rá-hàt

parlofoon (de)	อินเตอร์คอม	in-dtêr-khom
nummer (het)	เลข	lâyk
naambordje (het)	ป้ายหน้าประตู	bpâai nâa bprà-dtoo
deurspion (de)	ช่องตาแมว	chôrng dtaa maew

85. Huis op het platteland

| dorp (het) | หมู่บ้าน | mòo bâan |
| moestuin (de) | สวนผัก | sǔan phàk |

hek (het)	รั้ว	rúa
houten hekwerk (het)	รั้วปักดิน	rúa bpàk din
tuinpoortje (het)	ประตูรั้วเล็กๆ	bprà-dtoo rúa lék lék

graanschuur (de)	ยุ้งฉาง	yúng chǎang
wortelkelder (de)	ห้องใต้ดิน	hôrng dtâi din
schuur (de)	โรงนา	rohng naa
waterput (de)	บ่อน้ำ	bòr náam

kachel (de)	เตา	dtao
de kachel stoken	จุดไฟ	jùt fai
brandhout (het)	ฟืน	feun
houtblok (het)	ท่อน	thôrn

veranda (de)	เฉลียงหน้าบ้าน	chà-lǐang nâa bâan
terras (het)	ระเบียง	rá-biang
bordes (het)	บันไดทางเข้าบ้าน	ban-dai thaang khâo bâan
schommel (de)	ชิงช้า	ching cháa

86. Kasteel. Paleis

kasteel (het)	ปราสาท	bpraa-sàat
paleis (het)	วัง	wang
vesting (de)	ป้อม	bpôrm

ringmuur (de)	กำแพง	gam-phaeng
toren (de)	หอ	hǒr
donjon (de)	หอกลาง	hǒr klaang

valhek (het)	ประตูชักรอก	bprà-dtoo chák rôrk
onderaardse gang (de)	ทางใต้ดิน	taang dtâi din
slotgracht (de)	คูเมือง	khoo meuang

| ketting (de) | โซ่ | sôh |
| schietgat (het) | ช่องยิงธนู | chôrng ying thá-noo |

| prachtig (bn) | ภัทร | phát |
| majestueus (bn) | โอ่โถง | òh thǒhng |

| onneembaar (bn) | ที่ไม่สามารถ
เจาะเข้าไปถึง | thêe mâi sǎa-mâat
jòr khâo bpai thěung |
| middeleeuws (bn) | ยุคกลาง | yúk glaang |

87. Appartement

appartement (het)	อพาร์ตเมนต์	a-phâat-mayn
kamer (de)	ห้อง	hôrng
slaapkamer (de)	ห้องนอน	hôrng norn
eetkamer (de)	ห้องรับประทาน อาหาร	hôrng ráp bprà-thaan aa-hǎan
salon (de)	ห้องนั่งเล่น	hôrng nâng lên
studeerkamer (de)	หองทำงาน	hôrng tham ngaan
gang (de)	ห้องเข้า	hôrng khâo
badkamer (de)	ห้องน้ำ	hôrng náam
toilet (het)	หองสวม	hôrng sûam
plafond (het)	เพดาน	phay-daan
vloer (de)	พื้น	phéun
hoek (de)	มุม	mum

88. Appartement. Schoonmaken

schoonmaken (ww)	ทำความสะอาด	tham khwaam sà-àat
opbergen (in de kast, enz.)	เก็บ	gèp
stof (het)	ฝุ่น	fùn
stoffig (bn)	มีฝุ่นเยอะ	mee fùn yúh
stoffen (ww)	ปัดกวาด	bpàt gwàat
stofzuiger (de)	เครื่องดูดฝุ่น	khrêuang dòot fùn
stofzuigen (ww)	ดูดฝุ่น	dòot fùn
vegen (de vloer ~)	กวาด	gwàat
veegsel (het)	ฝุ่นกวาด	fùn gwàat
orde (de)	ความสะอาด	khwaam sà-àat
wanorde (de)	ความไม่เป็นระเบียบ	khwaam mâi bpen rá-bìap
zwabber (de)	ไม้ถูพื้น	mái thǒo phéun
poetsdoek (de)	ผ้าเช็ดพื้น	phâa chét phéun
veger (de)	ไม้กวาดสั้น	máai gwàat sân
stofblik (het)	ที่ตักผง	têe dtàk phǒng

89. Meubels. Interieur

meubels (mv.)	เครื่องเรือน	khrêuang reuan
tafel (de)	โต๊ะ	dtó
stoel (de)	เก้าอี้	gâo-êe
bed (het)	เตียง	dtiang
bankstel (het)	โซฟา	soh-faa
fauteuil (de)	เก้าอี้เท้าแขน	gâo-êe tháo khǎen
boekenkast (de)	ตู้หนังสือ	dtôo nǎng-sěu
boekenrek (het)	ชั้นวาง	chán waang
kledingkast (de)	ตู้เสื้อผ้า	dtôo sêua phâa

| kapstok (de) | ที่แขวนเสื้อ | thêe khwăen sêua |
| staande kapstok (de) | ไม้แขวนเสื้อ | mái khwăen sêua |

| commode (de) | ตู้ลิ้นชัก | dtôo lín chák |
| salontafeltje (het) | โต๊ะกาแฟ | dtó gaa-fae |

spiegel (de)	กระจก	grà-jòk
tapijt (het)	พรม	phrom
tapijtje (het)	พรมเช็ดเท้า	phrom chét tháo

haard (de)	เตาผิง	dtao phĭng
kaars (de)	เทียน	thian
kandelaar (de)	เชิงเทียน	cherng thian

gordijnen (mv.)	ผ้าแขวน	phâa khwăen
behang (het)	วอลเปเปอร์	worn-bpay-bper
jaloezie (de)	บานเกล็ดหน้าต่าง	baan glèt nâa dtàang

bureaulamp (de)	โคมไฟตั้งโต๊ะ	khohm fai dtâng dtó
wandlamp (de)	ไฟติดผนัง	fai dtìt phà-năng
staande lamp (de)	โคมไฟตั้งพื้น	khohm fai dtâng phéun
luchter (de)	โคมระย้า	khohm rá-yáa

poot (ov. een tafel, enz.)	ขา	khăa
armleuning (de)	ที่พักแขน	thêe phák khăen
rugleuning (de)	พนักพิง	phá-nák phing
la (de)	ลิ้นชัก	lín chák

90. Beddengoed

beddengoed (het)	ชุดผ้าปูที่นอน	chút phâa bpoo thêe norn
kussen (het)	หมอน	mŏrn
kussenovertrek (de)	ปลอกหมอน	bplòk mŏrn
deken (de)	ผ้าห่วย	phâa phŭay
laken (het)	ผ้าปู	phâa bpoo
sprei (de)	ผาคลุมเตียง	phâa khlum dtiang

91. Keuken

keuken (de)	ห้องครัว	hôrng khrua
gas (het)	แก๊ส	gáet
gasfornuis (het)	เตาแก๊ส	dtao gàet
elektrisch fornuis (het)	เตาไฟฟ้า	dtao fai-fáa
oven (de)	เตาอบ	dtao òp
magnetronoven (de)	เตาอบไมโครเวฟ	dtao òp mai-khroh-we p

koelkast (de)	ตู้เย็น	dtôo yen
diepvriezer (de)	ตูแช่แข็ง	dtôo châe khăeng
vaatwasmachine (de)	เครื่องล้างจาน	khrêuang láang jaan
vleesmolen (de)	เครื่องบดเนื้อ	khrêuang bòt néua
vruchtenpers (de)	เครื่องคั้น	khrêuang khán
	น้ำผลไม้	náam phŏn-lá-mái

toaster (de)	เครื่องปิ้ง	khrêuang bpîng
	ขนมปัง	khà-nǒm bpang
mixer (de)	เครื่องปั่น	khrêuang bpàn

koffiemachine (de)	เครื่องชงกาแฟ	khrêuang chong gaa-fae
koffiepot (de)	หม้อกาแฟ	môr gaa-fae
koffiemolen (de)	เครื่องบดกาแฟ	khrêuang bòt gaa-fae

fluitketel (de)	กาน้ำ	gaa náam
theepot (de)	กาน้ำชา	gaa náam chaa
deksel (de/het)	ฝา	fǎa
theezeefje (het)	ที่กรองชา	thêe grorng chaa

lepel (de)	ช้อน	chórn
theelepeltje (het)	ช้อนชา	chórn chaa
eetlepel (de)	ช้อนซุป	chórn súp
vork (de)	ส้อม	sôrm
mes (het)	มีด	mêet

vaatwerk (het)	ถ้วยชาม	thûay chaam
bord (het)	จาน	jaan
schoteltje (het)	จานรอง	jaan rorng
likeurglas (het)	แก้วช็อต	gâew chórt
glas (het)	แก้ว	gâew
kopje (het)	ถ้วย	thûay

suikerpot (de)	โถน้ำตาล	thǒh náam dtaan
zoutvat (het)	กระปุกเกลือ	grà-bpùk gleua
pepervat (het)	กระปุกพริกไท	grà-bpùk phrík thai
boterschaaltje (het)	ที่ใส่เนย	thêe sài noie

pan (de)	หม้อต้ม	môr dtôm
bakpan (de)	กระทะ	grà-thá
pollepel (de)	กระบวย	grà-buay
vergiet (de/het)	กระชอน	grà chorn
dienblad (het)	ถาด	thàat

fles (de)	ขวด	khùat
glazen pot (de)	ขวดโหล	khùat lǒh
blik (conserven~)	กระป๋อง	grà-bpǒrng

flesopener (de)	ที่เปิดขวด	thêe bpèrt khùat
blikopener (de)	ที่เปิดกระป๋อง	thêe bpèrt grà-bpǒrng
kurkentrekker (de)	ที่เปิดจุก	thêe bpèrt jùk
filter (de/het)	ที่กรอง	thêe grorng
filteren (ww)	กรอง	grorng

| huisvuil (het) | ขยะ | khà-yà |
| vuilnisemmer (de) | ถังขยะ | thǎng khà-yà |

92. Badkamer

| badkamer (de) | ห้องน้ำ | hôrng náam |
| water (het) | น้ำ | nám |

kraan (de)	ก๊อกน้ำ	gòk náam
warm water (het)	น้ำร้อน	nám rórn
koud water (het)	น้ำเย็น	nám yen

tandpasta (de)	ยาสีฟัน	yaa sěe fan
tanden poetsen (ww)	แปรงฟัน	bpraeng fan
tandenborstel (de)	แปรงสีฟัน	bpraeng sěe fan

zich scheren (ww)	โกน	gohn
scheercrème (de)	โฟมโกนหนวด	fohm gohn nùat
scheermes (het)	มีดโกน	mêet gohn

wassen (ww)	ล้าง	láang
een bad nemen	อาบ	àap
douche (de)	ฝักบัว	fàk bua
een douche nemen	อาบน้ำฝักบัว	àap náam fàk bua

bad (het)	อ่างอาบน้ำ	àang àap náam
toiletpot (de)	โถชักโครก	thǒh chák khrôhk
wastafel (de)	อางลางหนา	àang láang-nâa

| zeep (de) | สบู่ | sà-bòo |
| zeepbakje (het) | ที่ใส่สบู่ | thêe sài sà-bòo |

spons (de)	ฟองน้ำ	forng náam
shampoo (de)	แชมพู	chaem-phoo
handdoek (de)	ผ้าเช็ดตัว	phâa chét dtua
badjas (de)	เสื้อคลุมอาบน้ำ	sêua khlum àap náam

was (bijv. handwas)	การซักผ้า	gaan sák phâa
wasmachine (de)	เครื่องซักผ้า	khrêuang sák phâa
de was doen	ซักผ้า	sák phâa
waspoeder (de)	ผงซักฟอก	phǒng sák-fôrk

93. Huishoudelijke apparaten

televisie (de)	ทีวี	thee-wee
cassettespeler (de)	เครื่องบันทึกเทป	khrêuang ban-théuk thâyp
videorecorder (de)	เครื่องบันทึกวิดีโอ	khrêuang ban-théuk wí-dee-oh
radio (de)	วิทยุ	wít-thá-yú
speler (de)	เครื่องเล่น	khrêuang lên

videoprojector (de)	โปรเจ็คเตอร์	bproh-jèk-dtêr
home theater systeem (het)	เครื่องฉายภาพยนตร์ที่บ้าน	khhrêuang chǎai phâap-phá yon thêe bâan
DVD-speler (de)	เครื่องเล่น DVD	khrêuang lên dee-wee-dee
versterker (de)	เครื่องขยายเสียง	khrêuang khà-yǎi sǐang
spelconsole (de)	เครื่องเกมคอนโซล	khrêuang gaym khorn sohn

videocamera (de)	กล้องถ่ายวิดีโอ	glôrng thàai wí-dee-oh
fotocamera (de)	กล้องถ่ายรูป	glôrng thàai rôop
digitale camera (de)	กล้องดิจิตอล	glôrng dì-jì-dton
stofzuiger (de)	เครื่องดูดฝุ่น	khrêuang dòot fùn

strijkijzer (het)	เตารีด	dtao rêet
strijkplank (de)	กระดานรองรีด	grà-daan rorng rêet
telefoon (de)	โทรศัพท์	thoh-rá-sàp
mobieltje (het)	มือถือ	meu thĕu
schrijfmachine (de)	เครื่องพิมพ์ดีด	khrêuang phim dèet
naaimachine (de)	จักรเย็บผา	jàk yép phâa
microfoon (de)	ไมโครโฟน	mai-khroh-fohn
koptelefoon (de)	หูฟัง	hŏo fang
afstandsbediening (de)	รีโมตทีวี	ree môht thee wee
CD (de)	CD	see-dee
cassette (de)	เทป	thâyp
vinylplaat (de)	จานเสียง	jaan sĭang

94. Reparaties. Renovatie

renovatie (de)	การซ่อมแซม	gaan sôrm saem
renoveren (ww)	ซ่อมแซม	sôrm saem
repareren (ww)	ซ่อมแซม	sôrm saem
op orde brengen	สะสาง	sà-săang
overdoen (ww)	ทำใหม่	tham mài
verf (de)	สี	sĕe
verven (muur ~)	ทาสี	thaa sĕe
schilder (de)	ช่างทาสีบ้าน	châang thaa sĕe bâan
kwast (de)	แปรงทาสี	bpraeng thaa sĕe
kalk (de)	สารฟอกขาว	săan fôrk khăao
kalken (ww)	ฟอกขาว	fôrk khăao
behang (het)	วอลเปเปอร์	worn-bpay-bper
behangen (ww)	ติดวอลเปเปอร์	dtìt wor lá-bpay-bper
lak (de/het)	น้ำมันชักเงา	náam man chák ngao
lakken (ww)	เคลือบ	khlêuap

95. Loodgieterswerk

water (het)	น้ำ	nám
warm water (het)	น้ำร้อน	nám rórn
koud water (het)	น้ำเย็น	nám yen
kraan (de)	ก็อกน้ำ	gòk náam
druppel (de)	หยด	yòt
druppelen (ww)	ตก	dtòk
lekken (een lek hebben)	รั่ว	rûa
lekkage (de)	การรั่ว	gaan rûa
plasje (het)	หลมน้ำ	lòm nám
buis, leiding (de)	ท่อ	thôr
stopkraan (de)	วาลว	waao

verstopt raken (ww)	อุดตัน	ùt dtan
gereedschap (het)	เครื่องมือ	khrêuang meu
Engelse sleutel (de)	ประแจคอม้า	bprà-jae kor máa
losschroeven (ww)	คลายเกลียวออก	khlaai glieow òrk
aanschroeven (ww)	ขันให้แน่น	khăn hâi nâen

ontstoppen (riool, enz.)	แก้การอุดตัน	gâe gaan ùt dtan
loodgieter (de)	ช่างประปา	châang bprà-bpaa
kelder (de)	ชั้นใต้ดิน	chán dtâi din
riolering (de)	ระบบท่อน้ำทิ้ง	rá-bòp thôr náam thíng

96. Brand. Vuurzee

brand (de)	ไฟไหม้	fai mâi
vlam (de)	เปลวไฟ	bpleo fai
vonk (de)	ประกายไฟ	bprà-gaai fai
rook (de)	ควัน	khwan
fakkel (de)	คบเพลิง	khóp phlerng
kampvuur (het)	กองไฟ	gorng fai

benzine (de)	น้ำมันเชื้อเพลิง	nám man chéua phlerng
kerosine (de)	น้ำมันกูด	nám man gáat
brandbaar (bn)	ติดไฟได้	dtìt fai dâai
ontplofbaar (bn)	ที่ระเบิดได้	thêe rá-bèrt dâai
VERBODEN TE ROKEN!	ห้ามสูบบุหรี่	hâam sòop bù rèe

veiligheid (de)	ความปลอดภัย	khwaam bplòrt phai
gevaar (het)	อันตราย	an-dtà-raai
gevaarlijk (bn)	อันตราย	an-dtà-raai

in brand vliegen (ww)	ติดไฟ	dtìt fai
explosie (de)	การระเบิด	gaan rá-bèrt
in brand steken (ww)	เผา	phăo
brandstichter (de)	ผู้ลอบวางเพลิง	phôo lôp waang phlerng
brandstichting (de)	การลอบวางเพลิง	gaan lôp waang phlerng

vlammen (ww)	ไฟลุกโชน	fai lúk-chohn
branden (ww)	ไหม้	mâi
afbranden (ww)	เผาให้ราบ	phăo hâi râap

de brandweer bellen	เรียกนักดับเพลิง	rîak nák dàp phlerng
brandweerman (de)	นักดับเพลิง	nák dàp phlerng
brandweerwagen (de)	รถดับเพลิง	rót dàp phlerng
brandweer (de)	สถานีดับเพลิง	sà-thăa-nee dàp phlerng
uitschuifbare ladder (de)	บันไดรถดับเพลิง	ban-dai rót dàp phlerng

brandslang (de)	ท่อดับเพลิง	thôr dàp phlerng
brandblusser (de)	ที่ดับเพลิง	thêe dàp phlerng
helm (de)	หมวกนิรภัย	mùak ní-rá-phai
sirene (de)	สัญญาณเตือนภัย	săn-yaan dteuan phai

roepen (ww)	ร้อง	rórng
hulp roepen	ขอช่วย	khŏr chûay
redder (de)	นักกู้ภัย	nák gôo phai

redden (ww)	ช่วยชีวิต	chûay chee-wít
aankomen (per auto, enz.)	มา	maa
blussen (ww)	ดับเพลิง	dàp phlerng
water (het)	น้ำ	nám
zand (het)	ทราย	saai

ruïnes (mv.)	ซาก	sâak
instorten (gebouw, enz.)	ถล่ม	thà-lòm
ineenstorten (ww)	ถล่มทลาย	thà-lòm thá-laai
inzakken (ww)	ถลม	thà-lòm

| brokstuk (het) | ส่วนสะเก็ด | sùan sà-gèt |
| as (de) | ขี้เถา | khêe thâo |

| verstikken (ww) | ขาดอากาศตาย | khàat aa-gàat dtaai |
| omkomen (ww) | เสียชีวิต | sĭa chee-wít |

MENSELIJKE ACTIVITEITEN

Baan. Business. Deel 1

97. Bankieren

bank (de)	ธนาคาร	thá-naa-khaan
bankfiliaal (het)	สาขา	săa-khăa
bankbediende (de)	พนักงาน ธนาคาร	phá-nák ngaan thá-naa-khaan
manager (de)	ผู้จัดการ	phôo jàt gaan
bankrekening (de)	บัญชีธนาคาร	ban-chee thá-naa-kaan
rekeningnummer (het)	หมายเลขบัญชี	măai lâyk ban-chee
lopende rekening (de)	กระแสรายวัน	grà-săe raai wan
spaarrekening (de)	บัญชีออมทรัพย์	ban-chee orm sáp
een rekening openen	เปิดบัญชี	bpèrt ban-chee
de rekening sluiten	ปิดบัญชี	bpìt ban-chee
op rekening storten	ฝากเงินเข้าบัญชี	fàak ngern khâo ban-chee
opnemen (ww)	ถอน	thŏrn
storting (de)	การฝาก	gaan fàak
een storting maken	ฝาก	fàak
overschrijving (de)	การโอนเงิน	gaan ohn ngern
een overschrijving maken	โอนเงิน	ohn ngern
som (de)	จำนวนเงินรวม	jam-nuan ngern ruam
Hoeveel?	เทาไหร?	thâo rài
handtekening (de)	ลายมือชื่อ	laai meu chêu
ondertekenen (ww)	ลงนาม	long naam
kredietkaart (de)	บัตรเครดิต	bàt khray-dìt
code (de)	รหัส	rá-hàt
kredietkaartnummer (het)	หมายเลขบัตรเครดิต	măai lâyk bàt khray-dìt
geldautomaat (de)	เอทีเอ็ม	ay-thee-em
cheque (de)	เช็ค	chék
een cheque uitschrijven	เขียนเช็ค	khĭan chék
chequeboekje (het)	สมุดเช็ค	sà-mùt chék
lening, krediet (de)	เงินกู้	ngern gôo
een lening aanvragen	ขอสินเชื่อ	khŏr sĭn chêua
een lening nemen	กู้เงิน	gôo ngern
een lening verlenen	ให้กู้เงิน	hâi gôo ngern
garantie (de)	การรับประกัน	gaan ráp bprà-gan

98. Telefoon. Telefoongesprek

telefoon (de)	โทรศัพท์	thoh-rá-sàp
mobieltje (het)	มือถือ	meu thĕu
antwoordapparaat (het)	เครื่องพูดตอบ	khrêuang phôot dtòp
bellen (ww)	โทรศัพท์	thoh-rá-sàp
belletje (telefoontje)	การโทรศัพท์	gaan thoh-rá-sàp
een nummer draaien	หมุนหมายเลขโทรศัพท์	mŭn măai lâyk thoh-rá-sàp
Hallo!	สวัสดี!	sà-wàt-dee
vragen (ww)	ถาม	thăam
antwoorden (ww)	รับสาย	ráp săai
horen (ww)	ได้ยิน	dâai yin
goed (bw)	ดี	dee
slecht (bw)	ไม่ดี	mâi dee
storingen (mv.)	เสียงรบกวน	sĭang róp guan
hoorn (de)	ตัวรับสัญญาณ	dtua ráp săn-yaan
opnemen (ww)	รับสาย	ráp săai
ophangen (ww)	วางสาย	waang săai
bezet (bn)	ไม่ว่าง	mâi wâang
overgaan (ww)	ดัง	dang
telefoonboek (het)	สมุดโทรศัพท์	sà-mùt thoh-rá-sàp
lokaal (bn)	ในประเทศ	nai bprà-thâyt
lokaal gesprek (het)	โทรในประเทศ	thoh nai bprà-thâyt
interlokaal (bn)	ระยะไกล	rá-yá glai
interlokaal gesprek (het)	โทรระยะไกล	thoh-rá-yá glai
buitenlands (bn)	ต่างประเทศ	dtàang bprà-thâyt
buitenlands gesprek (het)	โทรต่างประเทศ	thoh dtàang bprà-thâyt

99. Mobiele telefoon

mobieltje (het)	มือถือ	meu thĕu
scherm (het)	หน้าจอ	nâa jor
toets, knop (de)	ปุ่ม	bpùm
simkaart (de)	ซิมการ์ด	sím gàat
batterij (de)	แบตเตอรี่	bàet-dter-rêe
leeg zijn (ww)	หมด	mòt
acculader (de)	ที่ชาร์จ	thêe châat
menu (het)	เมนู	may-noo
instellingen (mv.)	การตั้งค่า	gaan dtâng khâa
melodie (beltoon)	เสียงเพลง	sĭang phlayng
selecteren (ww)	เลือก	lêuak
rekenmachine (de)	เครื่องคิดเลข	khrêuang khít lâyk
voicemail (de)	ขอความเสียง	khôr khwaam sĭang
wekker (de)	นาฬิกาปลุก	naa-lí-gaa bplùk

contacten (mv.)	รายชื่อผู้ติดต่อ	raai chêu phôo dtìt dtòr
SMS-bericht (het)	ŞMS	es-e-mes
abonnee (de)	ผู้สมัครรับบริการ	phôo sà-màk ráp bor-rí-gaan

100. Schrijfbehoeften

| balpen (de) | ปากกาลูกลื่น | bpàak gaa lôok lêun |
| vulpen (de) | ปากกาหมึกซึม | bpàak gaa mèuk seum |

potlood (het)	ดินสอ	din-sŏr
marker (de)	ปากกาเน้น	bpàak gaa náyn
viltstift (de)	ปากกาเมจิด	bpàak gaa may jìk

| notitieboekje (het) | สมุดจด | sà-mùt jòt |
| agenda (boekje) | สมุดบันทึกรายวัน | sà-mùt ban-théuk raai wan |

liniaal (de/het)	ไม้บรรทัด	máai ban-thát
rekenmachine (de)	เครื่องคิดเลข	khrêuang khít lâyk
gom (de)	ยางลบ	yaang lóp
punaise (de)	เป๊ก	bpáyk
paperclip (de)	ลวดหนีบกระดาษ	lûat nèep grà-dàat

lijm (de)	กาว	gaao
nietmachine (de)	ที่เย็บกระดาษ	thêe yép grà-dàat
perforator (de)	ที่เจาะรูกระดาษ	thêe jòr roo grà-dàat
potloodslijper (de)	ที่เหลาดินสอ	thêe lăo din-sŏr

Baan. Business. Deel 2

101. Massamedia

krant (de)	หนังสือพิมพ์	năng-sĕu phim
tijdschrift (het)	นิตยสาร	nít-dtà-yá-sǎan
pers (gedrukte media)	สื่อสิ่งพิมพ์	sèu sìng phim
radio (de)	วิทยุ	wít-thá-yú
radiostation (het)	สถานีวิทยุ	sà-thǎa-nee wít-thá-yú
televisie (de)	โทรทัศน์	thoh-rá-thát
presentator (de)	ผู้ประกาศข่าว	phôo bprà-gàat khàao
nieuwslezer (de)	ผู้ประกาศข่าว	phôo bprà-gàat khàao
commentator (de)	ผู้อธิบาย	phôo à-thí-baai
journalist (de)	นักข่าว	nák khàao
correspondent (de)	ผู้รายงานข่าว	phôo raai ngaan khàao
fotocorrespondent (de)	ช่างภาพ หนังสือพิมพ์	châang phâap năng-sĕu phim
reporter (de)	ผู้รายงาน	phôo raai ngaan
redacteur (de)	บรรณาธิการ	ban-naa-thí-gaan
chef-redacteur (de)	หัวหน้าบรรณาธิการ	hǔa nâa ban-naa-thí-gaan
zich abonneren op	รับ	ráp
abonnement (het)	การรับ	gaan ráp
abonnee (de)	ผู้รับ	phôo ráp
lezen (ww)	อ่าน	àan
lezer (de)	ผู้อาน	phôo àan
oplage (de)	การเผยแพร่	gaan phŏie-phrâe
maand-, maandelijks (bn)	รายเดือน	raai deuan
wekelijks (bn)	รายสัปดาห์	raai sàp-daa
nummer (het)	ฉบับ	chà-bàp
vers (~ van de pers)	ใหม่	mài
kop (de)	ข่าวพาดหัว	khàao phâat hǔa
korte artikel (het)	บทความสั้นๆ	bòt khwaam sân sân
rubriek (de)	คอลัมน์	khor lam
artikel (het)	บทความ	bòt khwaam
pagina (de)	หน้า	nâa
reportage (de)	การรายงานข่าว	gaan raai ngaan khàao
gebeurtenis (de)	เหตุการณ์	hàyt gaan
sensatie (de)	ข่าวดัง	khàao dang
schandaal (het)	เรื่องอื้อฉาว	rêuang êu chǎao
schandalig (bn)	อื้อฉาว	êu chǎao
groot (~ schandaal, enz.)	ใหญ่	yài
programma (het)	รายการ	raai gaan
interview (het)	การสัมภาษณ์	gaan sǎm-phâat

93

| live uitzending (de) | ถ่ายทอดสด | thàai thôrt sòt |
| kanaal (het) | ช่อง | chôrng |

102. Landbouw

landbouw (de)	เกษตรกรรม	gà-sàyt-dtra -gam
boer (de)	ชาวนาผู้ชาย	chaao naa phôo chaai
boerin (de)	ชาวนาผู้หญิง	chaao naa phôo yǐng
landbouwer (de)	ชาวนา	chaao naa

| tractor (de) | รถแทร็คเตอร์ | rót tráek-dtêr |
| maaidorser (de) | เครื่องเก็บเกี่ยว | khrêuang gèp gìeow |

ploeg (de)	คันไถ	khan thǎi
ploegen (ww)	ไถ	thǎi
akkerland (het)	ที่ดินที่ไถพรวน	thêe din thêe thǎi phruan
voor (de)	ร่องดิน	rôrng din

zaaien (ww)	หว่าน	wàan
zaaimachine (de)	เครื่องหว่านเมล็ด	khrêuang wàan má-lét
zaaien (het)	การหว่าน	gaan wàan

| zeis (de) | เคียว | khieow |
| maaien (ww) | ถาง | thǎang |

| schop (de) | พลั่ว | phlûa |
| spitten (ww) | ขุด | khùt |

schoffel (de)	จอบ	jòrp
wieden (ww)	ถาก	thàak
onkruid (het)	วัชพืช	wát-chá-phêut

gieter (de)	กระป๋องรดน้ำ	grà-bpǒrng rót náam
begieten (water geven)	รดน้ำ	rót náam
bewatering (de)	การรดน้ำ	gaan rót nám

| riek, hooivork (de) | ส้อมเสียบ | sôrm sìap |
| hark (de) | คราด | khrâat |

kunstmest (de)	ปุ๋ย	bpǔi
bemesten (ww)	ใส่ปุ๋ย	sài bpǔi
mest (de)	ปุ๋ยคอก	bpǔi khôrk

veld (het)	ทุ่งนา	thûng naa
wei (de)	ทุ่งหญ้า	thûng yâa
moestuin (de)	สวนผัก	sǔan phàk
boomgaard (de)	สวนผลไม้	sǔan phǒn-lá-máai

weiden (ww)	เล็มหญ้า	lem yâa
herder (de)	คนเลี้ยงสัตว์	khon líang sàt
weiland (de)	ทุ่งเลี้ยงสัตว	thûng líang sàt

| veehouderij (de) | การขยายพันธุ์สัตว์ | gaan khà-yǎai phan sàt |
| schapenteelt (de) | การขยายพันธุ์แกะ | gaan khà-yǎai phan gàe |

plantage (de)	ที่เพาะปลูก	thêe phór bplòok
rijtje (het)	แถว	thăe
broeikas (de)	เรือนกระจกร้อน	reuan grà-jòk rón

| droogte (de) | ภัยแล้ง | phai láeng |
| droog (bn) | แลง | láeng |

graan (het)	ธัญพืช	than-yá-phêut
graangewassen (mv.)	ผลผลิตธัญพืช	phŏn phà-lìt than-yá-phêut
oogsten (ww)	เก็บเกี่ยว	gèp gìeow

molenaar (de)	เจ้าของโรงโม่	jâo khŏrng rohng môh
molen (de)	โรงสี	rohng sĕe
malen (graan ~)	โม่	môh
bloem (bijv. tarwebloem)	แป้ง	bpâeng
stro (het)	ฟาง	faang

103. Gebouw. Bouwproces

bouwplaats (de)	สถานที่ก่อสร้าง	sà-thăan thêe gòr sâang
bouwen (ww)	สร้าง	sâang
bouwvakker (de)	คนงานก่อสร้าง	khon ngaan gòr sâang

project (het)	โครงการ	khrohng gaan
architect (de)	สถาปนิก	sà-thăa-bpà-ník
arbeider (de)	คนงาน	khon ngaan

fundering (de)	รากฐาน	râak thăan
dak (het)	หลังคา	lăng khaa
heipaal (de)	เสาเข็ม	săo khĕm
muur (de)	กำแพง	gam-phaeng

| betonstaal (het) | เหล็กเส้นเสริมแรง | lèk sên sĕrm raeng |
| steigers (mv.) | นั่งราน | nâng ráan |

beton (het)	คอนกรีต	khorn-grèet
graniet (het)	หินแกรนิต	hĭn grae-nít
steen (de)	หิน	hĭn
baksteen (de)	อิฐ	ìt

zand (het)	ทราย	saai
cement (de/het)	ปูนซีเมนต์	bpoon see-mayn
pleister (het)	พลาสเตอร์	phláat-dtêr
pleisteren (ww)	ฉาบ	chàap

verf (de)	สี	sĕe
verven (muur ~)	ทาสี	thaa sĕe
ton (de)	ถัง	thăng

kraan (de)	ปั้นจั่น	bpân jàn
heffen, hijsen (ww)	ยก	yók
neerlaten (ww)	ลด	lót
bulldozer (de)	รถดันดิน	rót dan din
graafmachine (de)	รถขุด	rót khùt

graafbak (de)	ช้อนขุด	chórn khùt
graven (tunnel, enz.)	ขุด	khùt
helm (de)	หมวกนิรภัย	mùak ní-rá-phai

Beroepen en ambachten

104. Zoeken naar werk. Ontslag

baan (de)	งาน	ngaan
werknemers (mv.)	พนักงาน	phá-nák ngaan
personeel (het)	พนักงาน	phá-nák ngaan
carrière (de)	อาชีพ	aa-chêep
vooruitzichten (mv.)	โอกาส	oh-gàat
meesterschap (het)	ทักษะ	thák-sà
keuze (de)	การคัดเลือก	gaan khát lêuak
uitzendbureau (het)	สำนักงานจัดหางาน	sǎm-nák ngaan jàt hǎa ngaan
CV, curriculum vitae (het)	ประวัติย่อ	bprà-wàt yôr
sollicitatiegesprek (het)	สัมภาษณ์งาน	sǎm-phâat ngaan
vacature (de)	ตำแหน่งว่าง	dtam-nàeng wâang
salaris (het)	เงินเดือน	ngern deuan
vaste salaris (het)	เงินเดือน	ngern deuan
loon (het)	คาแรง	khâa raeng
betrekking (de)	ตำแหน่ง	dtam-nàeng
taak, plicht (de)	หน้าที่	nâa thêe
takenpakket (het)	หน้าที่	nâa thêe
bezig (~ zijn)	ไม่ว่าง	mâi wâang
ontslagen (ww)	ไล่ออก	lâi òrk
ontslag (het)	การไล่ออก	gaan lâi òrk
werkloosheid (de)	การว่างงาน	gaan wâang ngaan
werkloze (de)	คนว่างงาน	khon wâang ngaan
pensioen (het)	การเกษียณอายุ	gaan gà-sǐan aa-yú
met pensioen gaan	เกษียณ	gà-sǐan

105. Zakenmensen

directeur (de)	ผู้อำนวยการ	phôo am-nuay gaan
beheerder (de)	ผู้จัดการ	phôo jàt gaan
hoofd (het)	หัวหน้า	hǔa-nâa
baas (de)	ผู้บังคับบัญชา	phôo bang-kháp ban-chaa
superieuren (mv.)	คณะผู้บังคับบัญชา	khá-ná phôo bang-kháp ban-chaa
president (de)	ประธานาธิปดี	bprà-thaa-naa-thí-bor-dee
voorzitter (de)	ประธาน	bprà-thaan
adjunct (de)	รอง	rorng

assistent (de)	ผู้ช่วย	phôo chûay
secretaris (de)	เลขา	lay-khǎa
persoonlijke assistent (de)	ผู้ช่วยส่วนบุคคล	phôo chûay sùan bùk-khon
zakenman (de)	นักธุรกิจ	nák thú-rá-gìt
ondernemer (de)	ผู้ประกอบการ	phôo bprà-gòp gaan
oprichter (de)	ผู้ก่อตั้ง	phôo gòr dtâng
oprichten	ก่อตั้ง	gòr dtâng
(een nieuw bedrijf ~)		
stichter (de)	ผู้ก่อตั้ง	phôo gòr dtâng
partner (de)	หุ้นส่วน	hûn sùan
aandeelhouder (de)	ผู้ถือหุ้น	phôo thǔu hûn
miljonair (de)	เศรษฐีเงินล้าน	sàyt-thěe ngern láan
miljardair (de)	มหาเศรษฐี	má-hǎa sàyt-thěe
eigenaar (de)	เจ้าของ	jâo khǒrng
landeigenaar (de)	เจาของที่ดิน	jâo khǒrng thêe din
klant (de)	ลูกค้า	lôok kháa
vaste klant (de)	ลูกค้าประจำ	lôok kháa bprà-jam
koper (de)	ลูกค้า	lôok kháa
bezoeker (de)	ผู้เข้ารวม	phôo khâo rûam
professioneel (de)	ผู้เป็นมืออาชีพ	phôo bpen meu aa-chêep
expert (de)	ผู้เชี่ยวชาญ	phôo chîeow-chaan
specialist (de)	ผู้ชำนาญ	phôo cham-naan
	เฉพาะทาง	chà-phó thaang
bankier (de)	พนักงาน	phá-nák ngaan
	ธนาคาร	thá-naa-khaan
makelaar (de)	นายหน้า	naai nâa
kassier (de)	แคชเชียร์	khâet chia
boekhouder (de)	นักบัญชี	nák ban-chee
bewaker (de)	ยาม	yaam
investeerder (de)	ผู้ลงทุน	phôo long thun
schuldenaar (de)	ลูกหนี้	lôok nêe
crediteur (de)	เจ้าหนี้	jâo nêe
lener (de)	ผู้ยืม	phôo yeum
importeur (de)	ผู้นำเข้า	phôo nam khâo
exporteur (de)	ผู้ส่งออก	phôo sòng òrk
producent (de)	ผู้ผลิต	phôo phà-lìt
distributeur (de)	ผู้จัดจำหน่าย	phôo jàt jam-nàai
bemiddelaar (de)	คนกลาง	khon glaang
adviseur, consulent (de)	ที่ปรึกษา	thêe bprèuk-sǎa
vertegenwoordiger (de)	พนักงานขาย	phá-nák ngaan khǎai
agent (de)	ตัวแทน	dtua thaen
verzekeringsagent (de)	ตัวแทนประกัน	dtua thaen bprà-gan

106. Dienstverlenende beroepen

kok (de)	ดูนครัว	khon khrua
chef-kok (de)	กุก	gúk
bakker (de)	ช่างอบขนมปัง	châang òp khà-nŏm bpang
barman (de)	บาร์เทนเดอร์	baa-thayn-dêr
kelner, ober (de)	พนักงานเสิร์ฟชาย	phá-nák ngaan sèrf chaai
serveerster (de)	พนักงานเสิร์ฟหญิง	phá-nák ngaan sèrf yĭng
advocaat (de)	ทนายความ	thá-naai khwaam
jurist (de)	นักกฎหมาย	nák gòt măai
notaris (de)	พนักงานจดทะเบียน	phá-nák ngaan jòt thá-bian
elektricien (de)	ช่างไฟฟ้า	châang fai-fáa
loodgieter (de)	ช่างปูระปา	châang bprà-bpaa
timmerman (de)	ช่างไม้	châang máai
masseur (de)	หมอนวดชาย	mŏr nûat chaai
masseuse (de)	หมอนวดหญิง	mŏr nûat yĭng
dokter, arts (de)	แพทย์	phâet
taxichauffeur (de)	คนขับแท็กซี่	khon khàp tháek-sêe
chauffeur (de)	คนขับ	khon khàp
koerier (de)	คนส่งของ	khon sòng khŏrng
kamermeisje (het)	แม่บ้าน	mâe bâan
bewaker (de)	ยาม	yaam
stewardess (de)	พนักงวนต้อนรับ บนเครื่องบิน	phá-nák ngaan dtôrn ráp bon khrêuang bin
meester (de)	อาจารย์	aa-jaan
bibliothecaris (de)	บรรณารักษ์	ban-naa-rák
vertaler (de)	นักแปล	nák bplae
tolk (de)	ลาม	lâam
gids (de)	มัคคุเทศก์	mák-khú-thâyt
kapper (de)	ช่างทำผม	châang tham phŏm
postbode (de)	บุรุษไปรษณีย์	bù-rùt bprai-sà-nee
verkoper (de)	คนขายของ	khon khăai khŏrng
tuinman (de)	ชาวสวน	chaao sŭan
huisbediende (de)	คนใช้	khon chái
dienstmeisje (het)	สาวใช้	săao chái
schoonmaakster (de)	คนทำความสะอาด	khon tham khwaam sà-àat

107. Militaire beroepen en rangen

soldaat (rang)	พลทหาร	phon-thá-hăan
sergeant (de)	สิบเอก	sìp àyk
luitenant (de)	ร้อยโท	rói thoh
kapitein (de)	ร้อยเอก	rói àyk
majoor (de)	พลตรี	phon-dtree

kolonel (de)	พันเอก	phan àyk
generaal (de)	นายพล	naai phon
maarschalk (de)	จอมพล	jorm phon
admiraal (de)	พลเรือเอก	phon reua àyk

militair (de)	ทางทหาร	thaang thá-hǎan
soldaat (de)	ทหาร	thá-hǎan
officier (de)	นายทหาร	naai thá-hǎan
commandant (de)	ผู้บัญชาการ	phôo ban-chaa gaan

grenswachter (de)	ยามเฝ้าชายแดน	yaam fâo chaai daen
marconist (de)	พลวิทยุ	phon wít-thá-yú
verkenner (de)	ทหารพราน	thá-hǎan phraan
sappeur (de)	ทหารช่าง	thá-hǎan châang
schutter (de)	พลแม่นปืน	phon mâen bpeun
stuurman (de)	ตนหน	dtôn hǒn

108. Ambtenaren. Priesters

| koning (de) | กษัตริย์ | gà-sàt |
| koningin (de) | ราชินี | raa-chí-nee |

| prins (de) | เจ้าชาย | jâo chaai |
| prinses (de) | เจาหญิง | jâo yǐng |

| tsaar (de) | ซาร์ | saa |
| tsarina (de) | ซารีนา | saa-ree-naa |

president (de)	ประธานาธิบดี	bprà-thaa-naa-thí-bor-dee
minister (de)	รัฐมนตรี	rát-thà-mon-dtree
eerste minister (de)	นายกรัฐมนตรี	naa-yók rát-thà-mon-dtree
senator (de)	สมาชิกวุฒิสภา	sà-maa-chík wút-thí sà-phaa

diplomaat (de)	นักการทูต	nák gaan thôot
consul (de)	กงสุล	gong-sǔn
ambassadeur (de)	เอกอัครราชทูต	àyk-gà-àk-krá-râat-chá-tôot
adviseur (de)	เจาหน้าที่การทูต	jâo nâa-thêe gaan thôot

ambtenaar (de)	ข้าราชการ	khâa râat-chá-gaan
prefect (de)	เจาหน้าที่	jâo nâa-thêe
burgemeester (de)	นายกเทศมนตรี	naa-yók thâyt-sà-mon-dtree

| rechter (de) | ผู้พิพากษา | phôo phí-phâak-sǎa |
| aanklager (de) | อัยการ | ai-yá-gaan |

| missionaris (de) | ผู้สอนศาสนา | phôo sǒrn sàat-sà-nǎa |
| monnik (de) | พระ | phrá |

| abt (de) | เจ้าอาวาส | jâo aa-wâat |
| rabbi, rabbijn (de) | พระในศาสนายิว | phrá nai sàat-sà-nǎa yiw |

vizier (de)	วีซีร์	wee see
sjah (de)	กษัตริย์อิหร่าน	gà-sàt i-ràan
sjeik (de)	หัวหน้าเผาอาหรับ	hǔa nâa phào aa-ràp

109. Agrarische beroepen

imker (de)	คนเลี้ยงผึ้ง	khon líang phêung
herder (de)	คนเลี้ยงปศุสัตว์	khon líang bpà-sù-sàt
landbouwkundige (de)	นักปฐพีวิทยา	nák bpà-tà-phee wít-thá-yaa
veehouder (de)	ผู้ขยายพันธุ์สัตว์	phôo khà-yǎai phan sàt
dierenarts (de)	สัตวแพทย์	sàt phâet
landbouwer (de)	ชาวนา	chaao naa
wijnmaker (de)	ผู้ผลิตไวน์	phôo phà-lìt wai
zoöloog (de)	นักสัตววิทยา	nák sàt wít-thá-yaa
cowboy (de)	โคบาล	khoh-baan

110. Kunst beroepen

acteur (de)	นักแสดงชาย	nák sà-daeng chaai
actrice (de)	นักแสดงหญิง	nák sà-daeng yǐng
zanger (de)	นักร้องชาย	nák rórng chaai
zangeres (de)	นักรองหญิง	nák rórng yǐng
danser (de)	นักเต้นชาย	nák dtên chaai
danseres (de)	นักเตนหญิง	nák dtên yǐng
artiest (mann.)	นักแสดงชาย	nák sà-daeng chaai
artiest (vrouw.)	นักแสดงหญิง	nák sà-daeng yǐng
muzikant (de)	นักดนตรี	nák don-dtree
pianist (de)	นักเปียโน	nák bpia noh
gitarist (de)	ผู้เลนกีตาร์	phôo lên gee-dtâa
orkestdirigent (de)	ผู้ควบคุม	phôo khûap khum
	วงดนตรี	wong don-dtree
componist (de)	นักแต่งเพลง	nák dtàeng phlayng
impresario (de)	ผู้ควบคุม	phôo khûap khum
	การแสดง	gaan sà-daeng
filmregisseur (de)	ผู้กำกับ	phôo gam-gàp
	ภาพยนตร	phâap-phá-yon
filmproducent (de)	ผู้อำนวยการสร้าง	phôo am-nuay gaan sâang
scenarioschrijver (de)	คนเขียนบท	khon khǐan bòt
	ภาพยนตร	phâap-phá-yon
criticus (de)	นักวิจารณ์	nák wí-jaan
schrijver (de)	นักเขียน	nák khǐan
dichter (de)	นักกวี	nák gà-wee
beeldhouwer (de)	ช่างสลัก	châang sà-làk
kunstenaar (de)	ชางวาดรูป	châang wâat rôop
jongleur (de)	นักมายากล	nák maa-yaa gon
	โยนของ	yohn khǒrng
clown (de)	ตัวตลก	dtua dtà-lòk
acrobaat (de)	นักกุยกรรม	nák gaai-yá-gam
goochelaar (de)	นักเลนกล	nák lên gon

111. Verschillende beroepen

dokter, arts (de)	แพทย์	phâet
ziekenzuster (de)	พยาบาล	phá-yaa-baan
psychiater (de)	จิตแพทย์	jìt-dtà-phâet
tandarts (de)	ทันตแพทย์	than-dtà phâet
chirurg (de)	ศัลยแพทย์	săn-yá-phâet
astronaut (de)	นักบินอวกาศ	nák bin a-wá-gàat
astronoom (de)	นักดาราศาสตร์	nák daa-raa sàat
piloot (de)	นักบิน	nák bin
chauffeur (de)	คนขับ	khon khàp
machinist (de)	คนขับรถไฟ	khon khàp rót fai
mecanicien (de)	ช่างเครื่อง	châang khrêuang
mijnwerker (de)	คนงานเหมือง	khon ngaan měuang
arbeider (de)	คนงาน	khon ngaan
bankwerker (de)	ช่างโลหะ	châang loh-hà
houtbewerker (de)	ช่างไม้	châang máai
draaier (de)	ช่างกลึง	châang gleung
bouwvakker (de)	คนงานก่อสร้าง	khon ngaan gòr sâang
lasser (de)	ช่างเชื่อม	châang chêuam
professor (de)	ศาสตราจารย์	sàat-sà-dtraa-jaan
architect (de)	สถาปนิก	sà-thăa-bpà-ník
historicus (de)	นักประวัติศาสตร์	nák bprà-wàt sàat
wetenschapper (de)	นักวิทยาศาสตร์	nák wít-thá-yaa sàat
fysicus (de)	นักฟิสิกส์	nák fí-sìk
scheikundige (de)	นักเคมี	nák khay-mee
archeoloog (de)	นักโบราณคดี	nák boh-raan-ná-khá-dee
geoloog (de)	นักธรณีวิทยา	nák thor-rá-nee wít-thá-yaa
onderzoeker (de)	ผู้วิจัย	phôo wí-jai
babysitter (de)	พี่เลี้ยงเด็ก	phêe líang dèk
leraar, pedagoog (de)	อาจารย์	aa-jaan
redacteur (de)	บรรณาธิการ	ban-naa-thí-gaan
chef-redacteur (de)	หัวหน้าบรรณาธิการ	hǔa nâa ban-naa-thí-gaan
correspondent (de)	ผู้สื่อข่าว	phôo sèu khàao
typiste (de)	พนักงานพิมพ์ดีด	phá-nák ngaan phim dèet
designer (de)	นักออกแบบ	nák òrk bàep
computerexpert (de)	ผู้เชี่ยวชาญด้านคอมพิวเตอร์	pôo chîeow-chaan dâan khorm-piw-dtêr
programmeur (de)	นักเขียนโปรแกรม	nák khǐan bproh-graem
ingenieur (de)	วิศวกร	wít-sà-wá-gon
matroos (de)	กะลาสี	gà-laa-sěe
zeeman (de)	คนเรือ	khon reua
redder (de)	นักกู้ภัย	nák gôo phai
brandweerman (de)	เจ้าหน้าที่ดับเพลิง	jâo nâa-thêe dàp phlerng
politieagent (de)	เจ้าหน้าที่ตำรวจ	jâo nâa-thêe dtam-rùat

| nachtwaker (de) | คนยาม | khon yaam |
| detective (de) | นักสืบ | nák sèup |

douanier (de)	เจ้าหน้าที่ศุลกากร	jâo nâa-thêe sŭn-lá-gaa-gon
lijfwacht (de)	ผู้คุมกัน	phôo khúm gan
gevangenisbewaker (de)	ผู้คุม	phôo khum
inspecteur (de)	ผู้ตรวจการ	phôo dtrùat gaan

sportman (de)	นักกีฬา	nák gee-laa
trainer (de)	โค้ช	khóht
slager, beenhouwer (de)	คนขายเนื้อ	khon khăai néua
schoenlapper (de)	คนซ่อมรองเท้า	khon sôrm rorng tháo
handelaar (de)	คนค้า	khon kháa
lader (de)	คนงานยกของ	khon ngaan yók khŏrng

| kledingstilist (de) | นักออกแบบแฟชั่น | nák òrk bàep fae-chân |
| model (het) | นางแบบ | naang bàep |

112. Beroepen. Sociale status

| scholier (de) | นักเรียน | nák rian |
| student (de) | นักศึกษา | nák sèuk-săa |

filosoof (de)	นักปราชญ์	nák bpràat
econoom (de)	นักเศรษฐศาสตร์	nák sàyt-thà-sàat
uitvinder (de)	นักประดิษฐ์	nák bprà-dìt

werkloze (de)	คนว่างงาน	khon wâang ngaan
gepensioneerde (de)	ผู้เกษียณอายุ	phôo gà-sĭan aa-yú
spion (de)	สายลับ	săai láp

gedetineerde (de)	นักโทษ	nák thôht
staker (de)	คนนัดหยุดงาน	kon nát yùt ngaan
bureaucraat (de)	อำมาตย์	am-màat
reiziger (de)	นักเดินทาง	nák dern-thaang

homoseksueel (de)	ผู้รักเพศเดียวกัน	phôo rák phâyt dieow gan
hacker (computerkraker)	แฮ็กเกอร	háek-gêr
hippie (de)	ฮิปปี้	híp-bpêe

bandiet (de)	โจร	john
huurmoordenaar (de)	นักฆ่า	nák khâa
drugsverslaafde (de)	ผู้ติดยาเสพติด	phôo dtìt yaa-sàyp-dtìt
drugshandelaar (de)	ผู้ค้ายาเสพติด	phôo kháa yaa-sàyp-dtìt

| prostituee (de) | โสเภณี | sŏh-phay-nee |
| pooier (de) | แมงดา | maeng-daa |

tovenaar (de)	พ่อมด	phôr mót
tovenares (de)	แมมด	mâe mót
piraat (de)	โจรสลัด	john sà-làt
slaaf (de)	ทาส	thâat
samoerai (de)	ซามูไร	saa-moo-rai
wilde (de)	คนป่าเถื่อน	khon bpàa thèuan

Sport

113. Soorten sporten. Sporters

sportman (de)	นักกีฬา	nák gee-laa
soort sport (de/het)	ประเภทกีฬา	bprà-phâyt gee-laa
basketbal (het)	บาสเก็ตบอล	bàat-gèt-bon
basketbalspeler (de)	ผู้เลนบาสเก็ตบอล	phôo lâyn bàat-gèt-bon
baseball (het)	เบสบอล	bàyt-bon
baseballspeler (de)	ผู้เลนเบสบอล	phôo lâyn bàyt bon
voetbal (het)	ฟุตบอล	fút bon
voetballer (de)	นักฟุตบอล	nák fút-bon
doelman (de)	ผู้รักษาประตู	phôo rák-săa bprà-dtoo
hockey (het)	ฮอกกี้	hôk-gêe
hockeyspeler (de)	ผู้เลนฮอกกี้	phôo lâyn hôk-gêe
volleybal (het)	วอลเลย์บอล	won-lây-bon
volleybalspeler (de)	ผู้เลนวอลเลย์บอล	phôo lâyn won-lây-bon
boksen (het)	การชกมวย	gaan chók muay
bokser (de)	นักมวย	nák muay
worstelen (het)	การมวยปล้ำ	gaan muay bplâm
worstelaar (de)	นักมวยปล้ำ	nák muay bplâm
karate (de)	คาราเต้	khaa-raa-dtây
karateka (de)	นักคาราเต้	nák khaa-raa-dtây
judo (de)	ยูโด	yoo-doh
judoka (de)	นักยูโด	nák yoo-doh
tennis (het)	เทนนิส	then-nít
tennisspeler (de)	นักเทนนิส	nák then-nít
zwemmen (het)	กีฬาว่ายน้ำ	gee-laa wâai náam
zwemmer (de)	นักว่ายน้ำ	nák wâai náam
schermen (het)	กีฬาฟันดาบ	gee-laa fan dàap
schermer (de)	นักฟันดาบ	nák fan dàap
schaak (het)	หมากรุก	màak rúk
schaker (de)	ผู้เลนหมากรุก	phôo lên màak rúk
alpinisme (het)	การปีนเขา	gaan bpeen khǎo
alpinist (de)	นักปีนเขา	nák bpeen khǎo
hardlopen (het)	การวิ่ง	gaan wîng

renner (de)	นักวิ่ง	nák wîng
atletiek (de)	กรีฑา	gree thaa
atleet (de)	นักกรีฑา	nák gree thaa

| paardensport (de) | กีฬาขี่ม้า | gee-laa khèe máa |
| ruiter (de) | นักขี่ม้า | nák khèe máa |

kunstschaatsen (het)	สเก็ตลีลา	sà-gèt lee-laa
kunstschaatser (de)	นักแสดงสเก็ตลีลา	nák sà-daeng sà-gèt lee-laa
kunstschaatsster (de)	นักแสดงสเก็ตลีลา	nák sà-daeng sà-gèt lee-laa

| gewichtheffen (het) | กีฬายกน้ำหนัก | gee-laa yók náam nàk |
| gewichtheffer (de) | นักยกน้ำหนัก | nák yók nám nàk |

| autoraces (mv.) | การแข่งรถ | gaan khàeng rót |
| coureur (de) | นักแข่งรถ | nák khàeng rót |

| wielersport (de) | การแข่งจักรยาน | gaan khàeng jàk-grà-yaan |
| wielrenner (de) | นักแข่งจักรยาน | nák khàeng jàk-grà-yaan |

verspringen (het)	กีฬากระโดดไกล	gee-laa grà-dòht glai
polsstokspringen (het)	กีฬากระโดดค้ำถอ	gee-laa grà dòht khám thòr
verspringer (de)	นักกระโดด	nák grà dòht

114. Soorten sporten. Diversen

Amerikaans voetbal (het)	อเมริกันฟุตบอล	a-may-rí-gan fút bon
badminton (het)	แบดมินตัน	bàet-min-dtân
biatlon (de)	ไบแอธลอน	bpai-oht-lon
biljart (het)	บิลเลียด	bin-lîat
bobsleeën (het)	ฎารขับเลื่อน นานแข่ง	gaan khàp lêuan náam khǎeng

bodybuilding (de)	การเพาะกาย	gaan phór gaai
waterpolo (het)	กีฬาโปโลน้ำ	gee-laa bpoh loh nám
handbal (de)	แฮนดูบอล	haen-bon
golf (het)	กอลฟ	góf

roeisport (de)	การพายเรือ	gaan phaai reua
duiken (het)	การดำน้ำ	gaan dam náam
langlaufen (het)	การแข่งสกี ตามเสนทาง	gaan khàeng sà-gee dtaam sên thaang

tafeltennis (het)	กีฬาปิงปอง	gee-laa bping-bpong
zeilen (het)	การแล่นเรือใบ	gaan lâen reua bai
rally (de)	การแข่งแรลลี่	gaan khàeng rae lá-lêe
rugby (het)	รักบี้	rák-bêe
snowboarden (het)	สโนว์บอร์ด	sà-nǒh bòt
boogschieten (het)	การยิงธนู	gaan ying thá-noo

115. Fitnessruimte

| lange halter (de) | บาร์เบลล์ | baa bayn |
| halters (mv.) | ที่ยกน้ำหนัก | thêe yók nám nàk |

training machine (de)	เครื่องออกกำลังกาย	khrêuang òk gam-lang gaai
hometrainer (de)	จักรยานออก กำลังกาย	jàk-grà-yaan òk gam-lang gaai
loopband (de)	ลู่วิ่งออกกำลังกาย	lôo wîng òk gam-lang gaai

rekstok (de)	บาร์เดี่ยว	baa dìeow
brug (de) gelijke leggers	บาร์คู่	baa khôo
paardsprong (de)	ม้าขวาง	máa khwǎang
mat (de)	เสื่อออกกำลังกาย	sèua òrk gam-lang gaai

springtouw (het)	กระโดดเชือก	grà dòht chêuak
aerobics (de)	แอโรบิก	ae-roh-bìk
yoga (de)	โยคะ	yoh-khá

116. Sporten. Diversen

Olympische Spelen (mv.)	กีฬาโอลิมปิก	gee-laa oh-lim-bpìk
winnaar (de)	ผู้ชนะ	phôo chá-ná
overwinnen (ww)	ชนะ	chá-ná
winnen (ww)	ชนะ	chá-ná

| leider (de) | ผู้นำ | phôo nam |
| leiden (ww) | นำ | nam |

eerste plaats (de)	อันดับที่หนึ่ง	an-dàp thêe nèung
tweede plaats (de)	อันดับที่สอง	an-dàp thêe sǒrng
derde plaats (de)	อันดับที่สาม	an-dàp thêe sǎam

medaille (de)	เหรียญรางวัล	rǐan raang-wan
trofee (de)	ถ้วยรางวัล	thûay raang-wan
beker (de)	เวท	wâyt
prijs (de)	รางวัล	raang-wan
hoofdprijs (de)	รางวัลหลัก	raang-wan làk

| record (het) | สถิติ | sà-thì-dtì |
| een record breken | ทำสถิติ | tham sà-thì-dtì |

| finale (de) | รอบสุดท้าย | rôrp sùt tháai |
| finale (bn) | สุดทาย | sùt tháai |

| kampioen (de) | แชมเปี้ยน | chaem-bpîan |
| kampioenschap (het) | ชิงแชมป์ | ching chaem |

stadion (het)	สนาม	sà-nǎam
tribune (de)	อัฒจันทร์	àt-tá-jan
fan, supporter (de)	แฟน	faen
tegenstander (de)	คู่ตอสู้	khôo dtòr sôo

| start (de) | เส้นเริ่ม | sên rêrm |
| finish (de) | เสนชัย | sên chai |

nederlaag (de)	ความพ่ายแพ้	khwaam phâai pháe
verliezen (ww)	แพ	pháe
rechter (de)	กรรมการ	gam-má-gaan

jury (de)	คณะผู้ตัดสิน	khá-ná phôo dtàt sĭn
stand (~ is 3-1)	คะแนน	khá-naen
gelijkspel (het)	เสมอ	sà-mĕr
in gelijk spel eindigen	ได้คะแนนเท่ากัน	dâai khá-naen thâo gan
punt (het)	แต้ม	dtâem
uitslag (de)	ผลลัพธ์	phŏn láp
periode (de)	ช่วง	chûang
pauze (de)	ช่วงพักครึ่ง	chûang phák khrêung
doping (de)	การใช้สารต้องห้ามทางการกีฬา	gaan chái săan dtôrng hâam thaang gaan gee-laa
straffen (ww)	ทำโทษ	tham thôht
diskwalificeren (ww)	ตัดสิทธิ์	dtàt sìt
toestel (het)	อุปกรณ์	ù-bpà-gon
speer (de)	แหลน	lăen
kogel (de)	ลูกเหล็ก	lôok lèk
bal (de)	ลูก	lôok
doel (het)	เส้งเป้า	leng bpâo
schietkaart (de)	เป้านิ่ง	bpâo nîng
schieten (ww)	ยิง	ying
precies (bijv. precieze schot)	แม่นยำ	mâen yam
trainer, coach (de)	โค้ช	khóht
trainen (ww)	ฝึก	fèuk
zich trainen (ww)	ฝึกหัด	fèuk hàt
training (de)	การฝึกหัด	gaan fèuk hàt
gymnastiekzaal (de)	โรงยิม	rohng-yim
oefening (de)	การออกกำลัง	gaan òrk gam-lang
opwarming (de)	การอบอุ่นร่างกาย	gaan òp ùn râang gaai

Onderwijs

117. School

school (de)	โรงเรียน	rohng rian
schooldirecteur (de)	อาจารย์ใหญ่	aa-jaan yài
leerling (de)	นักเรียน	nák rian
leerlinge (de)	นักเรียน	nák rian
scholier (de)	เด็กนักเรียนชาย	dèk nák rian chaai
scholiere (de)	เด็กนักเรียนหญิง	dèk nák rian yĭng
leren (lesgeven)	สอน	sŏrn
studeren (bijv. een taal ~)	เรียน	rian
van buiten leren	ท่องจำ	thôrng jam
leren (bijv. ~ tellen)	เรียน	rian
in school zijn	ไปโรงเรียน	bpai rohng rian
(schooljongen zijn)		
naar school gaan	ไปโรงเรียน	bpai rohng rian
alfabet (het)	ตัวอักษร	dtua àk-sŏn
vak (schoolvak)	วิชา	wí-chaa
klaslokaal (het)	ห้องเรียน	hôrng rian
les (de)	ชั่วโมงเรียน	chûa mohng rian
pauze (de)	ช่วงพัก	chûang phák
bel (de)	สัญญาณหมดเรียน	săn-yaan mòt rian
schooltafel (de)	โต๊ะนักเรียน	dtó nák rian
schoolbord (het)	กระดานดำ	grà-daan dam
cijfer (het)	เกรด	gràyt
goed cijfer (het)	เกรดดี	gràyt dee
slecht cijfer (het)	เกรดแย่	gràyt yâe
een cijfer geven	ให้เกรด	hâi gràyt
fout (de)	ข้อผิดพลาด	khôr phìt phlâat
fouten maken	ทำผิดพลาด	tham phìt phlâat
corrigeren (fouten ~)	แก้ไข	gâe khăi
spiekbriefje (het)	โพย	phoi
huiswerk (het)	การบ้าน	gaan bâan
oefening (de)	แบบฝึกหัด	bàep fèuk hàt
aanwezig zijn (ww)	มาเรียน	maa rian
absent zijn (ww)	ขาด	khàat
school verzuimen	ขาดเรียน	khàat rian
bestraffen (een stout kind ~)	ลงโทษ	long thôht
bestraffing (de)	การลงโทษ	gaan long thôht

gedrag (het)	ความประพฤติ	khwaam bprà-préut
cijferlijst (de)	สมุดพก	sà-mùt phók
potlood (het)	ดินสอ	din-sŏr
gom (de)	ยางลบ	yaang lóp
krijt (het)	ชอล์ค	chôrk
pennendoos (de)	กล่องดินสอ	glòrng din-sŏr
boekentas (de)	กระเป๋า	grà-bpăo
pen (de)	ปากกา	bpàak gaa
schrift (de)	สมุดจด	sà-mùt jòt
leerboek (het)	หนังสือเรียน	năng-sĕu rian
passer (de)	วงเวียน	wong wian
technisch tekenen (ww)	ร่างภาพทางเทคนิค	râang phâap thaang thék-nìk
technische tekening (de)	ภาพร่างทางเทคนิค	phâap-râang thaang thék-nìk
gedicht (het)	กลอน	glorn
van buiten (bw)	โดยทองจำ	doi thôrng jam
van buiten leren	ทองจำ	thôrng jam
vakantie (de)	เวลาปิดเทอม	way-laa bpìt therm
met vakantie zijn	หยุดปิดเทอม	yùt bpìt therm
vakantie doorbrengen	ใช้เวลาหยุดปิดเทอม	chái way-laa yùt bpìt therm
toets (schriftelijke ~)	การทดสอบ	gaan thót sòrp
opstel (het)	ความเรียง	khwaam riang
dictee (het)	การเขียนตามคำบอก	gaan khĭan dtaam kam bòrk
examen (het)	การสอบ	gaan sòrp
examen afleggen	สอบไล	sòrp lâi
experiment (het)	การทดลอง	gaan thót lorng

118. Hogeschool. Universiteit

academie (de)	โรงเรียน	rohng rian
universiteit (de)	มหาวิทยาลัย	má-hăa wít-thá-yaa-lai
faculteit (de)	คณะ	khá-ná
student (de)	นักศึกษา	nák sèuk-sǎa
studente (de)	นักศึกษา	nák sèuk-sǎa
leraar (de)	อาจารย์	aa-jaan
collegezaal (de)	ห้องบรรยาย	hôrng ban-yaai
afgestudeerde (de)	บัณฑิต	ban-dìt
diploma (het)	อนุปริญญา	a-nú bpà-rin-yaa
dissertatie (de)	ปริญญานิพนธ์	bpà-rin-yaa ní-phon
onderzoek (het)	การวิจัย	gaan wí-jai
laboratorium (het)	หองปฏิบัติการ	hôrng bpà-dtì-bàt gaan
college (het)	การบรรยาย	gaan ban-yaai
medestudent (de)	เพื่อนรวมชั้น	phêuan rûam chán
studiebeurs (de)	ทุน	thun
academische graad (de)	วุฒิการศึกษา	wút-thí gaan sèuk-sǎa

119. Wetenschappen. Disciplines

wiskunde (de)	คณิตศาสตร์	khá-nít sàat
algebra (de)	พีชคณิต	phee-chá-khá-nít
meetkunde (de)	เรขาคณิต	ray-khǎa khá-nít
astronomie (de)	ดาราศาสตร์	daa-raa sàat
biologie (de)	ชีววิทยา	chee-wá-wít-thá-yaa
geografie (de)	ภูมิศาสตร์	phoo-mí-sàat
geologie (de)	ธรณีวิทยา	thor-rá-nee wít-thá-yaa
geschiedenis (de)	ประวัติศาสตร์	bprà-wàt sàat
geneeskunde (de)	แพทยศาสตร์	phâet-tha-ya-sàat
pedagogiek (de)	ครุศาสตร์	khrú sàat
rechten (mv.)	ธรรมศาสตร์	tham-ma -sàat
fysica, natuurkunde (de)	ฟิสิกส์	fí-sìk
scheikunde (de)	เคมี	khay-mee
filosofie (de)	ปรัชญา	bpràt-yaa
psychologie (de)	จิตวิทยา	jìt-wít-thá-yaa

120. Schrift. Spelling

grammatica (de)	ไวยากรณ์	wai-yaa-gon
vocabulaire (het)	คำศัพท์	kham sàp
fonetiek (de)	การออกเสียง	gaan òrk sǐang
zelfstandig naamwoord (het)	นาม	naam
bijvoeglijk naamwoord (het)	คำคุณศัพท์	kham khun-ná-sàp
werkwoord (het)	กริยา	grì-yaa
bijwoord (het)	คำวิเศษณ์	kham wí-sàyt
voornaamwoord (het)	คำสรรพนาม	kham sàp-phá-naam
tussenwerpsel (het)	คำอุทาน	kham u-thaan
voorzetsel (het)	คำบุพบท	kham bùp-phá-bòt
stam (de)	รากศัพท์	râak sàp
achtervoegsel (het)	คำลงท้าย	kham long tháai
voorvoegsel (het)	คำนำหน้า	kham nam nâa
lettergreep (de)	พยางค์	phá-yaang
achtervoegsel (het)	คำเสริมท้าย	kham sěrm tháai
nadruk (de)	เครื่องหมายเน้น	khrêuang mǎai náyn
afkappingsteken (het)	อะพอสทรอฟี	à-phor-sòt-ror-fee
punt (de)	จุด	jùt
komma (de/het)	จุลภาค	jun-lá-phâak
puntkomma (de)	อัฒภาค	àt-thá-phâak
dubbelpunt (de)	ทวิภาค	thá-wí phâak
beletselteken (het)	การละไว้	gaan lá wái
vraagteken (het)	เครื่องหมายปรัศนี	khrêuang mǎai bpràt-nee
uitroepteken (het)	เครื่องหมายอัศเจรีย์	khrêuang mǎai àt-sà-jay-ree

aanhalingstekens (mv.)	อัญประกาศ	an-yá-bprà-gàat
tussen aanhalingstekens (bw)	ในอัญประกาศ	nai an-yá-bprà-gàat
haakjes (mv.)	วงเล็บ	wong lép
tussen haakjes (bw)	ในวงเล็บ	nai wong lép

streepje (het)	ยัติภังค์	yát-dtì-phang
gedachtestreepje (het)	ขีดคั่น	khèet khân
spatie	ช่องไฟ	chôrng fai
(~ tussen twee woorden)		

| letter (de) | ตัวอักษร | dtua àk-sŏn |
| hoofdletter (de) | อักษรตัวใหญ่ | àk-sŏn dtua yài |

| klinker (de) | สระ | sà-ra |
| medeklinker (de) | พยัญชนะ | phá-yan-chá-ná |

zin (de)	ประโยค	bprà-yòhk
onderwerp (het)	ภาคประธาน	phâak bprà-thaan
gezegde (het)	ภาคแสดง	phâak sà-daeng

regel (in een tekst)	บรรทัด	ban-thát
op een nieuwe regel (bw)	ที่บรรทัดใหม่	têe ban-thát mài
alinea (de)	วรรค	wák

woord (het)	คำ	kham
woordgroep (de)	กลุ่มคำ	glùm kham
uitdrukking (de)	วลี	wá-lee
synoniem (het)	คำพ้องความหมาย	kham phóng khwaam măai
antoniem (het)	คำตรงกันข้าม	kham dtrorng gan khâam

regel (de)	กฎ	gòt
uitzondering (de)	ข้อยกเว้น	khôr yok-wâyn
correct (bijv. ~e spelling)	ถูก	thòok

vervoeging, conjugatie (de)	คอนจูเกชัน	khorn joo gay chan
verbuiging, declinatie (de)	การกระจายคำ	gaan grà-jaai kham
naamval (de)	การก	gaa-rók
vraag (de)	คำถาม	kham thăam
onderstrepen (ww)	ขีดเส้นใต้	khèet sên dtâi
stippellijn (de)	เส้นประ	sên bprà

121. Vreemde talen

taal (de)	ภาษา	phaa-săa
vreemd (bn)	ต่างชาติ	dtàang châat
vreemde taal (de)	ภาษาต่างชาติ	phaa-săa dtàang châat
leren (bijv. van buiten ~)	เรียน	rian
studeren (Nederlands ~)	เรียน	rian

lezen (ww)	อ่าน	àan
spreken (ww)	พูด	phôot
begrijpen (ww)	เข้าใจ	khâo jai
schrijven (ww)	เขียน	khĭan
snel (bw)	รวดเร็ว	rûat reo

| langzaam (bw) | อย่างช้า | yàang cháa |
| vloeiend (bw) | อยางคลอง | yàang khlôrng |

regels (mv.)	กฎ	gòt
grammatica (de)	ไวยากรณ์	wai-yaa-gon
vocabulaire (het)	คำศัพท์	kham sàp
fonetiek (de)	การออกเสียง	gaan òrk sĭang

leerboek (het)	หนังสือเรียน	nǎng-sěu rian
woordenboek (het)	พจนานุกรม	phót-jà-naa-nú-grom
leerboek (het) voor zelfstudie	หนังสือแบบเรียน	nǎng-sěu bàep rian
	ดวยตนเอง	dûay dton ayng
taalgids (de)	เฟรสบุก	frayt bùk

cassette (de)	เทปคาสเซ็ตต์	thâyp khaas-sét
videocassette (de)	วิดีโอ	wí-dee-oh
CD (de)	CD	see-dee
DVD (de)	DVD	dee-wee-dee

alfabet (het)	ตัวอักษร	dtua àk-sǒn
spellen (ww)	สะกด	sà-gòt
uitspraak (de)	การออกเสียง	gaan òrk sĭang

accent (het)	สำเนียง	sǎm-niang
met een accent (bw)	มีสำเนียง	mee sǎm-niang
zonder accent (bw)	ไม่มีสำเนียง	mâi mee sǎm-niang

| woord (het) | คำ | kham |
| betekenis (de) | ความหมาย | khwaam mǎai |

cursus (de)	หลักสูตร	làk sòot
zich inschrijven (ww)	สมัคร	sà-màk
leraar (de)	อาจารย์	aa-jaan

vertaling (een ~ maken)	การแปล	gaan bplae
vertaling (tekst)	คำแปล	kham bplae
vertaler (de)	นักแปล	nák bplae
tolk (de)	ลาม	lâam

| polyglot (de) | ผู้รู้หลายภาษา | phôo róo lǎai paa-sǎa |
| geheugen (het) | ความทรงจำ | khwaam song jam |

122. Sprookjesfiguren

Sinterklaas (de)	ซานตาคลอส	saan-dtaa-khlôrt
Assepoester (de)	ซินเดอเรลลา	sín-day-rayn-lâa
zeemeermin (de)	เงือก	ngêuak
Neptunus (de)	เนปจูน	nâyp-joon

magiër, tovenaar (de)	พ่อมด	phôr mót
goede heks (de)	แมมด	mâe mót
magisch (bn)	วิเศษ	wí-sàyt
toverstokje (het)	ไมกายสิทธิ์	mái gaai-yá-sìt
sprookje (het)	เทพนิยาย	thâyp ní-yaai

wonder (het)	ปาฏิหาริย์	bpaa dtì-hǎan
dwerg (de)	คนแคระ	khon khráe
veranderen in …	กลายเป็น…	glaai bpen…
(anders worden)		

geest (de)	ผี	phěe
spook (het)	ภูตผีปีศาจ	phòot phěe bpee-sàat
monster (het)	สัตว์ประหลาด	sàt bprà-làat
draak (de)	มังกร	mang-gon
reus (de)	ยักษ์	yák

123. Dierenriem

Ram (de)	ราศีเมษ	raa-sěe mâyt
Stier (de)	ราศีพฤษภ	raa-sěe phréut-sòp
Tweelingen (mv.)	ราศีมิถุน	raa-sěe me-thǔn
Kreeft (de)	ราศีกรกฎ	raa-sěe gor-rá-gòt
Leeuw (de)	ราศีสิงห์	raa-sěe-sǐng
Maagd (de)	ราศีกันย์	raa-sěe gan

Weegschaal (de)	ราศีตุล	raa-sěe dtun
Schorpioen (de)	ราศีพฤศจิก	raa-sěe phréut-sà-jìk
Boogschutter (de)	ราศีธันว	raa-sěe than
Steenbok (de)	ราศีมังกร	raa-sěe mang-gon
Waterman (de)	ราศีกุมภ	raa-sěe gum
Vissen (mv.)	ราศีมีน	raa-sěe meen

karakter (het)	บุคลิก	bùk-khá-lík
karaktertrekken (mv.)	ลักษณะบุคลิก	lák-sà-nà bùk-khá-lík
gedrag (het)	พฤติกรรม	phréut-dtì-gam
waarzeggen (ww)	ทำนายชะตา	tham naai chá-dtaa
waarzegster (de)	หมอดู	mǒr doo
horoscoop (de)	ดวงชะตา	duang chá-dtaa

Kunst

124. Theater

theater (het)	โรงละคร	rohng lá-khon
opera (de)	โอเปรา	oh-bprào
operette (de)	ละครเพลง	lá-khon phlayng
ballet (het)	บัลเลต์	ban lây
affiche (de/het)	โปสเตอร์ละคร	bpòht-dtêr lá-khon
theatergezelschap (het)	คณะผู้แสดง	khá-ná phôo sà-daeng
tournee (de)	การออกแสดง	gaan òrk sà-daeng
op tournee zijn	ออกแสดง	òrk sà-daeng
repeteren (ww)	ซ้อม	sórm
repetitie (de)	การซ้อม	gaan sórm
repertoire (het)	รายการละคร	raai gaan lá-khon
voorstelling (de)	การแสดง	gaan sà-daeng
spektakel (het)	การแสดง	gaan sà-daeng
	มหรสพ	má-hŏr-rá-sòp
toneelstuk (het)	ละคร	lá-khon
biljet (het)	ตั๋ว	dtŭa
kassa (de)	ช่องจำหน่ายตั๋ว	chôrng jam-nàai dtŭa
foyer (de)	ล็อบบี้	lórp-bêe
garderobe (de)	ที่รับฝากเสื้อโค้ท	thêe ráp fàak sêua khóht
garderobe nummer (het)	ป้ายรับเสื้อ	bpâai ráp sêua
verrekijker (de)	กล้องสองตา	glôrng sòrng sŏrng dtaa
plaatsaanwijzer (de)	พนักงานที่นำ	phá-nák ngaan thêe nam
	ไปยังที่นั่ง	bpai yang thêe nâng
parterre (de)	ที่นั่งชั้นล่าง	thêe nâng chán lâang
balkon (het)	ที่นั่งชั้นสอง	thêe nâng chán sŏrng
gouden rang (de)	ที่นั่งชั้นบน	thêe nâng chán bon
loge (de)	ที่นั่งพิเศษ	thêe nâng phí-sàyt
rij (de)	แถว	thăe
plaats (de)	ที่นั่ง	thêe nâng
publiek (het)	ผู้ชม	phôo chom
kijker (de)	ผู้เขาชม	phôo khâo chom
klappen (ww)	ปรบมือ	bpròp meu
applaus (het)	การปรบมือ	gaan bpròp meu
ovatie (de)	การปรบมือให้เกียรติ	gaan bpròp meu hâi gìat
toneel (op het ~ staan)	เวที	way-thee
gordijn, doek (het)	ฉาก	chàak
toneeldecor (het)	ฉาก	chàak
backstage (de)	หลังเวที	lăng way-thee
scène (de)	ตอน	dtorn
bedrijf (het)	องค์	ong
pauze (de)	ช่วงหยุดพัก	chûang yùt phák

125. Bioscoop

acteur (de)	นักแสดงชาย	nák sà-daeng chaai
actrice (de)	นักแสดงหญิง	nák sà-daeng yĭng
bioscoop (de)	ภาพยนตร์	phâap-phá-yon
speelfilm (de)	หนัง	năng
aflevering (de)	ตอน	dtorn
detectivefilm (de)	หนังประโลมโลกสืบสวน	năng sèup sŭan
actiefilm (de)	หนังแอ็คชั่น	năng áek-chân
avonturenfilm (de)	หนังผจญภัย	năng phà-jon phai
sciencefictionfilm (de)	หนังนิยายวิทยาศาสตร์	năng ní-yaai wít-thá-yaa sàat
griezelfilm (de)	หนังสยองขวัญ	năng sà-yŏrng khwăn
komedie (de)	หนังตลก	năng dtà-lòk
melodrama (het)	หนังประโลมโลก	năng bprà-lohm lôhk
drama (het)	หนังดรามา	năng dràa maa
speelfilm (de)	หนังเรื่องแต่ง	năng rêuang dtàeng
documentaire (de)	หนังสารคดี	năng săa-rá-khá-dee
tekenfilm (de)	การ์ตูน	gaa-dtoon
stomme film (de)	หนังเงียบ	năng ngîap
rol (de)	บทบาท	bòt bàat
hoofdrol (de)	บทบาทนำ	bòt bàat nam
spelen (ww)	แสดง	sà-daeng
filmster (de)	ดาราภาพยนตร์	daa-raa phâap-phá-yon
bekend (bn)	เป็นที่รู้จักดี	bpen thêe róo jàk dee
beroemd (bn)	ชื่อดัง	chêu dang
populair (bn)	ที่นิยม	thêe ní-yom
scenario (het)	บท	bòt
scenarioschrijver (de)	คนเขียนบท	khon khĭan bòt
regisseur (de)	ผู้กำกับ	phôo gam-gàp
	ภาพยนตร์	phâap-phá-yon
filmproducent (de)	ผู้อำนวยการสร้าง	phôo am-nuay gaan sâang
assistent (de)	ผู้ช่วย	phôo chûay
cameraman (de)	ช่างกล้อง	châang glôrng
stuntman (de)	นักแสดงแทน	nák sà-daeng thaen
stuntdubbel (de)	นักแสดงแทน	nák sà-daeng thaen
een film maken	ถ่ายทำภาพยนตร์	thài tham phâap-phá-yon
auditie (de)	การคัดนักแสดง	gaan khát nák sà-daeng
opnamen (mv.)	การถ่ายทำ	gaan thài tham
filmploeg (de)	กลุ่มคนถ่าย	glùm khon thài
	ภาพยนต	phâa-pha-yon
filmset (de)	สถานที่	sà-thăan thêe
	ถ่ายทำภาพยนตร์	thài tham phâap-phá-yon
filmcamera (de)	กล้อง	glôrng
bioscoop (de)	โรงภาพยนตร์	rohng phâap-phá-yon
scherm (het)	หน้าจอ	nâa jor
een film vertonen	ฉายภาพยนตร์	chăai phâap-phá-yon

geluidsspoor (de)	เสียงซาวด์แทร็ก	sĭang saao tráek
speciale effecten (mv.)	เอฟเฟ็กต์พิเศษ	àyf-fék phí-sàyt
ondertiteling (de)	ซับ	sáp
voortiteling, aftiteling (de)	เครดิต	khray-dìt
vertaling (de)	การแปล	gaan bplae

126. Schilderij

kunst (de)	ศิลปะ	sĭn-lá-bpà
schone kunsten (mv.)	วิจิตรศิลป์	wí-jìt sĭn
kunstgalerie (de)	หอศิลป์	hŏr sĭn
kunsttentoonstelling (de)	การจัดแสดงศิลปะ	gaan jàt sà-daeng sĭn-lá-bpà

schilderkunst (de)	จิตรกรรม	jìt-dtrà-gam
grafiek (de)	เลขนศิลป์	lâyk-ná-sĭn
abstracte kunst (de)	ศิลปะนามธรรม	sĭn-lá-bpà naam-má-tham
impressionisme (het)	ลัทธิประทับใจ	lát-thí bprà-tháp jai

schilderij (het)	ภาพ	phâap
tekening (de)	ภาพวาด	phâap-wâat
poster (de)	โปสเตอร์	bpòht-dtêr

illustratie (de)	ภาพประกอบ	phâap bprà-gòrp
miniatuur (de)	รูปปั้นขนาดยอ	rôop bpân khà-nàat yôr
kopie (de)	สำเนา	săm-nao
reproductie (de)	การทำซ้ำ	gaan tham sám

mozaïek (het)	โมเสกๆ	moh-sàyk
gebrandschilderd glas (het)	หน้าต่างกระจกสี	nâa dtàang grà-jòk sĕe
fresco (het)	ภาพผนัง	phâap phà-năng
gravure (de)	การแกะลาย	gaan gàe laai

buste (de)	รูปปั้นครึ่งตัว	rôop bpân khrêung dtua
beeldhouwwerk (het)	รูปปั้นแกะสลัก	rôop bpân gàe sà-làk
beeld (bronzen ~)	รูปปั้น	rôop bpân
gips (het)	ปูนปลาสเตอร์	bpoon bpláat-dtêr
gipsen (bn)	ปูนปลาสเตอร์	bpoon bpláat-dtêr

| portret (het) | ภาพเหมือน | phâap mĕuan |
| zelfportret (het) | ภาพเหมือนของตนเอง | phâap mĕuan khŏrng dton ayng |

landschap (het)	ภาพภูมิทัศน์	phâap phoom-mi -thát
stilleven (het)	ภาพหุ่นนิ่ง	phâap hùn nîng
karikatuur (de)	ภาพลอ	phâap-lór
schets (de)	ภาพสเก็ตช์	phâap sà-gèt

verf (de)	สี	sĕe
aquarel (de)	สีน้ำ	sĕe náam
olieverf (de)	สีน้ำมัน	sĕe náam man
potlood (het)	ดินสอ	din-sŏr
Oost-Indische inkt (de)	หมึกสีดำ	mèuk sĕe dam
houtskool (de)	ถ่าน	thàan
tekenen (met krijt)	วาด	wâat
schilderen (ww)	ระบายสี	rá-baai sĕe

poseren (ww)	จัดท่า	jàt thâa
naaktmodel (man)	แบบภาพวาด	bàep phâap-wâat
naaktmodel (vrouw)	แบบภาพวาด	bàep phâap-wâat

kunstenaar (de)	ช่างวาดรูป	châang wâat rôop
kunstwerk (het)	งานศิลปะ	ngaan sĭn-lá-bpà
meesterwerk (het)	งานชิ้นเอก	ngaan chín àyk
studio, werkruimte (de)	สตูดิโอ	sà-dtoo dì oh

schildersdoek (het)	ผ้าใบ	phâa bai
schildersezel (de)	ขาตั้งกระดาน	khăa dtâng grà daan
	วาดรูป	wâat rôop
palet (het)	จานสี	jaan sĕe

lijst (een vergulde ~)	กรอบ	gròrp
restauratie (de)	การฟื้นฟู	gaan féun foo
restaureren (ww)	ฟื้นฟู	féun foo

127. Literatuur & Poëzie

literatuur (de)	วรรณคดี	wan-ná-khá-dee
auteur (de)	ผู้แต่ง	phôo dtàeng
pseudoniem (het)	นามปากกา	naam bpàak gaa

boek (het)	หนังสือ	năng-sĕu
boekdeel (het)	เล่ม	lêm
inhoudsopgave (de)	สารบัญ	săa-rá-ban
pagina (de)	หน้า	nâa
hoofdpersoon (de)	ตัวละครหลัก	dtua lá-khon làk
handtekening (de)	ลายเซ็น	laai sen

verhaal (het)	เรื่องสั้น	rêuang sân
novelle (de)	เรื่องราว	rêuang raao
roman (de)	นิยาย	ní-yaai
werk (literatuur)	งานเขียน	ngaan khĭan
fabel (de)	นิทาน	ní-thaan
detectiveroman (de)	นิยายสืบสวน	ní-yaai sèup sŭan
gedicht (het)	กลอน	glorn
poëzie (de)	บทกลอน	bòt glorn
epos (het)	บทกวี	bòt gà-wee
dichter (de)	นักกวี	nák gà-wee

fictie (de)	เรื่องแต่ง	rêuang dtàeng
sciencefiction (de)	นิยายวิทยาศาสตร์	ní-yaai wít-thá-yaa sàat
avonturenroman (de)	นิยายผจญภัย	ní-yaai phà-jon phai
opvoedkundige literatuur (de)	วรรณกรรมการศึกษา	wan-ná-gam gaan sèuk-săa
kinderliteratuur (de)	วรรณกรรมสำหรับเด็ก	wan-ná-gam săm-ràp dèk

128. Circus

| circus (de/het) | ละครสัตว์ | lá-khon sàt |
| chapiteau circus (de/het) | ละครสัตว์เลร่อน | lá-khon sàt lây rôrn |

| programma (het) | รายการการแสดง | raai gaan gaan sà-daeng |
| voorstelling (de) | การแสดง | gaan sà-daeng |

| nummer (circus ~) | การแสดง | gaan sà-daeng |
| arena (de) | เวทีละครสัตว์ | way-thee lá-kon sàt |

| pantomime (de) | ละครใบ้ | lá-khon bâi |
| clown (de) | ตัวตลก | dtua dtà-lòk |

acrobaat (de)	นักกายกรรม	nák gaai-yá-gam
acrobatiek (de)	กายกรรม	gaai-yá-gam
gymnast (de)	นักกายกรรม	nák gaai-yá-gam
gymnastiek (de)	กายกรรม	gaai-yá-gam
salto (de)	การตีลังกา	gaan dtee lang-gaa

sterke man (de)	นักกีฬา	nák gee-laa
temmer (de)	ผู้ฝึกสัตว์	phôo fèuk sàt
ruiter (de)	นักขี่	nák khèe
assistent (de)	ผู้ช่วย	phôo chûay

stunt (de)	ผาดโผน	phàat phǒhn
goocheltruc (de)	มายากล	maa-yaa gon
goochelaar (de)	นักมายากล	nák maa-yaa gon

jongleur (de)	นักมายากล	nák maa-yaa gon
	โยนของ	yohn khǒrng
jongleren (ww)	โยนของ	yohn khǒrng
dierentrainer (de)	ผู้ฝึกสัตว์	phôo fèuk sàt
dressuur (de)	การฝึกสัตว์	gaan fèuk sàt
dresseren (ww)	ฝึก	fèuk

129. Muziek. Popmuziek

muziek (de)	ดนตรี	don-dtree
muzikant (de)	นักดนตรี	nák don-dtree
muziekinstrument (het)	เครื่องดนตรี	khrêuang don-dtree
spelen (bijv. gitaar ~)	เล่น	lên

gitaar (de)	กีตาร์	gee-dtâa
viool (de)	ไวโอลิน	wai-oh-lin
cello (de)	เชลโล	chayn-lôh
contrabas (de)	ดับเบิลเบส	dàp-bern bàyt
harp (de)	พิณ	phin

piano (de)	เปียโน	bpia noh
vleugel (de)	แกรนด์เปียโน	graen bpia-noh
orgel (het)	ออร์แกน	or-gaen

blaasinstrumenten (mv.)	เครื่องเป่า	khrêuang bpào
hobo (de)	โอโบ	oh-boh
saxofoon (de)	แซ็กโซโฟน	sáek-soh-fohn
klarinet (de)	แคลริเน็ต	khlae-rí-nét
fluit (de)	ฟลูต	flút
trompet (de)	ทรัมเป็ต	thram-bpèt

accordeon (de/het)	หีบเพลงชัก	hèep phlayng chák
trommel (de)	กลอง	glorng
duet (het)	คู่	khôo
trio (het)	วงทริโอ	wong thrí-oh
kwartet (het)	กลุ่มที่มีสี่คน	glùm thêe mee sèe khon
koor (het)	คณะประสานเสียง	khá-ná bprà-sǎan sǐang
orkest (het)	วงดุริยางค์	wong dù-rí-yaang
popmuziek (de)	เพลงป็อป	phlayng bpòp
rockmuziek (de)	เพลงร็อค	phlayng rók
rockgroep (de)	วงร็อค	wong rórk
jazz (de)	แจซ	jáet
idool (het)	ไอดอล	ai-dorn
bewonderaar (de)	แฟน	faen
concert (het)	คอนเสิร์ต	khon-sèrt
symfonie (de)	ซิมโฟนี	sím-foh-nee
compositie (de)	การแตงเพลง	gaan dtàeng phlayng
componeren (muziek ~)	แตง	dtàeng
zang (de)	การร้องเพลง	gaan róng playng
lied (het)	เพลง	phlayng
melodie (de)	เสียงเพลง	sǐang phlayng
ritme (het)	จังหวะ	jang wà
blues (de)	บลูส	bloo
bladmuziek (de)	โน้ตเพลง	nóht phlayng
dirigeerstok (baton)	ไม้สั้นของวาทยากร	máai sân khǒrng wâa-tha-yaa gon
strijkstok (de)	คันชอ	khan sor
snaar (de)	สาย	sǎai
koffer (de)	กลอง	glòrng

Rusten. Entertainment. Reizen

130. Trip. Reizen

toerisme (het)	การท่องเที่ยว	gaan thôrng thîeow
toerist (de)	นักท่องเที่ยว	nák thôrng thîeow
reis (de)	การเดินทาง	gaan dern thaang
avontuur (het)	การผจญภัย	gaan phà-jon phai
tocht (de)	การเดินทาง	gaan dern thaang
vakantie (de)	วันหยุดพักผ่อน	wan yùt phák phòrn
met vakantie zijn	หยุดพักผอน	yùt phák phòrn
rust (de)	การพัก	gaan phák
trein (de)	รถไฟ	rót fai
met de trein	โดยรถไฟ	doi rót fai
vliegtuig (het)	เครื่องบิน	khrêuang bin
met het vliegtuig	โดยเครื่องบิน	doi khrêuang bin
met de auto	โดยรถยนต	doi rót-yon
per schip (bw)	โดยเรือ	doi reua
bagage (de)	สัมภาระ	săm-phaa-rá
valies (de)	กระเป๋าเดินทาง	grà-bpǎo dern-thaang
bagagekarretje (het)	รถขนสัมภาระ	rót khǒn săm-phaa-rá
paspoort (het)	หนังสือเดินทาง	nǎng-sěu dern-thaang
visum (het)	วีซา	wee-sâa
kaartje (het)	ตั๋ว	dtǔa
vliegticket (het)	ตั๋วเครื่องบิน	dtǔa khrêuang bin
reisgids (de)	หนังสือแนะนำ	nǎng-sěu náe nam
kaart (de)	แผนที่	phǎen thêe
gebied (landelijk ~)	เขต	khàyt
plaats (de)	สถานที่	sà-thǎan thêe
exotische bestemming (de)	สิ่งแปลกใหม่	sìng bplàek mài
exotisch (bn)	ตางแดน	dtàang daen
verwonderlijk (bn)	นาประหลาดใจ	nâa bprà-làat jai
groep (de)	กลุ่ม	glùm
rondleiding (de)	การเดินทาง	gaan dern taang
	ทองเที่ยว	thôrng thîeow
gids (de)	มัคคุเทศก์	mák-khú-thâyt

131. Hotel

motel (het)	โรงแรม	rohng raem
3-sterren	สามดาว	sǎam daao

| 5-sterren | ห้าดาว | hâa daao |
| overnachten (ww) | พัก | phák |

kamer (de)	ห้อง	hôrng
eenpersoonskamer (de)	ห้องเดี่ยว	hôrng dìeow
tweepersoonskamer (de)	หองคู่	hôrng khôo
een kamer reserveren	จองห้อง	jorng hôrng

| halfpension (het) | พักครึ่งวัน | phák khrêung wan |
| volpension (het) | พักเต็มวัน | phák dtem wan |

met badkamer	มีห้องอาบน้ำ	mee hôrng àap náam
met douche	มีฝักบัว	mee fàk bua
satelliet-tv (de)	โทรทัศน์ดาวเทียม	thoh-rá-thát daao thiam
airconditioner (de)	เครื่องปรับอากาศ	khrêuang bpràp-aa-gàat
handdoek (de)	ผ้าเช็ดตัว	phâa chét dtua
sleutel (de)	กุญแจ	gun-jae

administrateur (de)	นักบูริหาร	nák bor-rí-hăan
kamermeisje (het)	แมบาน	mâe bâan
piccolo (de)	พนักงาน, ขนกระเป๋า	phá-nák ngaan khŏn grà-bpăo
portier (de)	พนักงาน เปิดประตู	phá-nák ngaan bpèrt bprà-dtoo

restaurant (het)	ร้านอาหาร	ráan aa-hăan
bar (de)	บาร์	baa
ontbijt (het)	อาหารเช้า	aa-hăan cháo
avondeten (het)	อาหารเย็น	aa-hăan yen
buffet (het)	บุฟเฟต์	bùf-fây

| hal (de) | ล็อบบี้ | lórp-bêe |
| lift (de) | ลิฟต์ | líf |

| NIET STOREN | ห้ามรบกวน | hâam róp guan |
| VERBODEN TE ROKEN! | หามสูบบุหรี่ | hâam sòop bù rèe |

132. Boeken. Lezen

boek (het)	หนังสือ	năng-sĕu
auteur (de)	ผู้แตง	phôo dtàeng
schrijver (de)	นักเขียน	nák khĭan
schrijven (een boek)	เขียน	khĭan

lezer (de)	ผู้อ่าน	phôo àan
lezen (ww)	อ่าน	àan
lezen (het)	การอ่าน	gaan àan

| stil (~ lezen) | อย่างเงียบๆ | yàang ngîap ngîap |
| hardop (~ lezen) | ออกเสียงดัง | òrk sĭang dang |

uitgeven (boek ~)	ตีพิมพ์	dtee phim
uitgeven (het)	การตีพิมพ์	gaan dtee phim
uitgever (de)	ผู้พิมพ์	phôo phim

uitgeverij (de)	สำนักพิมพ์	săm-nák phim
verschijnen (bijv. boek)	ออก	òrk
verschijnen (het)	การออก	gaan òrk
oplage (de)	จำนวน	jam-nuan
boekhandel (de)	ร้านหนังสือ	ráan năng-sĕu
bibliotheek (de)	ห้องสมุด	hôrng sà-mùt
novelle (de)	เรื่องราว	rêuang raao
verhaal (het)	เรื่องสั้น	rêuang sân
roman (de)	นิยาย	ní-yaai
detectiveroman (de)	นิยายสืบสวน	ní-yaai sèup sŭan
memoires (mv.)	บันทึกความทรงจำ	ban-théuk khwaam song jam
legende (de)	ตำนาน	dtam naan
mythe (de)	นิทานปรัมปรา	ní-thaan bpram bpraa
gedichten (mv.)	บทกวี	bòt gà-wee
autobiografie (de)	อัตชีวประวัติ	àt-chee-wá-bprà-wàt
bloemlezing (de)	งานที่ผ่าน การคัดเลือก	ngaan thêe phàan gaan khát lêuak
sciencefiction (de)	นิยายวิทยาศาสตร์	ní-yaai wít-thá-yaa sàat
naam (de)	ชื่อเรื่อง	chêu rêuang
inleiding (de)	บทนำ	bòt nam
voorblad (het)	หน้าแรก	nâa râek
hoofdstuk (het)	บท	bòt
fragment (het)	ขอความที่ คัดออกมา	khôr khwaam thêe khát òk maa
episode (de)	ตอน	dtorn
intrige (de)	เค้าเรื่อง	kháo rêuang
inhoud (de)	เนื้อหา	néua hăa
inhoudsopgave (de)	สารบัญ	săa-rá-ban
hoofdpersonage (het)	ตัวละครหลัก	dtua lá-khon làk
boekdeel (het)	เล่ม	lêm
omslag (de/het)	ปก	bpòk
boekband (de)	สัน	săn
bladwijzer (de)	ที่คั่นหนังสือ	thêe khân năng-sĕu
pagina (de)	หน้า	nâa
bladeren (ww)	เปิดผ่านๆ	bpèrt phàan phàan
marges (mv.)	ระยะขอบ	rá-yá khòrp
annotatie (de)	ความเห็นประกอบ	khwaam hĕn bprà-gòp
opmerking (de)	เชิงอรรถ	cherng àt-tha
tekst (de)	บท	bòt
lettertype (het)	ตัวพิมพ์	dtua phim
drukfout (de)	ความพิมพ์ผิด	khwaam phim phìt
vertaling (de)	คำแปล	kham bplae
vertalen (ww)	แปล	bplae
origineel (het)	ตันฉบับ	dtôn chà-bàp
beroemd (bn)	โด่งดัง	dòhng dang

onbekend (bn)	ไม่เป็นที่รู้จัก	mâi bpen thêe róo jàk
interessant (bn)	น่าสนใจ	nâa sŏn jai
bestseller (de)	ขายดี	khăai dee

woordenboek (het)	พจนานุกรม	phót-jà-naa-nú-grom
leerboek (het)	หนังสือเรียน	năng-sĕu rian
encyclopedie (de)	สารานุกรม	săa-raa-nú-grom

133. Jacht. Vissen

jacht (de)	การล่าสัตว์	gaan lâa sàt
jagen (ww)	ล่าสัตว์	lâa sàt
jager (de)	นักล่าสัตว์	nák lâa sàt

schieten (ww)	ยิง	ying
geweer (het)	ปืนไรเฟิล	bpeun rai-fern
patroon (de)	กระสุนปืน	grà-sŭn bpeun
hagel (de)	กระสุน	grà-sŭn

val (de)	กับดักเหล็ก	gàp dàk lèk
valstrik (de)	กับดัก	gàp dàk
in de val trappen	ติดกับดัก	dtìt gàp dàk
een val zetten	วางกับดัก	waang gàp dàk

stroper (de)	ผู้ลักลอบล่าสัตว์	phôo lák lôrp lâa sàt
wild (het)	สัตว์ที่ถูกล่า	sàt têe thòok lâa
jachthond (de)	หมาล่าเนื้อ	măa lâa néua
safari (de)	ซาฟารี	saa-faa-ree
opgezet dier (het)	สัตว์สตาฟ	sàt sà-dtàaf
visser (de)	คนประมง	khon bprà-mong
visvangst (de)	การจับปลา	gaan jàp bplaa
vissen (ww)	จับปลา	jàp bplaa

hengel (de)	คันเบ็ด	khan bèt
vislijn (de)	สายเบ็ด	săai bèt
haak (de)	ตะขอ	dtà-khŏr
dobber (de)	ทุ่น	thûn
aas (het)	เหยื่อ	yèua

de hengel uitwerpen	เหวี่ยงเบ็ด	wìang bèt
bijten (ov. de vissen)	งับเหยื่อ	ngáp yèua
vangst (de)	ปลาจับ	bpla jàp
wak (het)	ช่องน้ำแข็ง	chôrng nám khăeng

net (het)	แหจับปลา	hăe jàp bplaa
boot (de)	เรือ	reua
vissen met netten	จับปลาด้วยแห	jàp bplaa dûay hăe
het net uitwerpen	เหวี่ยงแห	wìang hăe
het net binnenhalen	ลากอวน	lâak uan
in het net vallen	ติดแห	dtìt hăe

walvisvangst (de)	นักล่าปลาวาฬ	nák lâa bplaa waan
walvisvaarder (de)	เรือล่าปลาวาฬ	reua lâa bplaa waan
harpoen (de)	ฉมวก	chà-mùak

134. Spellen. Biljart

biljart (het)	บิลเลียด	bin-lîat
biljartzaal (de)	หองบิลเลียด	hôrng bin-lîat
biljartbal (de)	ลูก	lôok
een bal in het gat jagen	แทงลูกลงหลุม	thaeng lôok long lŭm
keu (de)	ไมคิว	máai khiw
gat (het)	หลุม	lŭm

135. Spellen. Speelkaarten

ruiten (mv.)	ข้าวหลามตัด	khâao lăam dtàt
schoppen (mv.)	โพดำ	phoh dam
klaveren (mv.)	โพแดง	phoh daeng
harten (mv.)	ดอกจิก	dòrk jìk
aas (de)	เอส	àyt
koning (de)	คิง	king
dame (de)	แหมม	màem
boer (de)	แจค	jáek
speelkaart (de)	ไพ่	phâi
kaarten (mv.)	ไพ	phâi
troef (de)	ไต	dtăi
pak (het) kaarten	สำรับไพ่	săm-ráp phâi
punt (bijv. vijftig ~en)	แต้ม	dtâem
uitdelen (kaarten ~)	แจกไพ่	jàek phâi
schudden (de kaarten ~)	สับไพ	sàp phâi
beurt (de)	ที	thee
valsspeler (de)	คนโกงไพ่	khon gohng phâi

136. Rusten. Spellen. Diversen

wandelen (on.ww.)	เดินเล่น	dern lên
wandeling (de)	การเดินเล่น	gaan dern lên
trip (per auto)	การนั่งรถ	gaan nâng rót
avontuur (het)	การผจญภัย	gaan phà-jon phai
picknick (de)	ปิคนิค	bpìk-ník
spel (het)	เกมุ	gaym
speler (de)	ผูเลน	phôo lên
partij (de)	เกม	gaym
collectioneur (de)	นักสะสม	nák sà-sŏm
collectioneren (ww)	สะสม	sà-sŏm
collectie (de)	การสะสม	gaan sà-sŏm
kruiswoordraadsel (het)	ปริศนาอักษรไขว้	bprìt-sà-năa àk-sŏn khwâi
hippodroom (de)	ลูแขง	lôo khàeng

discotheek (de)	ดิสโก้	dít-gôh
sauna (de)	ซาวน่า	saao-nâa
loterij (de)	สลากกินแบ่ง	sà-làak gin bàeng

trektocht (kampeertocht)	การเดินทาง ตั้งแคมป์	gaan dern thaang dtâng-khaem
kamp (het)	แคมป์	khaem
tent (de)	เต็นท	dtáyn
kompas (het)	เข็มทิศ	khĕm thít
rugzaktoerist (de)	ผูเดินทาง ตั้งแคมป์	phôo dern thaang dtâng-khaem

bekijken (een film ~)	ดู	doo
kijker (televisie~)	ผูชมทีวี	phôo chom thee wee
televisie-uitzending (de)	รายการทีวี	raai gaan thee wee

137. Fotografie

fotocamera (de)	กล้อง	glôrng
foto (de)	ภาพถาย	phâap thàai

fotograaf (de)	ช่างถ่ายภาพ	châang thàai phâap
fotostudio (de)	หองถายภาพ	hôrng thàai phâap
fotoalbum (het)	อัลบั้มภาพถาย	an-bâm phâap-thàai

lens (de), objectief (het)	เลนสกล้อง	len glôrng
telelens (de)	เลนสถายไกล	len thàai glai
filter (de/het)	ฟิลเตอร	fin-dtêr
lens (de)	เลนส	len

optiek (de)	ออปติก	orp-dtìk
diafragma (het)	รูรับแสง	roo ráp săeng
belichtingstijd (de)	เวลาในการถายภาพ	way-laa nai gaan thàai phâap
zoeker (de)	เครื่องจับภาพ	khrêuang jàp phâap

digitale camera (de)	กล้องดิจิตอล	glôrng dì-jì-dton
statief (het)	ขาตั้งกลอง	khăa dtâng glông
flits (de)	แฟลช	flâet

fotograferen (ww)	ถ่ายภาพ	thàai phâap
foto's maken	ถายภาพ	thàai phâap
zich laten fotograferen	ไดรับการ ถายภาพให	dâai ráp gaan thàai phâap hâi

focus (de)	โฟกัส	foh-gát
scherpstellen (ww)	โฟกัส	foh-gát
scherp (bn)	คมชัด	khom chát
scherpte (de)	ความคมชัด	khwaam khom chát

contrast (het)	ความเปรียบตาง	khwaam bprìap dtàang
contrastrijk (bn)	เปรียบตาง	bprìap dtàang

kiekje (het)	ภาพ	phâap
negatief (het)	ภาพเนกาทีฟ	phâap nay gaa thêef

filmpje (het)	ฟิล์ม	fim
beeld (frame)	เฟรม	fraym
afdrukken (foto's ~)	พิมพ์	phim

138. Strand. Zwemmen

strand (het)	ชายหาด	chaai hàat
zand (het)	ทราย	saai
leeg (~ strand)	ราง	ráang
bruine kleur (de)	ผิวคล้ำแดด	phǐw khlám dàet
zonnebaden (ww)	ตากแดด	dtàak dàet
gebruind (bn)	มีผิวคล้ำแดด	mee phǐw khlám dàet
zonnecrème (de)	ครีมกันแดด	khreem gan dàet
bikini (de)	บิกินี	bì-gì-nee
badpak (het)	ชุดว่ายน้ำ	chút wâai náam
zwembroek (de)	กางเกงว่ายน้ำ	gaang-gayng wâai náam
zwembad (het)	สระว่ายน้ำ	sà wâai náam
zwemmen (ww)	ว่ายน้ำ	wâai náam
douche (de)	ฝักบัว	fàk bua
zich omkleden (ww)	เปลี่ยนชุด	bplìan chút
handdoek (de)	ผ้าเช็ดตัว	phâa chét dtua
boot (de)	เรือ	reua
motorboot (de)	เรือยนต์	reua yon
waterski's (mv.)	สกีน้ำ	sà-gee nám
waterfiets (de)	เรือถีบ	reua thèep
surfen (het)	การโต้คลื่น	gaan dtôh khlêun
surfer (de)	นักโต้คลื่น	nák dtôh khlêun
scuba, aqualong (de)	อุปกรณ์ดำน้ำ	u-bpà-gon dam náam
zwemvliezen (mv.)	ตีนกบ	dteen gòp
duikmasker (het)	หน้ากากดำน้ำ	nâa gàak dam náam
duiker (de)	นักประดาน้ำ	nák bprà-daa náam
duiken (ww)	ดำน้ำ	dam náam
onder water (bw)	ใต้น้ำ	dtâi nám
parasol (de)	ร่มชายหาด	rôm chaai hàat
ligstoel (de)	เตียงอาบแดด	dtiang àap dàet
zonnebril (de)	แว่นกันแดด	wâen gan dàet
luchtmatras (de/het)	ที่นอนเป่าลม	thêe non bpào lom
spelen (ww)	เล่น	lên
gaan zwemmen (ww)	ไปว่ายน้ำ	bpai wâai náam
bal (de)	บอล	bon
opblazen (oppompen)	เติมลม	dterm lom
lucht-, opblaasbare (bn)	แบบเติมลม	bàep dterm lom
golf (hoge ~)	คลื่น	khlêun
boei (de)	ทุ่นลอย	thûn loi

verdrinken (ww)	จมน้ำ	jom náam
redden (ww)	ช่วยชีวิต	chûay chee-wít
reddingsvest (de)	เสื้อชูชีพ	sêua choo chêep
waarnemen (ww)	สังเกตการณ์	sǎng-gàyt gaan
redder (de)	ไลฟ์การ์ด	lai-gàat

TECHNISCHE APPARATUUR. VERVOER

Technische apparatuur

139. Computer

computer (de)	คอมพิวเตอร์	khorm-phiw-dtêr
laptop (de)	โน้ตบุค	nóht búk
aanzetten (ww)	เปิด	bpèrt
uitzetten (ww)	ปิด	bpìt
toetsenbord (het)	แป้นพิมพ์	bpâen phim
toets (enter~)	ปุ่ม	bpùm
muis (de)	เมาส์	mao
muismat (de)	แผนรองเมาส์	phàen rorng mao
knopje (het)	ปุ่ม	bpùm
cursor (de)	เคอร์เซอร์	khêr-sêr
monitor (de)	จอมอนิเตอร์	jor mor-ní-dtêr
scherm (het)	หน้าจอ	nâa jor
harde schijf (de)	ฮาร์ดดิสก์	hâat-dìt
volume (het)	ความจุฮาร์ดดิสก์	kwaam jù hâat-dìt
van de harde schijf		
geheugen (het)	หน่วยความจำ	nùay khwaam jam
RAM-geheugen (het)	หน่วยความจำ	nùay khwaam jam
	เขาถึงโดยสุม	khâo thěung doi sùm
bestand (het)	ไฟล์	fai
folder (de)	โฟลเดอร์	fohl-dêr
openen (ww)	เปิด	bpèrt
sluiten (ww)	ปิด	bpìt
opslaan (ww)	บันทึก	ban-théuk
verwijderen (wissen)	ลบ	lóp
kopiëren (ww)	คัดลอก	khát lôrk
sorteren (ww)	จัดเรียง	jàt riang
overplaatsen (ww)	ทำสำเนา	tham sǎm-nao
programma (het)	โปรแกรม	bproh-graem
software (de)	ซอฟต์แวร์	sôf-wae
programmeur (de)	นักเขียนโปรแกรม	nák khǐan bproh-graem
programmeren (ww)	เขียนโปรแกรม	khǐan bproh-graem
hacker (computerkraker)	แฮ็กเกอร์	háek-gêr
wachtwoord (het)	รหัสผาน	rá-hàt phàan
virus (het)	ไวรัส	wai-rát

ontdekken (virus ~)	ตรวจพบ	dtrùat phóp
byte (de)	ไบท์	bai
megabyte (de)	เมกะไบท์	may-gà-bai

| data (de) | ข้อมูล | khôr moon |
| databank (de) | ฐานข้อมูล | thǎan khôr moon |

kabel (USB-~, enz.)	สายเคเบิล	sǎai khay-bêrn
afsluiten (ww)	ตัดการเชื่อมต่อ	dtàt gaan chêuam dtòr
aansluiten op (ww)	เชื่อมต่อ	chêuam dtòr

140. Internet. E-mail

internet (het)	อินเทอร์เน็ต	in-thêr-nét
browser (de)	เบราว์เซอร์	brao-sêr
zoekmachine (de)	โปรแกรมค้นหา	bproh-graem khón hǎa
internetprovider (de)	ผู้ให้บริการ	phôo hâi bor-rí-gaan

webmaster (de)	เว็บมาสเตอร์	wép-mâat-dtêr
website (de)	เว็บไซต์	wép sai
webpagina (de)	เว็บเพจ	wép phâyt

| adres (het) | ที่อยู่ | thêe yòo |
| adresboek (het) | สมุดที่อยู่ | sà-mùt thêe yòo |

postvak (het)	กล่องจดหมายอีเมลล์	glòrng jòt mǎai ee-mayn
post (de)	จดหมาย	jòt mǎai
vol (~ postvak)	เต็ม	dtem

bericht (het)	ข้อความ	khôr khwaam
binnenkomende berichten (mv.)	ข้อความขาเข้า	khôr khwaam khǎa khâo
uitgaande berichten (mv.)	ข้อความขาออก	khôr khwaam khǎa òrk

verzender (de)	ผู้ส่ง	phôo sòng
verzenden (ww)	ส่ง	sòng
verzending (de)	การส่ง	gaan sòng

| ontvanger (de) | ผู้รับ | phôo ráp |
| ontvangen (ww) | รับ | ráp |

| correspondentie (de) | การติดต่อกัน ทางจดหมาย | gaan dtìt dtòr gan thaang jòt mǎai |
| corresponderen (met ...) | ติดต่อกันทางจดหมาย | dtìt dtòr gan thaang jòt mǎai |

bestand (het)	ไฟล์	fai
downloaden (ww)	ดาวน์โหลด	daao lòht
creëren (ww)	สร้าง	sâang
verwijderen (een bestand ~)	ลบ	lóp
verwijderd (bn)	ถูกลบ	thòok lóp

verbinding (de)	การเชื่อมต่อ	gaan chêuam dtòr
snelheid (de)	ความเร็ว	khwaam reo
modem (de)	โมเด็ม	moh-dem

| toegang (de) | การเข้าถึง | gaan khâo thĕung |
| poort (de) | พอรท | phôt |

| aansluiting (de) | การเชื่อมต่อ | gaan chêuam dtòr |
| zich aansluiten (ww) | เชื่อมตอกับ... | chêuam dtòr gàp... |

| selecteren (ww) | เลือก | lêuak |
| zoeken (ww) | คนหา | khón hăa |

Vervoer

141. Vliegtuig

vliegtuig (het)	เครื่องบิน	khrêuang bin
vliegticket (het)	ตั๋วเครื่องบิน	dtŭa khrêuang bin
luchtvaartmaatschappij (de)	สายการบิน	săai gaan bin
luchthaven (de)	สนามบิน	sà-năam bin
supersonisch (bn)	ความเร็วเหนือเสียง	khwaam reo nĕua-sĭang
gezagvoerder (de)	กัปตัน	gàp dtan
bemanning (de)	ลูกเรือ	lôok reua
piloot (de)	นักบิน	nák bin
stewardess (de)	พนักงวนต้อนรับ บนเครื่องบิน	phá-nák ngaan dtôrn ráp bon khrêuang bin
stuurman (de)	ต้นหน	dtôn hŏn
vleugels (mv.)	ปีก	bpèek
staart (de)	หาง	hăang
cabine (de)	ห้องนักบิน	hôrng nák bin
motor (de)	เครื่องยนต์	khrêuang yon
landingsgestel (het)	โครงส่วนล่าง ของเครื่องบิน	khrorng sùan lâang khŏrng khrêuang bin
turbine (de)	กังหัน	gang-hăn
propeller (de)	ใบพัด	bai phát
zwarte doos (de)	กล่องดำ	glòrng dam
stuur (het)	คันบังคับ	khan bang-kháp
brandstof (de)	เชื้อเพลิง	chéua phlerng
veiligheidskaart (de)	คู่มือความปลอดภัย	khôo meu khwaam bplòt phai
zuurstofmasker (het)	หน้ากากอ็อกซิเจน	nâa gàak ók sí jayn
uniform (het)	เครื่องแบบ	khrêuang bàep
reddingsvest (de)	เสื้อชูชีพ	sêua choo chêep
parachute (de)	ร่มชูชีพ	rôm choo chêep
opstijgen (het)	การบินขึ้น	gaan bin khêun
opstijgen (ww)	บินขึ้น	bin khêun
startbaan (de)	ทางวิ่งเครื่องบิน	thaang wîng khrêuang bin
zicht (het)	ทัศนวิสัย	thát sá ná wí-săi
vlucht (de)	การบิน	gaan bin
hoogte (de)	ความสูง	khwaam sŏong
luchtzak (de)	หลุมอากาศ	lŭm aa-gàat
plaats (de)	ที่นั่ง	thêe nâng
koptelefoon (de)	หูฟัง	hŏo fang
tafeltje (het)	ถาดพับเก็บได้	thàat pháp gèp dâai
venster (het)	หน้าตางเครื่องบิน	nâa dtàang khrêuang bin
gangpad (het)	ทางเดิน	thaang dern

142. Trein

trein (de)	รถไฟ	rót fai
elektrische trein (de)	รถไฟชานเมือง	rót fai chaan meuang
sneltrein (de)	รถไฟด่วน	rót fai dùan
diesellocomotief (de)	รถจักรดีเซล	rót jàk dee-sayn
stoomlocomotief (de)	รถจักรไอน้ำ	rót jàk ai náam
rijtuig (het)	ตู้โดยสาร	dtôo doi săn
restauratierijtuig (het)	ตู้เสบียง	dtôo sà-biang
rails (mv.)	รางรถไฟ	raang rót fai
spoorweg (de)	ทางรถไฟ	thaang rót fai
dwarsligger (de)	หมอนรองราง	mŏrn rorng raang
perron (het)	ชานชลา	chaan-chá-laa
spoor (het)	ราง	raang
semafoor (de)	ไฟสัญญาณรถไฟ	fai săn-yaan rót fai
halte (bijv. kleine treinhalte)	สถานี	sà-thăa-nee
machinist (de)	คนขับรถไฟ	khon khàp rót fai
kruier (de)	พนักงานยกกระเป๋า	phá-nák ngaan yók grà-bpăo
conducteur (de)	พนักงานรถไฟ	phá-nák ngaan rót fai
passagier (de)	ผู้โดยสาร	phôo doi săn
controleur (de)	พนักงานตรวจตั๋ว	phá-nák ngaan dtrùat dtŭa
gang (in een trein)	ทางเดิน	thaang dern
noodrem (de)	เบรคฉุกเฉิน	bràyk chùk-chĕrn
coupé (de)	ตู้นอน	dtôo norn
bed (slaapplaats)	เตียง	dtiang
bovenste bed (het)	เตียงบน	dtiang bon
onderste bed (het)	เตียงล่าง	dtiang lâang
beddengoed (het)	ชุดเครื่องนอน	chút khrêuang norn
kaartje (het)	ตั๋ว	dtŭa
dienstregeling (de)	ตารางเวลา	dtaa-raang way-laa
informatiebord (het)	ฆระดานแสดง	grà daan sà-daeng
	ขอมูล	khôr moon
vertrekken	ออกเดินทาง	òrk dern thaang
(De trein vertrekt ...)		
vertrek (ov. een trein)	การออกเดินทาง	gaan òrk dern thaang
aankomen (ov. de treinen)	มาถึง	maa thĕung
aankomst (de)	การมาถึง	gaan maa thĕung
aankomen per trein	มาถึงโดยรถไฟ	maa thĕung doi rót fai
in de trein stappen	ขึ้นรถไฟ	khêun rót fai
uit de trein stappen	ลงจากรถไฟ	long jàak rót fai
treinwrak (het)	รถไฟตกราง	rót fai dtòk raang
ontspoord zijn	ตกราง	dtòk raang
stoomlocomotief (de)	หัวรถจักรไอน้ำ	hŭa rót jàk ai náam
stoker (de)	คนควบคุมเตาไฟ	khon khûap khum dtao fai

stookplaats (de)	เตาไฟ	dtao fai
steenkool (de)	ถ่านหิน	thàan hǐn

143. Schip

schip (het)	เรือ	reua
vaartuig (het)	เรือ	reua

stoomboot (de)	เรือจักรไอน้ำ	reua jàk ai náam
motorschip (het)	เรือลองแมน้ำ	reua lông mâe náam
lijnschip (het)	เรือเดินสมุทร	reua dern sà-mùt
kruiser (de)	เรือลาดตระเวน	reua lâat dtrà-wayn

jacht (het)	เรือยอชต์	reua yôt
sleepboot (de)	เรือลากจูง	reua lâak joong
duwbak (de)	เรือบรรทุก	reua ban-thúk
ferryboot (de)	เรือข้ามฟาก	reua khâam fâak

zeilboot (de)	เรือใบ	reua bai
brigantijn (de)	เรือใบสองเสากระโดง	reua bai sǒrng sǎo grà-dohng

ijsbreker (de)	เรือตัดน้ำแข็ง	reua dtàt náam khǎeng
duikboot (de)	เรือดำน้ำ	reua dam náam

boot (de)	เรือพาย	reua phaai
sloep (de)	เรือบดเล็ก	reua bòt lék
reddingssloep (de)	เรือชูชีพ	reua choo chêep
motorboot (de)	เรือยนต์	reua yon

kapitein (de)	กัปตัน	gàp dtan
zeeman (de)	นาวิน	naa-win
matroos (de)	คนเรือ	khon reua
bemanning (de)	กะลาสี	gà-laa-sěe

bootsman (de)	สรั่ง	sà-ràng
scheepsjongen (de)	คนช่วยงานในเรือ	khon chûay ngaan nai reua
kok (de)	กุก	gúk
scheepsarts (de)	แพทย์เรือ	phâet reua

dek (het)	ดาดฟ้าเรือ	dàat-fáa reua
mast (de)	เสากระโดงเรือ	sǎo grà-dohng reua
zeil (het)	ใบเรือ	bai reua

ruim (het)	ท้องเรือ	thórng-reua
voorsteven (de)	หัวเรือ	hǔa-reua
achtersteven (de)	ท้วยเรือ	tháai reua
roeispaan (de)	ไม้พาย	máai phaai
schroef (de)	ใบจักร	bai jàk

kajuit (de)	ห้องพัก	hôrng phák
officierskamer (de)	ห้องอาหาร	hôrng aa-hǎan
machinekamer (de)	ห้องเครื่องยนต์	hôrng khrêuang yon
brug (de)	สะพานเดินเรือ	sà-phaan dern reua
radiokamer (de)	ห้องวิทยุ	hôrng wít-thá-yú

radiogolf (de)	คลื่นความถี่	khlêun khwaam thèe
logboek (het)	สมุดบันทึก	sà-mùt ban-théuk
verrekijker (de)	กล้องส่องทางไกล	glôrng sòrng thaang glai
klok (de)	ระฆัง	rá-khang
vlag (de)	ธง	thorng
kabel (de)	เชือก	chêuak
knoop (de)	ปม	bpom
leuning (de)	ราว	raao
trap (de)	ไม้พาดให้	mái phâat hâi
	ขึ้นลงเรือ	khêun long reua
anker (het)	สมอ	sà-mŏr
het anker lichten	ถอนสมอ	thŏrn sà-mŏr
het anker neerlaten	ทอดสมอ	thôrt sà-mŏr
ankerketting (de)	โซ่สมอเรือ	sôh sà-mŏr reua
haven (bijv. containerhaven)	ท่าเรือ	thâa reua
kaai (de)	ท่า	thâa
aanleggen (ww)	จอดเทียบท่า	jòt thîap tâa
wegvaren (ww)	ออกจากท่า	òrk jàak tâa
reis (de)	การเดินทาง	gaan dern thaang
cruise (de)	ทัวร์ลองเรือ	gaan lôrng reua
koers (de)	เส้นทาง	sên thaang
route (de)	เสนทาง	sên thaang
vaarwater (het)	ร่องเรือเดิน	rông reua dern
zandbank (de)	โขด	khòht
stranden (ww)	เกยตื้น	goie dtêun
storm (de)	พายุ	phaa-yú
signaal (het)	สัญญาณ	săn-yaan
zinken (ov. een boot)	ลม	lôm
Man overboord!	คนตกเรือ!	kon dtòk reua
SOS (noodsignaal)	SOS	es-o-es
reddingsboei (de)	ห่วงยาง	hùang yaang

144. Vliegveld

luchthaven (de)	สนามบิน	sà-năam bin
vliegtuig (het)	เครื่องบิน	khrêuang bin
luchtvaartmaatschappij (de)	สายการบิน	săai gaan bin
luchtverkeersleider (de)	เจ้าหน้าที่ควบคุม	jâo nâa-thêe khûap khum
	จราจรทางอากาศ	jà-raa-jon thaang aa-gàat
vertrek (het)	การออกเดินทาง	gaan òrk dern thaang
aankomst (de)	การมาถึง	gaan maa thĕung
aankomen (per vliegtuig)	มาถึง	maa thĕung
vertrektijd (de)	เวลาขาไป	way-laa khăa bpai
aankomstuur (het)	เวลามาถึง	way-laa maa thĕung

134

vertraagd zijn (ww)	ถูกเลื่อน	thòok lêuan
vluchtvertraging (de)	เลื่อนเที่ยวบิน	lêuan thieow bin
informatiebord (het)	กระดานแสดงข้อมูล	grà daan sà-daeng khôr moon
informatie (de)	ข้อมูล	khôr moon
aankondigen (ww)	ประกาศ	bprà-gàat
vlucht (bijv. KLM ~)	เที่ยวบิน	thîeow bin
douane (de)	ศุลกากร	sǔn-lá-gaa-gon
douanier (de)	เจ้าหน้าที่ศุลกากร	jâo nâa-thêe sǔn-lá-gaa-gon
douaneaangifte (de)	แบบฟอร์มการเสียภาษีศุลกากร	bàep form gaan sǐa phaa-sěe sǔn-lá-gaa-gon
invullen (douaneaangifte ~)	กรอก	gròrk
een douaneaangifte invullen	กรอกแบบฟอร์มการเสียภาษี	gròrk bàep form gaan sǐa paa-sěe
paspoortcontrole (de)	จุดตรวจหนังสือเดินทาง	jùt dtrùat nǎng-sěu dern-thaang
bagage (de)	สัมภาระ	sǎm-phaa-rá
handbagage (de)	กระเป๋าถือ	grà-bpǎo thěu
bagagekarretje (het)	รถขนสัมภาระ	rót khǒn sǎm-phaa-rá
landing (de)	การลงจอด	gaan long jòrt
landingsbaan (de)	ลานบินลงจอด	laan bin long jòrt
landen (ww)	ลงจอด	long jòrt
vliegtuigtrap (de)	ทางขึ้นลงเครื่องบิน	thaang khêun long khrêuang bin
inchecken (het)	การเช็คอิน	gaan chék in
incheckbalie (de)	เคาน์เตอร์เช็คอิน	khao-dtêr chék in
inchecken (ww)	เช็คอิน	chék in
instapkaart (de)	บัตรที่นั่ง	bàt thêe nâng
gate (de)	ช่องเขา	chôrng khâo
transit (de)	การต่อเที่ยวบิน	gaan tòr thîeow bin
wachten (ww)	รอ	ror
wachtzaal (de)	ห้องผู้โดยสารขาออก	hôrng phôo doi sǎan khǎa òk
begeleiden (uitwuiven)	ไปส่ง	bpai sòng
afscheid nemen (ww)	บอกลา	bòrk laa

145. Fiets. Motorfiets

fiets (de)	รถจักรยาน	rót jàk-grà-yaan
bromfiets (de)	สกูตเตอร์	sà-góot-dtêr
motorfiets (de)	รถมอเตอร์ไซค์	rót mor-dtêr-sai
met de fiets rijden	ขี่จักรยาน	khèe jàk-grà-yaan
stuur (het)	พวงมาลัยรถ	phuang maa-lai rót
pedaal (de/het)	แป้นเหยียบ	bpâen yìap
remmen (mv.)	เบรก	bràyk
fietszadel (de/het)	ที่นั่งจักรยาน	thêe nâng jàk-grà-yaan
pomp (de)	ปั๊ม	bpám

bagagedrager (de)	ที่วางสัมภาระ	thêe waang săm-phaa-rá
fietslicht (het)	ไฟหน้า	fai nâa
helm (de)	หมวกนิรภัย	mùak ní-rá-phai
wiel (het)	ล้อ	lór
spatbord (het)	บังโคลน	bang khlon
velg (de)	ขอบล้อ	khòp lór
spaak (de)	กานล้อ	gâan lór

Auto's

146. Soorten auto's

auto (de)	รถยนต์	rót yon
sportauto (de)	รถสปอร์ต	rót sà-bpòt
limousine (de)	รถลีมูซีน	rót lee moo seen
terreinwagen (de)	รถเอสยูวี	rót àyt yoo wee
cabriolet (de)	รถยนต์เปิดประทุน	rót yon bpèrt bprà-thun
minibus (de)	รถบัสเล็ก	rót bàt lék
ambulance (de)	รถพยาบาล	rót phá-yaa-baan
sneeuwruimer (de)	รถไถหิมะ	rót thǎi hì-má
vrachtwagen (de)	รถบรรทุก	rót ban-thúk
tankwagen (de)	รถบรรทุกน้ำมัน	rót ban-thúk nám man
bestelwagen (de)	รถตู้	rót dtôo
trekker (de)	รถลาก	rót lâak
aanhangwagen (de)	รถพ่วง	rót phûang
comfortabel (bn)	สะดวก	sà-dùak
tweedehands (bn)	มือสอง	meu sǒrng

147. Auto's. Carrosserie

motorkap (de)	กระโปรงรถ	grà bprohng rót
spatbord (het)	บังโคลน	bang khlon
dak (het)	หลังคา	lǎng khaa
voorruit (de)	กระจกหน้ารถ	grà-jòk nâa rót
achterruit (de)	กระจกมองหลัง	grà-jòk morng lǎng
ruitensproeier (de)	ที่ฉีดน้ำลวง	thêe chèet nám
	กระจกหน้ารถ	láang grà-jòk nâa rót
wisserbladen (mv.)	ที่ปัดล้างกระจก	thêe bpàt láang grà-jòk
	หน้ารถ	nâa rót
zijruit (de)	กระจกข้าง	grà-jòk khâang
raamlift (de)	กระจกไฟฟ้า	grà-jòk fai-fáa
antenne (de)	เสาอากาศ	sǎo aa-gàat
zonnedak (het)	หลังคารับแดด	lǎng khaa ráp dàet
bumper (de)	กันชน	gan chon
koffer (de)	ท้ายรถ	tháai rót
imperiaal (de/het)	ชั้นวางสัมภาระ	chán waang sǎm-phaa-rá
portier (het)	ประตู	bprà-dtoo
handvat (het)	ที่เปิดประตู	thêe bpèrt bprà-dtoo
slot (het)	ล็อคประตูรถ	lók bprà-dtoo rót

nummerplaat (de)	ป้ายทะเบียน	bpâai thá-bian
knalpot (de)	ท่อไอเสีย	thôr ai sǐa
benzinetank (de)	ถังน้ำมัน	thǎng náam man
uitlaatpijp (de)	ท่อไอเสีย	thôr ai sǐa

gas (het)	เร่ง	râyng
pedaal (de/het)	แป้นเหยียบ	bpâen yìap
gaspedaal (de/het)	คันเร่ง	khan râyng

rem (de)	เบรก	bràyk
rempedaal (de/het)	แป้นเบรค	bpâen bràyk
remmen (ww)	เบรก	bràyk
handrem (de)	เบรกมือ	bràyk meu

koppeling (de)	คลัตช์	khlát
koppelingspedaal (de/het)	แป้นคลัตช์	bpâen khlát
koppelingsschijf (de)	จานคลัตช	jaan khlát
schokdemper (de)	โชคอัพ	chóhk-àp

wiel (het)	ล้อ	lór
reservewiel (het)	ล้อสำรอง	lór sǎm-rorng
band (de)	ยางรถ	yaang rót
wieldop (de)	ลอแม็ก	lór-máek

aandrijfwielen (mv.)	ล้อพวงมาลัย	lór phuang maa-lai
met voorwielaandrijving	ขับเคลื่อนล้อหน้า	khàp khlêuan lór nâa
met achterwielaandrijving	ขับเคลื่อนล้อหลัง	khàp khlêuan lór lǎng
met vierwielaandrijving	ขับเคลื่อนสี่ล้อ	khàp khlêuan sèe lór

versnellingsbak (de)	กระปุกเกียร์	grà-bpùk gia
automatisch (bn)	อัตโนมัติ	àt-noh-mát
mechanisch (bn)	กลไก	gon-gai
versnellingspook (de)	คันเกียร์	khan gia

| voorlicht (het) | ไฟหน้า | fai nâa |
| voorlichten (mv.) | ไฟหน้า | fai nâa |

dimlicht (het)	ไฟต่ำ	fai dtàm
grootlicht (het)	ไฟสูง	fai sǒong
stoplicht (het)	ไฟเบรก	fai bràyk

standlichten (mv.)	ไฟจอดรถ	fai jòt rót
noodverlichting (de)	ไฟฉุกเฉิน	fai chùk-chěrn
mistlichten (mv.)	ไฟตัดหมอก	fai dtàt mòk
pinker (de)	ไฟเลี้ยว	fai líeow
achteruitrijdlicht (het)	ไฟรถถอย	fai rót thǒi

148. Auto's. Passagiersruimte

interieur (het)	ภายในรถ	phaai nai rót
leren (van leer gemaak)	หนัง	nǎng
fluwelen (abn)	กำมะหยี่	gam-má-yèe
bekleding (de)	เครื่องเบาะ	khrêuang bòr
toestel (het)	อุปกรณ	ù-bpà-gon

instrumentenbord (het)	แผงหน้าปัด	phǎeng nâa bpàt
snelheidsmeter (de)	มาตรวัดความเร็ว	mâat wát khwaam reo
pijltje (het)	เข็มชี้วัด	khěm chée wát
kilometerteller (de)	มิเตอร์วัดระยะทาง	mí-dtêr wát rá-yá thaang
sensor (de)	มิเตอร์วัด	mí-dtêr wát
niveau (het)	ระดับ	rá-dàp
controlelampje (het)	ไฟเตือน	fai dteuan
stuur (het)	พวงมาลัยรถ	phuang maa-lai rót
toeter (de)	แตร	dtrae
knopje (het)	ปุ่ม	bpùm
schakelaar (de)	สวิตช์	sà-wít
stoel (bestuurders~)	ที่นั่ง	thêe nâng
rugleuning (de)	พนักพิง	phá-nák phing
hoofdsteun (de)	ที่พิงศีรษะ	thêe phing sěe-sà
veiligheidsgordel (de)	เข็มขัดนิรภัย	khěm khàt ní-rá-phai
de gordel aandoen	คาดเข็มขัดนิรภัย	khâat khěm khàt ní-rá-phai
regeling (de)	การปรับ	gaan bpràp
airbag (de)	ถุงลมนิรภัย	thǔng lom ní-rá-phai
airconditioner (de)	เครื่องปรับอากาศ	khrêuang bpràp-aa-gàat
radio (de)	วิทยุ	wít-thá-yú
CD-speler (de)	เครื่องเล่น CD	khrêuang lên see-dee
aanzetten (bijv. radio ~)	เปิด	bpèrt
antenne (de)	เสาอากาศ	sǎo aa-gàat
handschoenenkastje (het)	ช่องเก็บของ	chôrng gèp khǒrng
	ข้างคนขับ	khâang khon khàp
asbak (de)	ที่เขี่ยบุหรี่	thêe khìa bù rèe

149. Auto's. Motor

diesel- (abn)	ดีเซล	dee-sayn
benzine- (~motor)	น้ำมันเบนซิน	nám man bayn-sin
motorinhoud (de)	ขนาดเครื่องยนต์	khà-nàat khrêuang yon
vermogen (het)	กำลัง	gam-lang
paardenkracht (de)	แรงม้า	raeng máa
zuiger (de)	ก้านลูกสูบ	gâan lôok sòop
cilinder (de)	กระบอกสูบ	grà-bòrk sòop
klep (de)	วาล์ว	waao
injectie (de)	หัวฉีด	hǔa chèet
generator (de)	เครื่องกำเนิดไฟฟ้า	khrêuang gam-nèrt fai fáa
carburator (de)	คาร์บูเรเตอร์	khaa-boo-ray-dtêr
motorolie (de)	น้ำมันเครื่อง	nám man khrêuang
radiator (de)	หม้อน้ำ	môr náam
koelvloeistof (de)	สารทำความเย็น	sǎan tham khwaam yen
ventilator (de)	พัดลมระบายความร้อน	phát lom rá-baai khwaam rón
accu (de)	แบตเตอรี่	bàet-dter-rêe
starter (de)	มอเตอร์สตาร์ต	mor-dtêr sà-dtàat

| contact (ontsteking) | การจุดระเบิด | gaan jùt rá-bèrt |
| bougie (de) | หัวเทียน | hŭa thian |

pool (de)	ขั้วแบตเตอรี่	khûa bàet-dter-rêe
positieve pool (de)	ขั้วบวก	khûa bùak
negatieve pool (de)	ขั้วลบ	khûa lóp
zekering (de)	ฟิวส์	fiw

luchtfilter (de)	เครื่องกรองอากาศ	khrêuang grorng aa-gàat
oliefilter (de)	ไส้กรองน้ำมัน	sâi grorng nám man
benzinefilter (de)	ไส้กรองน้ำมันเชื้อเพลิง	sâi grorng nám man chéua phlerng

150. Auto's. Botsing. Reparatie

auto-ongeval (het)	อุบัติเหตุรถชน	u-bàt hàyt rót chon
verkeersongeluk (het)	อุบัติเหตุจราจร	u-bàt hàyt jà-raa-jon
aanrijden (tegen een boom, enz.)	ชน	chon
verongelukken (ww)	ชนโครม	chon khrohm
beschadiging (de)	ความเสียหาย	khwaam sĭa hăai
heelhuids (bn)	ไม่มีความเสียหาย	mâi mee khwaam sĭa hăai

pech (de)	การเสีย	gaan sĭa
kapot gaan (zijn gebroken)	ตาย	dtaai
sleeptouw (het)	เชือกลากรถยนต์	chêuak lâak rót yon

lek (het)	ยางรั่ว	yaang rûa
lekke krijgen (band)	ทำให้ยางแบน	tham hâi yaang baen
oppompen (ww)	เติมลมยาง	dterm lom yaang
druk (de)	แรงดัน	raeng dan
checken (ww)	ตรวจสอบ	dtrùat sòrp

reparatie (de)	การซ่อม	gaan sôrm
garage (de)	ร้านซ่อมรถยนต์	ráan sôrm rót yon
wisselstuk (het)	อะไหล่	a lài
onderdeel (het)	ชิ้นส่วน	chín sùan

bout (de)	สลักเกลียว	sà-làk glieow
schroef (de)	สกรู	sà-groo
moer (de)	แหวนสกรู	wăen sà-groo
sluitring (de)	แหวนเล็ก	wăen lék
kogellager (de/het)	แบริง	bae-ring

pijp (de)	ท่อ	thôr
pakking (de)	ปะเก็น	bpà gen
kabel (de)	สายไฟ	săai fai

dommekracht (de)	แม่แรง	mâe raeng
moersleutel (de)	ประแจ	bprà-jae
hamer (de)	ค้อน	khórn
pomp (de)	ปั๊ม	bpám
schroevendraaier (de)	ไขควง	khăi khuang
brandblusser (de)	ถังดับเพลิง	thăng dàp phlerng

gevarendriehoek (de)	ป้ายเตือน	bpâai dteuan
afslaan	มีเครื่องดับ	mee khrêuang dàp
(ophouden te werken)		
uitvallen (het)	การดับ	gaan dàp
zijn gebroken	เสีย	sĭa

oververhitten (ww)	ร้อนเกิน	rórn gern
verstopt raken (ww)	อุดตัน	ùt dtan
bevriezen (autodeur, enz.)	เยือกแข็ง	yêuak khăeng
barsten (leidingen, enz.)	แตก	dtàek

druk (de)	แรงดัน	raeng dan
niveau (bijv. olieniveau)	ระดับ	rá-dàp
slap (de drijfriem is ~)	อ่อน	òrn

deuk (de)	รอยบุบ	roi bùp
geklop (vreemde geluiden)	เสียงเครื่องยนต์ดับ	sĭang khrêuang yon dàp
barst (de)	รอยแตก	roi dtàek
kras (de)	รอยขูด	roi khòot

151. Auto's. Weg

weg (de)	ถนน	thà-nŏn
snelweg (de)	ทางหลวง	thaang lŭang
autoweg (de)	ทางด่วน	thaang dùan
richting (de)	ทิศทาง	thít thaang
afstand (de)	ระยะทาง	rá-yá thaang

brug (de)	สะพาน	sà-phaan
parking (de)	ลานจอดรถ	laan jòrt rót
plein (het)	จัตุรัส	jàt-dtù-ràt
verkeersknooppunt (het)	ทางแยกต่างระดับ	thaang yâek dtàang rá-dàp
tunnel (de)	อุโมงค์	u-mohng

benzinestation (het)	ปั๊มน้ำมัน	bpám náam man
parking (de)	ลานจอดรถ	laan jòrt rót
benzinepomp (de)	ที่เติมน้ำมัน	thêe dterm náam man
garage (de)	รานซ่อมรถยนต์	ráan sôrm rót yon
tanken (ww)	เติมน้ำมัน	dterm náam man
brandstof (de)	น้ำมันเชื้อเพลิง	nám man chéua phlerng
jerrycan (de)	ถังน้ำมัน	thăng náam man

asfalt (het)	ถนนลาดยาง	thà-nŏn lâat yaang
markering (de)	เครื่องหมายจราจร	khrêuang măai jà-raa-jon
	บนพื้นทาง	bon phéun thaang

trottoirband (de)	ขอบถนน	khòrp thà-nŏn
geleiderail (de)	รั้วกั้น	rúa gân
greppel (de)	คู	khoo
vluchtstrook (de)	ข้างถนน	khâang thà-nŏn
lichtmast (de)	เสาไฟ	săo fai

besturen (een auto ~)	ขับ	khàp
afslaan (naar rechts ~)	เลี้ยว	líeow
U-bocht maken (ww)	กลับรถ	glàp rót

achteruit (de)	ถอยรถ	thŏri rót
toeteren (ww)	บีบแตร	bèep dtrae
toeter (de)	เสียงบีบแตร	sĭang bèep dtrae
vastzitten (in modder)	ติด	dtìt
spinnen (wielen gaan ~)	หมุนล้อ	mŭn lór
uitzetten (ww)	ปิด	bpìt
snelheid (de)	ความเร็ว	khwaam reo
een snelheidsovertreding maken	ขับเร็วเกิน	khàp reo gern
bekeuren (ww)	ให้ใบสั่ง	hâi bai sàng
verkeerslicht (het)	ไฟสัญญาณจราจร	fai săn-yaan jà-raa-jon
rijbewijs (het)	ใบขับขี่	bai khàp khèe
overgang (de)	ทางข้ามรถไฟ	thaang khâam rót fai
kruispunt (het)	สีแยก	sèe yâek
zebrapad (oversteekplaats)	ทางม้าลาย	thaang máa laai
bocht (de)	ทางโค้ง	thaang khóhng
voetgangerszone (de)	ถนนคนเดิน	thà-nŏn khon dern

MENSEN. GEBEURTENISSEN IN HET LEVEN

Gebeurtenissen in het leven

152. Vakanties. Evenement

feest (het)	วันหยุดเฉลิมฉลอง	wan yùt chà-lĕrm chà-lŏng
nationale feestdag (de)	วันชาติ	wan châat
feestdag (de)	วันหยุดนักขัตฤกษ์	wan yùt nák-kàt-rêrk
herdenken (ww)	เฉลิมฉลอง	chà-lĕrm chà-lŏrng
gebeurtenis (de)	เหตุการณ์	hàyt gaan
evenement (het)	งานอีเวนต์	ngaan ee wayn
banket (het)	งานเลี้ยง	ngaan líang
receptie (de)	งานเลี้ยง	ngaan líang
feestmaal (het)	งานฉลอง	ngaan chà-lŏrng
verjaardag (de)	วันครบรอบ	wan khróp rôrp
jubileum (het)	วันครบรอบปี	wan khróp rôrp bpee
vieren (ww)	ฉลอง	chà-lŏrng
Nieuwjaar (het)	ปีใหม่	bpee mài
Gelukkig Nieuwjaar!	สวัสดีปีใหม่!	sà-wàt-dee bpee mài
Sinterklaas (de)	ซานตาคลอส	saan-dtaa-khlôrt
Kerstfeest (het)	คริสต์มาส	khrít-mâat
Vrolijk kerstfeest!	สุขสันต์วันคริสต์มาส	sùk-săn wan khrít-mâat
kerstboom (de)	ต้นคริสต์มาส	dtôn khrít-mâat
vuurwerk (het)	ดอกไม้ไฟ	dòrk máai fai
bruiloft (de)	งานแต่งงาน	ngaan dtàeng ngaan
bruidegom (de)	เจ้าบ่าว	jâo bàao
bruid (de)	เจ้าสาว	jâo săao
uitnodigen (ww)	เชิญ	chern
uitnodigingskaart (de)	บัตรเชิญ	bàt chern
gast (de)	แขก	khàek
op bezoek gaan	ไปเยี่ยม	bpai yîam
gasten verwelkomen	ตอนรับแขก	dton ráp khàek
geschenk, cadeau (het)	ของขวัญ	khŏrng khwăn
geven (iets cadeau ~)	ให้	hâi
geschenken ontvangen	รับของขวัญ	ráp khŏrng khwăn
boeket (het)	ช่อดอกไม้	chôr dòrk máai
felicitaties (mv.)	คำแสดง ความยินดี	kham sà-daeng khwaam yin-dee
feliciteren (ww)	แสดงความยินดี	sà-daeng khwaam yin dee

wenskaart (de)	บัตรอวยพร	bàt uay phon
een kaartje versturen	ส่งโปสการ์ด	sòng bpòht-gàat
een kaartje ontvangen	รับโปสการ์ด	ráp bpòht-gàat

toast (de)	ดื่มอวยพร	dèum uay phon
aanbieden (een drankje ~)	เลี้ยงเครื่องดื่ม	líang khrêuang dèum
champagne (de)	แชมเปญ	chaem-bpayn

plezier hebben (ww)	มีความสุข	mee khwaam sùk
plezier (het)	ความรื่นเริง	khwaam rêun-rerng
vreugde (de)	ความสุขสันต์	khwaam sùk-sǎn

| dans (de) | การเต้น | gaan dtên |
| dansen (ww) | เต้น | dtên |

| wals (de) | วอลทซ์ | wɔːlts |
| tango (de) | แทงโก | thaeng-gôh |

153. Begrafenissen. Begrafenis

kerkhof (het)	สุสาน	sù-sǎan
graf (het)	หลุมศพ	lǔm sòp
kruis (het)	ไม้กางเขน	mái gaang khǎyn
grafsteen (de)	ป้ายหลุมศพ	bpâai lǔm sòp
omheining (de)	รั้ว	rúa
kapel (de)	โรงสวด	rohng sùat

dood (de)	ความตาย	khwaam dtaai
sterven (ww)	ตาย	dtaai
overledene (de)	ผู้เสียชีวิต	phôo sǐa chee-wít
rouw (de)	การไว้อาลัย	gaan wái aa-lai

begraven (ww)	ฝังศพ	fǎng sòp
begrafenisonderneming (de)	บริษัทรับจัดงานศพ	bor-rí-sàt ráp jàt ngaan sòp
begrafenis (de)	งานศพ	ngaan sòp
krans (de)	พวงหรีด	phuang rèet
doodskist (de)	โลงศพ	lohng sòp
lijkwagen (de)	รถขนศพ	rót khǒn sòp
lijkkleed (de)	ผ้าห่อศพ	phâa hòr sòp

begrafenisstoet (de)	พิธีศพ	phí-tee sòp
urn (de)	โกศ	gòht
crematorium (het)	เมรุ	mayn

overlijdensbericht (het)	ข่าวมรณกรรม	khàao mor-rá-ná-gam
huilen (wenen)	ร้องไห้	rórng hâi
snikken (huilen)	สะอื้น	sà-êun

154. Oorlog. Soldaten

| peloton (het) | หมวด | mùat |
| compagnie (de) | กองรอย | gorng rói |

regiment (het)	กรม	grom
leger (armee)	กองทัพ	gorng tháp
divisie (de)	กองพล	gorng phon-la
sectie (de)	หมู่	mòo
troep (de)	กองทัพ	gorng tháp
soldaat (militair)	ทหาร	thá-hǎan
officier (de)	นายทหาร	naai thá-hǎan
soldaat (rang)	พลทหาร	phon-thá-hǎan
sergeant (de)	สิบเอก	sìp àyk
luitenant (de)	รอยโท	rói thoh
kapitein (de)	รอยเอก	rói àyk
majoor (de)	พลตรี	phon-dtree
kolonel (de)	พันเอก	phan àyk
generaal (de)	นายพล	naai phon
matroos (de)	กะลาสี	gà-laa-sěe
kapitein (de)	กัปตัน	gàp dtan
bootsman (de)	สรังเรือ	sà-ràng reua
artillerist (de)	ทหารปืนใหญ่	thá-hǎan bpeun yài
valschermjager (de)	พลรม	phon-rôm
piloot (de)	นักบิน	nák bin
stuurman (de)	ตุนหน	dtôn hǒn
mecanicien (de)	ช่างเครื่อง	châang khrêuang
sappeur (de)	ทหารช่าง	thá-hǎan châang
parachutist (de)	ทหารราบอากาศ	thá-hǎan râap aa-gàat
verkenner (de)	ทหารพราน	thá-hǎan phraan
scherpschutter (de)	พลซุ่มยิง	phon sûm ying
patrouille (de)	หน่วยลาดตระเวน	nùay lâat dtrà-wayn
patrouilleren (ww)	ลาดตระเวน	lâat dtrà-wayn
wacht (de)	ทหารยาม	tá-hǎan yaam
krijger (de)	นักรบ	nák róp
patriot (de)	ผู้รักชาติ	phôo rák châat
held (de)	วีรบุรุษ	wee-rá-bù-rùt
heldin (de)	วีรสตรี	wee rá-sot dtree
verrader (de)	ผู้ทรยศ	phôo thor-rá-yót
verraden (ww)	ทรยศ	thor-rá-yót
deserteur (de)	ทหารหนีทัพ	thá-hǎan něe tháp
deserteren (ww)	หนีทัพ	něe tháp
huurling (de)	ทหารรับจ้าง	thá-hǎan ráp jâang
rekruut (de)	เกณฑ์ทหาร	gayn thá-hǎan
vrijwilliger (de)	อาสาสมัคร	aa-sǎa sà-màk
gedode (de)	คนถูกฆ่า	khon thòok khâa
gewonde (de)	ผู้ได้รับบาดเจ็บ	phôo dâai ráp bàat jèp
krijgsgevangene (de)	เชลยศึก	chá-loie sèuk

155. Oorlog. Militaire acties. Deel 1

oorlog (de)	สงคราม	sŏng-khraam
oorlog voeren (ww)	ทำสงคราม	tham sŏng-khraam
burgeroorlog (de)	สงครามกลางเมือง	sŏng-khraam glaang-meuang
achterbaks (bw)	ตลบตะแลง	dtà-lòp-dtà-laeng
oorlogsverklaring (de)	การประกาศสงคราม	gaan bprà-gàat sŏng-khraam
verklaren (de oorlog ~)	ประกาศสงคราม	bprà-gàat sŏng-khraam
agressie (de)	การรุกราน	gaan rúk-raan
aanvallen (binnenvallen)	บุกรุก	bùk rúk
binnenvallen (ww)	บุกรุก	bùk rúk
invaller (de)	ผู้บุกรุก	phôo bùk rúk
veroveraar (de)	ผู้ยึดครอง	phôo yéut khrorng
verdediging (de)	การป้องกัน	gaan bpôrng gan
verdedigen (je land ~)	ปกป้อง	bpòk bpôrng
zich verdedigen (ww)	ป้องกัน	bpôrng gan
vijand (de)	ศัตรู	sàt-dtroo
tegenstander (de)	ข้าศึก	khâa sèuk
vijandelijk (bn)	ศัตรู	sàt-dtroo
strategie (de)	ยุทธศาสตร์	yút-thá-sàat
tactiek (de)	ยุทธวิธี	yút-thá-wí-thee
order (de)	คำสั่ง	kham sàng
bevel (het)	คำบัญชาการ	kham ban-chaa gaan
bevelen (ww)	สั่ง	sàng
opdracht (de)	ภารกิจ	phaa-rá-gìt
geheim (bn)	อย่างลับ	yàang láp
strijd, slag (de)	การรบ	gaan róp
aanval (de)	การจู่โจม	gaan jòo johm
bestorming (de)	การเข้าจู่โจม	gaan khâo jòo johm
bestormen (ww)	บุกจู่โจม	bùk jòo johm
bezetting (de)	การโอบล้อมโจมตี	gaan òhp lóm johm dtee
aanval (de)	การโจมตี	gaan johm dtee
in het offensief te gaan	โจมตี	johm dtee
terugtrekking (de)	การถอย	gaan thŏi
zich terugtrekken (ww)	ถอย	thŏi
omsingeling (de)	การปิดล้อม	gaan bpìt lórm
omsingelen (ww)	ปิดล้อม	bpìt lórm
bombardement (het)	การทิ้งระเบิด	gaan thíng rá-bèrt
een bom gooien	ทิ้งระเบิด	thíng rá-bèrt
bombarderen (ww)	ทิ้งระเบิด	thíng rá-bèrt
ontploffing (de)	การระเบิด	gaan rá-bèrt
schot (het)	การยิง	gaan ying
een schot lossen	ยิง	ying

schieten (het)	การยิง	gaan ying
mikken op (ww)	เล็ง	leng
aanleggen (een wapen ~)	ชี้	chée
treffen (doelwit ~)	ถูกเป้าหมาย	thòok bpâo măai

zinken (tot zinken brengen)	จม	jom
kogelgat (het)	รู	roo
zinken (gezonken zijn)	จม	jom

front (het)	แนวหน้า	naew nâa
evacuatie (de)	การอพยพ	gaan òp-phá-yóp
evacueren (ww)	อพยพ	òp-phá-yóp

loopgraaf (de)	สนามเพลาะ	sà-năam phlór
prikkeldraad (de)	ลวดหนาม	lûat năam
verdedigingsobstakel (het)	สิ่งกีดขวาง	sìng gèet-khwăang
wachttoren (de)	หอสังเกตการณ์	hŏr săng-gàyt gaan

hospitaal (het)	โรงพยาบาล ทหาร	rohng phá-yaa-baan thá-hăan
verwonden (ww)	ทำให้บาดเจ็บ	tham hâi bàat jèp
wond (de)	แผล	phlăe
gewonde (de)	ผู้ได้รับบาดเจ็บ	phôo dâai ráp bàat jèp
gewond raken (ww)	ได้รับบาดเจ็บ	dâai ráp bàat jèp
ernstig (~e wond)	รายแรง	ráai raeng

156. Wapens

wapens (mv.)	อาวุธ	aa-wút
vuurwapens (mv.)	อาวุธปืน	aa-wút bpeun
koude wapens (mv.)	อาวุธเย็น	aa-wút yen

chemische wapens (mv.)	อาวุธเคมี	aa-wút khay-mee
kern-, nucleair (bn)	นิวเคลียร์	niw-khlia
kernwapens (mv.)	อาวุธนิวเคลียร์	aa-wút niw-khlia

bom (de)	ลูกระเบิด	lôok rá-bèrt
atoombom (de)	ลูกระเบิดปรมาณู	lôok rá-bèrt bpà-rá-maa-noo

pistool (het)	ปืนพก	bpeun phók
geweer (het)	ปืนไรเฟิล	bpeun rai-fern
machinepistool (het)	ปืนกลมือ	bpeun gon meu
machinegeweer (het)	ปืนกล	bpeun gon

loop (schietbuis)	ปากประบอกปืน	bpàak bprà bòrk bpeun
loop (bijv. geweer met kortere ~)	ลำกล้อง	lam glôrng
kaliber (het)	ขนาดลำกล้อง	khà-nàat lam glôrng

trekker (de)	ไกปืน	gai bpeun
korrel (de)	ศูนย์เล็ง	sŏon leng
magazijn (het)	แม็กกาซีน	máek-gaa-seen
geweerkolf (de)	พานท้ายปืน	phaan tháai bpeun
granaat (handgranaat)	ระเบิดมือ	rá-bèrt meu

explosieven (mv.)	วัตถุระเบิด	wát-thù rá-bèrt
kogel (de)	ลูกกระสุน	lôok grà-sǔn
patroon (de)	ตลับกระสุน	dtà-làp grà-sǔn
lading (de)	กระสุน	grà-sǔn
ammunitie (de)	อาวุธยุทธภัณฑ์	aa-wút yút-thá-phan

bommenwerper (de)	เครื่องบินทิ้งระเบิด	khrêuang bin thíng rá-bèrt
straaljager (de)	เครื่องบินขับไล่	khrêuang bin khàp lâi
helikopter (de)	เฮลิคอปเตอร์	hay-lí-khôrp-dtêr

afweergeschut (het)	ปืนต่อสู้	bpeun dtòr sôo
	อากาศยาน	aa-gàat-sà-yaan
tank (de)	รถถัง	rót thǎng
kanon (tank met een ~	ปืนรถถัง	bpeun rót thǎng
van 76 mm)		

artillerie (de)	ปืนใหญ่	bpeun yài
kanon (het)	ปืน	bpeun
aanleggen (een wapen ~)	เล็งเป้าปืน	leng bpâo bpeun

projectiel (het)	กระสุน	grà-sǔn
mortiergranaat (de)	กระสุนปืนครก	grà-sǔn bpeun khrók
mortier (de)	ปืนครก	bpeun khrók
granaatscherf (de)	สะเก็ดระเบิด	sà-gèt rá-bèrt

duikboot (de)	เรือดำน้ำ	reua dam náam
torpedo (de)	ตอร์ปิโด	dtor-bpì-doh
raket (de)	ขีปนาวุธ	khěe-bpà-naa-wút

laden (geweer, kanon)	ใส่กระสุน	sài grà-sǔn
schieten (ww)	ยิง	ying
richten op (mikken)	เล็ง	leng
bajonet (de)	ดาบปลายปืน	dàap bplaai bpeun

degen (de)	เรเปียร์	ray-bpia
sabel (de)	ดาบโค้ง	dàap khóhng
speer (de)	หอก	hòrk
boog (de)	ธนู	thá-noo
pijl (de)	ลูกธนู	lôok-thá-noo
musket (de)	ปืนคาบศิลา	bpeun khâap sì-laa
kruisboog (de)	หน้าไม้	nâa máai

157. Oude mensen

primitief (bn)	แบบดั้งเดิม	bàep dâng derm
voorhistorisch (bn)	ยุคก่อนประวัติศาสตร์	yúk gòn bprà-wàt sàat
eeuwenoude (~ beschaving)	โบราณ	boh-raan

Steentijd (de)	ยุคหิน	yúk hǐn
Bronstijd (de)	ยุคสำริด	yúk sǎm-rít
IJstijd (de)	ยุคน้ำแข็ง	yúk nám khǎeng

stam (de)	เผ่า	phào
menseneter (de)	ผู้ที่กินเนื้อคน	phôo thêe gin néua khon

jager (de)	นักล่าสัตว์	nák lâa sàt
jagen (ww)	ล่าสัตว์	lâa sàt
mammoet (de)	ช้างแมมมอธ	cháang-maem-môt

grot (de)	ถ้ำ	thâm
vuur (het)	ไฟ	fai
kampvuur (het)	กองไฟ	gorng fai
rotstekening (de)	ภาพวาดในถ้ำ	phâap-wâat nai thâm

werkinstrument (het)	เครื่องมือ	khrêuang meu
speer (de)	หอก	hòrk
stenen bijl (de)	ขวานหิน	khwǎan hǐn
oorlog voeren (ww)	ทำสงคราม	tham sǒng-khraam
temmen (bijv. wolf ~)	เชื่อง	chêuang

idool (het)	เทวรูป	theu-rôop
aanbidden (ww)	บูชา	boo-chaa
bijgeloof (het)	ความเชื่องมงาย	khwaam chêua ngom-ngaai
ritueel (het)	พิธีกรรม	phí-thee gam

evolutie (de)	วิวัฒนาการ	wí-wát-thá-naa-gaan
ontwikkeling (de)	การพัฒนา	gaan phát-thá-naa
verdwijning (de)	การสูญพันธุ์	gaan sǒon phan
zich aanpassen (ww)	ปรับตัว	bpràp dtua

archeologie (de)	โบราณคดี	boh-raan khá-dee
archeoloog (de)	นักโบราณคดี	nák boh-raan-ná-khá-dee
archeologisch (bn)	ทางโบราณคดี	thaang boh-raan khá-dee

opgravingsplaats (de)	แหล่งขุดค้น	làeng khùt khón
opgravingen (mv.)	การขุดคน	gaan khùt khón
vondst (de)	สิ่งที่คนพบ	sìng thêe khón phóp
fragment (het)	เศษชิ้นส่วน	sàyt chín sùan

158. Middeleeuwen

volk (het)	ชาติพันธุ์	châat-dtì-phan
volkeren (mv.)	ชาติพันธุ์	châat-dtì-phan
stam (de)	เผ่า	phào
stammen (mv.)	เผา	phào

barbaren (mv.)	อนารยชน	à-naa-rá-yá-chon
Galliërs (mv.)	ชาวโกล	chaao gloh
Goten (mv.)	ชาวกอธ	chaao gòt
Slaven (mv.)	ชาวสลาฟ	chaao sà-làaf
Vikings (mv.)	ชาวไวกิ้ง	chaao wai-gîng

| Romeinen (mv.) | ชาวโรมัน | chaao roh-man |
| Romeins (bn) | โรมัน | roh-man |

Byzantijnen (mv.)	ชาวไบแชนไทน์	chaao bai-saen-tpai
Byzantium (het)	ไบแชนเทียม	bai-saen-thiam
Byzantijns (bn)	ไบแชนไทน์	bai-saen-thai
keizer (bijv. Romeinse ~)	จักรพรรดิ	jàk-grà-phát

opperhoofd (het)	ผู้นำ	phôo nam
machtig (bn)	ทรงพลัง	song phá-lang
koning (de)	มหากษัตริย์	má-hăa gà-sàt
heerser (de)	ผู้ปกครอง	phôo bpòk khrorng

ridder (de)	อัศวิน	àt-sà-win
feodaal (de)	เจ้าครองนคร	jâo khrorng ná-khon
feodaal (bn)	ระบบศักดินา	rá-bòp sàk-gà-dì naa
vazal (de)	เจ้าของที่ดิน	jâo khŏrng thêe din

hertog (de)	ดยุค	dà-yúk
graaf (de)	เอิร์ล	ern
baron (de)	บารอน	baa-rorn
bisschop (de)	พระบิชอป	phrá bì-chôp

harnas (het)	เกราะ	gròr
schild (het)	โล่	lôh
zwaard (het)	ดาบ	dàap
vizier (het)	กะบังหน้าของหมวก	gà-bang nâa khŏrng mùak
maliënkolder (de)	เสื้อเกราะถัก	sêua gròr thàk

| kruistocht (de) | สงครามครูเสด | sŏng-khraam khroo-sàyt |
| kruisvaarder (de) | ผู้ทำสงคราม ศาสนา | phôo tham sŏng-kraam sàat-sà-năa |

gebied (bijv. bezette ~en)	อาณาเขต	aa-naa khàyt
aanvallen (binnenvallen)	โจมตี	johm dtee
veroveren (ww)	ยึดครอง	yéut khrorng
innemen (binnenvallen)	บุกยึด	bùk yéut

bezetting (de)	การโอบล้อมโจมตี	gaan òhp lóm johm dtee
belegerd (bn)	ถูกล้อมกรอบ	thòok lóm gròp
belegeren (ww)	ล้อมโจมตี	lóm johm dtee

inquisitie (de)	การไต่สวน	gaan dtài sŭan
inquisiteur (de)	ผู้ไต่สวน	phôo dtài sŭan
foltering (de)	การทรมาน	gaan thor-rá-maan
wreed (bn)	โหดร้าย	hòht ráai
ketter (de)	ผู้นอกรีต	phôo nôrk rêet
ketterij (de)	ความนอกรีต	khwaam nôrk rêet

zeevaart (de)	การเดินเรือทะเล	gaan dern reua thá-lay
piraat (de)	โจรสลัด	john sà-làt
piraterij (de)	การปล้นสะดม ในน่านน้ำทะเล	gaan bplôn-sà-dom nai nâan náam thá-lay
enteren (het)	การบุกขึ้นเรือ	gaan bùk khêun reua
buit (de)	ของที่ปล้น สะดมมา	khŏrng têe bplôn-sà-dom maa
schatten (mv.)	สมบัติ	sŏm-bàt

| ontdekking (de) | การค้นพบ | gaan khón phóp |
| ontdekken (bijv. nieuw land) | ค้นพบ | khón phóp |

| expeditie (de) | การสำรวจ | gaan săm-rùat |
| musketier (de) | ทหารถือ ปืนคาบศิลา | thá-hăan thĕu bpeun khâap sì-laa |

kardinaal (de)	พระคาร์ดินัล	phrá khaa-dì-nan
heraldiek (de)	มุทราศาสตร์	mút-raa sàat
heraldisch (bn)	ทางมุทราศาสตร์	thaang mút-raa sàat

159. Leider. Baas. Autoriteiten

koning (de)	ราชา	raa-chaa
koningin (de)	ราชินี	raa-chí-nee
koninklijk (bn)	เกี่ยวกับราชวงศ์	gleow gàp râat-cha-wong
koninkrijk (het)	ราชอาณาจักร	râat aa-naa jàk

| prins (de) | เจ้าชาย | jâo chaai |
| prinses (de) | เจาหญิง | jâo yĭng |

president (de)	ประธานาธิบดี	bprà-thaa-naa-thí-bor-dee
vicepresident (de)	รองประธานาธิบดี	rorng bprà-thaa-naa-thí-bor-dee
senator (de)	สมาชิกวุฒิสภา	sà-maa-chík wút-thí sà-phaa

monarch (de)	กษัตริย์	gà-sàt
heerser (de)	ผู้ปกครอง	phôo bpòk khrorng
dictator (de)	เผด็จการ	phà-dèt gaan
tiran (de)	ทูรราช	thor-rá-râat
magnaat (de)	ผู้มีอิทธิพลสูง	phôo mee ìt-thí phon sŏong

directeur (de)	ผู้อำนวยการ	phôo am-nuay gaan
chef (de)	หัวหน้า	hŭa-nâa
beheerder (de)	ผู้จัดการ	phôo jàt gaan
baas (de)	หัวหน้า	hŭa-nâa
eigenaar (de)	เจาของ	jâo khŏrng

leider (de)	ผู้นำ	phôo nam
hoofd (bijv. ~ van de delegatie)	หัวหน้า	hŭa-nâa
autoriteiten (mv.)	เจ้าหน้าที่	jâo nâa-thêe
superieuren (mv.)	ผู้บังคับบัญชา	phôo bang-kháp ban-chaa

gouverneur (de)	ผู้ว่าการ	phôo wâa gaan
consul (de)	กงสุล	gong-sŭn
diplomaat (de)	นักการทูต	nák gaan thôot
burgemeester (de)	นายกเทศมนตรี	naa-yók thâyt-sà-mon-dtree
sheriff (de)	นายอำเภอ	naai am-pher

keizer (bijv. Romeinse ~)	จักรพรรดิ	jàk-grà-phát
tsaar (de)	ซาร์	saa
farao (de)	ฟาโรห์	faa-roh
kan (de)	ขาน	khàan

160. De wet overtreden. Criminelen. Deel 1

| bandiet (de) | โจร | john |
| misdaad (de) | อาชญากรรม | àat-yaa-gam |

misdadiger (de)	อาชญากร	àat-yaa-gon
dief (de)	ขโมย	khà-moi
stelen (ww)	ขโมย	khà-moi
stelen (de)	การลักขโมย	gaan lák khà-moi
diefstal (de)	การลักทรัพย์	gaan lák sáp
kidnappen (ww)	ลักพาตัว	lák phaa dtua
kidnapping (de)	การลักพาตัว	gaan lák phaa dtua
kidnapper (de)	ผู้ลักพาตัว	phôo lák phaa dtua
losgeld (het)	ค่าไถ่	khâa thài
eisen losgeld (ww)	เรียกเงินค่าไถ่	rîak ngern khâa thài
overvallen (ww)	ปล้น	bplôn
overval (de)	การปล้น	gaan bplôn
overvaller (de)	ขโมยขโจร	khà-moi khà-john
afpersen (ww)	รีดไถ	rêet thǎi
afperser (de)	ผู้รีดไถ	phôo rêet thǎi
afpersing (de)	การรีดไถ	gaan rêet thǎi
vermoorden (ww)	ฆ่า	khâa
moord (de)	ฆาตกรรม	khâat-dtà-gaam
moordenaar (de)	ฆาตกร	khâat-dtà-gon
schot (het)	การยิงปืน	gaan ying bpeun
een schot lossen	ยิง	ying
neerschieten (ww)	ยิงให้ตาย	ying hâi dtaai
schieten (ww)	ยิง	ying
schieten (het)	การยิง	gaan ying
ongeluk (gevecht, enz.)	เหตุการณ์	hàyt gaan
gevecht (het)	การต่อสู้	gaan dtòr sôo
Help!	ขอช่วย	khôr chûay
slachtoffer (het)	เหยื่อ	yèua
beschadigen (ww)	ทำความเสียหาย	tham khwaam sǐa hǎai
schade (de)	ความเสียหาย	khwaam sǐa hǎai
lijk (het)	ศพ	sòp
zwaar (~ misdrijf)	รายแรง	ráai raeng
aanvallen (ww)	จู่โจม	jòo johm
slaan (iemand ~)	ตี	dtee
in elkaar slaan (toetakelen)	ซ้อม	sórm
ontnemen (beroven)	ปล้น	bplôn
steken (met een mes)	แทงให้ตาย	thaeng hâi dtaai
verminken (ww)	ทำให้บาดเจ็บสาหัส	tham hâi bàat jèp sǎa hàt
verwonden (ww)	บาด	bàat
chantage (de)	การกรรโชก	gaan-gan-chôhk
chanteren (ww)	กรรโชก	gan-chôhk
chanteur (de)	ผู้ขูกรรโชก	phôo khòo gan-chôhk
afpersing (de)	การคุมครอง	gaan khum khrorng
	ผิดกฎหมาย	phìt gòt mǎai

afperser (de)	ผู้ที่หาเงิน จากกิจกรรมที่ ผิดกฎหมาย	phôo thêe hăa ngern jàak gìt-jà-gam thêe phìt gòt măai
gangster (de)	เหล่าร้าย	lào ráai
maffia (de)	มาเฟีย	maa-fia

kruimeldief (de)	ขโมยลัวงกระเป๋า	khà-moi lúang grà-bpăo
inbreker (de)	ขโมยยองเบา	khà-moi yông bao
smokkelen (het)	การลักลอบ	gaan lák-lôrp
smokkelaar (de)	ผู้ลักลอบ	phôo lák lôrp

namaak (de)	การปลอมแปลง	gaan bplorm bplaeng
namaken (ww)	ปลอมแปลง	bplorm bplaeng
namaak-, vals (bn)	ปลอม	bplorm

161. De wet overtreden. Criminelen. Deel 2

verkrachting (de)	การข่มขืน	gaan khòm khĕun
verkrachten (ww)	ขมขืน	khòm khĕun
verkrachter (de)	โจรขมขืน	john khòm khĕun
maniak (de)	คนบ้า	khon bâa

prostituee (de)	โสเภณี	sŏh-phay-nee
prostitutie (de)	การค้าประเวณี	gaan kháa bprà-way-nee
pooier (de)	แมงดา	maeng-daa

| drugsverslaafde (de) | ผู้ติดยาเสพติด | phôo dtìt yaa-sàyp-dtìt |
| drugshandelaar (de) | พอค้ายาเสพติด | phôr kháa yaa-sàyp-dtìt |

opblazen (ww)	ระเบิด	rá-bèrt
explosie (de)	การระเบิด	gaan rá-bèrt
in brand steken (ww)	เผา	phăo
brandstichter (de)	ผู้ลอบวางเพลิง	phôo lôp waang phlerng

terrorisme (het)	การก่อการร้าย	gaan gòr gaan ráai
terrorist (de)	ผู้ก่อการราย	phôo gòr gaan ráai
gijzelaar (de)	ตัวประกัน	dtua bprà-gan

bedriegen (ww)	ลอลวง	lôr luang
bedrog (het)	การลอลวง	gaan lôr luang
oplichter (de)	นักตมตุ๋น	nák dtôm dtŭn

omkopen (ww)	ติดสินบน	dtìt sĭn-bon
omkoperij (de)	การติดสินบน	gaan dtìt sĭn-bon
smeergeld (het)	สินบน	sĭn bon

vergif (het)	ยาพิษ	yaa phít
vergiftigen (ww)	วางยาพิษ	waang-yaa phít
vergif innemen (ww)	กินยาตาย	gin yaa dtaai

| zelfmoord (de) | การฆ่าตัวตาย | gaan khâa dtua dtaai |
| zelfmoordenaar (de) | ผู้ฆาตัวตาย | phôo khâa dtua dtaai |

| bedreigen
(bijv. met een pistool) | ขู่ | khòo |

bedreiging (de)	คำขู่	kham khòo
een aanslag plegen	พยายามฆ่า	phá-yaa-yaam khâa
aanslag (de)	การพยายามฆ่า	gaan phá-yaa-yaam khâa
stelen (een auto)	จี้	jêe
kapen (een vliegtuig)	จี้	jêe
wraak (de)	การแก้แค้น	gaan gâe kháen
wreken (ww)	แก้แค้น	gâe kháen
martelen (gevangenen)	ทรมาณ	thon-maan
foltering (de)	การทรมาน	gaan thor-rá-maan
folteren (ww)	ทำทารุณ	tam taa-run
piraat (de)	โจรสลัด	john sà-làt
straatschender (de)	นักเลง	nák-layng
gewapend (bn)	มีอาวุธ	mee aa-wút
geweld (het)	ความรุนแรง	khwaam run raeng
onwettig (strafbaar)	ผิดกฎหมาย	phìt gòt mǎai
spionage (de)	จารกรรม	jaa-rá-gam
spioneren (ww)	ล้วงความลับ	lúang khwaam láp

162. Politie. Wet. Deel 1

justitie (de)	ยุติธรรม	yút-dtì-tham
gerechtshof (het)	ศาล	sǎan
rechter (de)	ผู้พิพากษา	phôo phí-phâak-sǎa
jury (de)	ลูกขุน	lôok khǔn
juryrechtspraak (de)	การไต่สวนคดี	gaan dtài sǔan khá-dee
	แบบมีลูกขุน	bàep mee lôok khǔn
berechten (ww)	พิพากษา	phí-phâak-sǎa
advocaat (de)	ทนายความ	thá-naai khwaam
beklaagde (de)	จำเลย	jam loie
beklaagdenbank (de)	คอกจำเลย	khôrk jam loie
beschuldiging (de)	ข้อกล่าวหา	khôr glàao hǎa
beschuldigde (de)	ถูกกล่าวหา	thòok glàao hǎa
vonnis (het)	การลงโทษ	gaan long thôht
veroordelen	พิพากษา	phí-phâak-sǎa
(in een rechtszaak)		
schuldige (de)	ผู้กระทำความผิด	phôo grà-tham khwaam phìt
straffen (ww)	ลงโทษ	long thôht
bestraffing (de)	การลงโทษ	gaan long thôht
boete (de)	ปรับ	bpràp
levenslange opsluiting (de)	การจำคุก	gaan jam khúk
	ตลอดชีวิต	dtà-lòt chee-wít
doodstraf (de)	โทษประหาร	thôht-bprà-hǎan
elektrische stoel (de)	เก้าอี้ไฟฟ้า	gâo-êe fai-fáa
schavot (het)	ตะแลงแกง	dtà-laeng-gaeng

executeren (ww)	ประหาร	bprà-hăan
executie (de)	การประหาร	gaan bprà-hăan
gevangenis (de)	คุก	khúk
cel (de)	ห้องขัง	hôrng khăng

konvooi (het)	ผู้ควบคุมตัว	phôo khûap khum dtua
gevangenisbewaker (de)	ผู้คุม	phôo khum
gedetineerde (de)	นักโทษ	nák thôht

| handboeien (mv.) | กุญแจมือ | gun-jae meu |
| handboeien omdoen | ใส่กุญแจมือ | sài gun-jae meu |

ontsnapping (de)	การแหกคุก	gaan hàek khúk
ontsnappen (ww)	แหก	hàek
verdwijnen (ww)	หายตัวไป	hăai dtua bpai
vrijlaten (uit de gevangenis)	ถูกปล่อยตัว	thòok bplòi dtua
amnestie (de)	การนิรโทษกรรม	gaan ní-rá-thôht gam

politie (de)	ตำรวจ	dtam-rùat
politieagent (de)	เจ้าหน้าที่ตำรวจ	jâo nâa-thêe dtam-rùat
politiebureau (het)	สถานีตำรวจ	sà-thăa-nee dtam-rùat
knuppel (de)	กระบองตำรวจ	grà-bong dtam-rùat
megafoon (de)	โทรโข่ง	toh-ra -khòhng

patrouilleerwagen (de)	รถลาดตระเวน	rót lâat dtrà-wayn
sirene (de)	หวอ	wŏr
de sirene aansteken	เปิดหวอ	bpèrt wŏr
geloei (het) van de sirene	เสียงหวอ	sĭang wŏr

plaats delict (de)	ที่เกิดเหตุ	thêe gèrt hàyt
getuige (de)	พยาน	phá-yaan
vrijheid (de)	อิสระ	it-sà-rà
handlanger (de)	ผู้ร่วมกระทำผิด	phôo rûam grà-tham phìt
ontvluchten (ww)	หนี	nĕe
spoor (het)	รอยรอย	rông roi

163. Politie. Wet. Deel 2

opsporing (de)	การสืบสวน	gaan sèup sŭan
opsporen (ww)	หาตัว	hăa dtua
verdenking (de)	ความสงสัย	khwaam sŏng-săi
verdacht (bn)	น่าสงสัย	nâa sŏng-săi
aanhouden (stoppen)	เรียกให้หยุด	rîak hâi yùt
tegenhouden (ww)	กักตัว	gàk dtua

strafzaak (de)	คดี	khá-dee
onderzoek (het)	การสืบสวน	gaan sèup sŭan
detective (de)	นักสืบ	nák sèup
onderzoeksrechter (de)	นักสอบสวน	nák sòrp sŭan
versie (de)	สันนิษฐาน	săn-nít-thăan

motief (het)	เหตุจูงใจ	hàyt joong jai
verhoor (het)	การสอบปากคำ	gaan sòp bpàak kham
ondervragen (door de politie)	สอบสวน	sòrp sŭan

ondervragen (omstanders ~)	ไต่ถาม	thài thǎam
controle (de)	การตรวจสอบ	gaan dtrùat sòp
razzia (de)	การรวบตัว	gaan rûap dtua
huiszoeking (de)	การตรวจค้น	gaan dtrùat khón
achtervolging (de)	การไล่ล่า	gaan lâi lâa
achtervolgen (ww)	ไล่ล่า	lâi lâa
opsporen (ww)	สืบ	sèup

arrest (het)	การจับกุม	gaan jàp gum
arresteren (ww)	จับกุม	jàp gum
vangen, aanhouden (een dief, enz.)	จับ	jàp
aanhouding (de)	การจับ	gaan jàp

document (het)	เอกสาร	àyk sǎan
bewijs (het)	หลักฐาน	làk thǎan
bewijzen (ww)	พิสูจน์	phí-sòot
voetspoor (het)	รอยเท้า	roi tháo
vingerafdrukken (mv.)	รอยนิ้วมือ	roi níw meu
bewijs (het)	หลักฐาน	làk thǎan

alibi (het)	ข้อแก้ตัว	khôr gâe dtua
onschuldig (bn)	พ้นผิด	phón phìt
onrecht (het)	ความอยุติธรรม	khwaam a-yút-dtì-tam
onrechtvaardig (bn)	ไม่เป็นธรรม	mâi bpen-tham

crimineel (bn)	อาชญากร	àat-yaa-gon
confisqueren (in beslag nemen)	ยึด	yéut
drug (de)	ยาเสพติด	yaa sàyp dtìt
wapen (het)	อาวุธ	aa-wút
ontwapenen (ww)	ปลดอาวุธ	bplòt aa-wút
bevelen (ww)	ออกคำสั่ง	òrk kham sàng
verdwijnen (ww)	หายตัวไป	hǎai dtua bpai

wet (de)	กฎหมาย	gòt mǎai
wettelijk (bn)	ตามกฎหมาย	dtaam gòt mǎai
onwettelijk (bn)	ผิดกฎหมาย	phìt gòt mǎai

verantwoordelijkheid (de)	ความรับผิดชอบ	khwaam ráp phìt chôp
verantwoordelijk (bn)	รับผิดชอบ	ráp phìt chôp

NATUUR

De Aarde. Deel 1

164. De kosmische ruimte

kosmos (de)	อวกาศ	a-wá-gàat
kosmisch (bn)	ทางอวกาศ	thang a-wá-gàat
kosmische ruimte (de)	อวกาศ	a-wá-gàat
wereld (de)	โลก	lôhk
heelal (het)	จักรวาล	jàk-grà-waan
sterrenstelsel (het)	ดาราจักร	daa-raa jàk
ster (de)	ดาว	daao
sterrenbeeld (het)	กลุ่มดาว	glùm daao
planeet (de)	ดาวเคราะห์	daao khrór
satelliet (de)	ดาวเทียม	daao thiam
meteoriet (de)	ดาวตก	daao dtòk
komeet (de)	ดาวหาง	daao hǎang
asteroïde (de)	ดาวเคราะห์น้อย	daao khrór nói
baan (de)	วงโคจร	wong khoh-jon
draaien (om de zon, enz.)	เวียน	wian
atmosfeer (de)	บรรยากาศ	ban-yaa-gàat
Zon (de)	ดวงอาทิตย์	duang aa-thít
zonnestelsel (het)	ระบบสุริยะ	rá-bòp sù-rí-yá
zonsverduistering (de)	สุริยุปราคา	sù-rí-yú-bpà-raa-kaa
Aarde (de)	โลก	lôhk
Maan (de)	ดวงจันทร์	duang jan
Mars (de)	ดาวอังคาร	daao ang-khaan
Venus (de)	ดาวศุกร์	daao sùk
Jupiter (de)	ดาวพฤหัส	daao phá-réu-hàt
Saturnus (de)	ดาวเสาร์	daao sǎo
Mercurius (de)	ดาวพุธ	daao phút
Uranus (de)	ดาวยูเรนัส	daao-yoo-ray-nát
Neptunus (de)	ดาวเนปจูน	daao-nâyp-joon
Pluto (de)	ดาวพลูโต	daao phloo-dtoh
Melkweg (de)	ทางช้างเผือก	thaang cháang phèuak
Grote Beer (de)	กลุ่มดาวหมีใหญ่	glùm daao měe yài
Poolster (de)	ดาวเหนือ	daao něua
marsmannetje (het)	ชาวดาวอังคาร	chaao daao ang-khaan
buitenaards wezen (het)	มนุษยตางดาว	má-nút dtàang daao

bovenaards (het)	มนุษย์ต่างดาว	má-nút dtàang daao
vliegende schotel (de)	จานบิน	jaan bin
ruimtevaartuig (het)	ยานอวกาศ	yaan a-wá-gàat
ruimtestation (het)	สถานีอวกาศ	sà-thǎa-nee a-wá-gàat
start (de)	การปล่อยจรวด	gaan bplòi jà-rùat
motor (de)	เครื่องยนต์	khrêuang yon
straalpijp (de)	ท่อไอพ่น	thôr ai phôn
brandstof (de)	เชื้อเพลิง	chéua phlerng
cabine (de)	ที่นั่งคนขับ	thêe nâng khon khàp
antenne (de)	เสาอากาศ	sǎo aa-gàat
patrijspoort (de)	ช่อง	chôrng
zonnebatterij (de)	อุปกรณ์พลังงานแสงอาทิตย์	ù-bpà-gon phá-lang ngaan sǎeng aa-thít
ruimtepak (het)	ชุดอวกาศ	chút a-wá-gàat
gewichtloosheid (de)	สภาพไร้น้ำหนัก	sà-phâap rái nám nàk
zuurstof (de)	อ็อกซิเจน	ók sí jayn
koppeling (de)	การเทียบท่า	gaan thîap thâa
koppeling maken	เทียบทา	thîap thâa
observatorium (het)	หอดูดาว	hǒr doo daao
telescoop (de)	กล้องโทรทรรศน์	glôrng thoh-rá-thát
waarnemen (ww)	เฝ้าสังเกต	fâo sǎng-gàyt
exploreren (ww)	สำรวจ	sǎm-rùat

165. De Aarde

Aarde (de)	โลก	lôhk
aardbol (de)	ลูกโลก	lôok lôhk
planeet (de)	ดาวเคราะห์	daao khrór
atmosfeer (de)	บรรยากาศ	ban-yaa-gàat
aardrijkskunde (de)	ภูมิศาสตร์	phoo-mí-sàat
natuur (de)	ธรรมชาติ	tham-má-châat
wereldbol (de)	ลูกโลก	lôok lôhk
kaart (de)	แผนที่	phǎen thêe
atlas (de)	หนังสือแผนที่โลก	nǎng-sěu phǎen thêe lôhk
Europa (het)	ยุโรป	yú-ròhp
Azië (het)	เอเชีย	ay-chia
Afrika (het)	แอฟริกา	àef-rí-gaa
Australië (het)	ออสเตรเลีย	òrt-dtray-lia
Amerika (het)	อเมริกา	a-may-rí-gaa
Noord-Amerika (het)	อเมริกาเหนือ	a-may-rí-gaa něua
Zuid-Amerika (het)	อเมริกาใต้	a-may-rí-gaa dtâi
Antarctica (het)	แอนตาร์กติกา	aen-dtàak-dtì-gaa
Arctis (de)	อารกติค	àak-dtìk

166. Windrichtingen

noorden (het)	เหนือ	něua
naar het noorden	ทิศเหนือ	thít něua
in het noorden	ที่ภาคเหนือ	thêe phâak něua
noordelijk (bn)	ทางเหนือ	thaang něua

zuiden (het)	ใต้	dtâi
naar het zuiden	ทิศใต้	thít dtâi
in het zuiden	ที่ภาคใต้	thêe phâak dtâi
zuidelijk (bn)	ทางใต้	thaang dtâi

westen (het)	ตะวันตก	dtà-wan dtòk
naar het westen	ทิศตะวันตก	thít dtà-wan dtòk
in het westen	ที่ภาคตะวันตก	thêe phâak dtà-wan dtòk
westelijk (bn)	ทางตะวันตก	thaang dtà-wan dtòk

oosten (het)	ตะวันออก	dtà-wan òrk
naar het oosten	ทิศตะวันออก	thít dtà-wan òrk
in het oosten	ที่ภาคตะวันออก	thêe phâak dtà-wan òrk
oostelijk (bn)	ทางตะวันออก	thaang dtà-wan òrk

167. Zee. Oceaan

zee (de)	ทะเล	thá-lay
oceaan (de)	มหาสมุทร	má-hǎa sà-mùt
golf (baai)	อ่าว	àao
straat (de)	ช่องแคบ	chôrng khâep

| grond (vaste grond) | พื้นดิน | phéun din |
| continent (het) | ทวีป | thá-wêep |

eiland (het)	เกาะ	gòr
schiereiland (het)	คาบสมุทร	khâap sà-mùt
archipel (de)	หมู่เกาะ	mòo gòr

baai, bocht (de)	อ่าว	àao
haven (de)	ท่าเรือ	thâa reua
lagune (de)	ลากูน	laa-goon
kaap (de)	แหลม	lǎem

atol (de)	อะทอลล์	à-thorn
rif (het)	แนวปะการัง	naew bpà-gaa-rang
koraal (het)	ปะการัง	bpà gaa-rang
koraalrif (het)	แนวปะการัง	naew bpà-gaa-rang

diep (bn)	ลึก	léuk
diepte (de)	ความลึก	khwaam léuk
diepzee (de)	หุบเหวลึก	hùp wǎy léuk
trog (bijv. Marianentrog)	ร่องลึกก้นสมุทร	rông léuk gôn sà-mùt

| stroming (de) | กระแสน้ำ | grà-sǎe náam |
| omspoelen (ww) | ลอมรอบ | lórm rôrp |

| oever (de) | ชายฝั่ง | chaai fàng |
| kust (de) | ชายฝั่ง | chaai fàng |

vloed (de)	น้ำขึ้น	náam khêun
eb (de)	น้ำลง	náam long
ondiepte (ondiep water)	หาดตื้น	hàat dtêun
bodem (de)	กนทะเล	gôn thá-lay

golf (hoge ~)	คลื่น	khlêun
golfkam (de)	มวนคลื่น	múan khlêun
schuim (het)	ฟองคลื่น	forng khlêun

storm (de)	พายุ	phaa-yú
orkaan (de)	พายุเฮอร์ริเคน	phaa-yú her-rí-khayn
tsunami (de)	คลื่นยักษ์	khlêun yák
windstilte (de)	ภาวะไร้ลมพัด	phaa-wá rái lom phát
kalm (bijv. ~e zee)	สงบ	sà-ngòp

| pool (de) | ขั้วโลก | khûa lôhk |
| polair (bn) | ขั้วโลก | khûa lôhk |

breedtegraad (de)	เส้นรุ้ง	sên rúng
lengtegraad (de)	เส้นแวง	sên waeng
parallel (de)	เส้นขนาน	sên khà-nǎan
evenaar (de)	เสนศูนย์สูตร	sên sǒon sòot

hemel (de)	ท้องฟ้า	thórng fáa
horizon (de)	ขอบฟ้า	khòrp fáa
lucht (de)	อากาศ	aa-gàat

vuurtoren (de)	ประภาคาร	bprà-phaa-khaan
duiken (ww)	ดำ	dam
zinken (ov. een boot)	จม	jom
schatten (mv.)	สมบัติ	sǒm-bàt

168. Bergen

berg (de)	ภูเขา	phoo khǎo
bergketen (de)	ทิวเขา	thiw khǎo
gebergte (het)	สันเขา	sǎn khǎo

bergtop (de)	ยอดเขา	yôrt khǎo
bergpiek (de)	ยอด	yôrt
voet (ov. de berg)	ตีนเขา	dteun khǎo
helling (de)	ไหลเขา	lài khǎo

vulkaan (de)	ภูเขาไฟ	phoo khǎo fai
actieve vulkaan (de)	ภูเขาไฟมีพลัง	phoo khǎo fai mee phá-lang
uitgedoofde vulkaan (de)	ภูเขาไฟที่ดับแล้ว	phoo khǎo fai thêe dàp láew

uitbarsting (de)	ภูเขาไฟระเบิด	phoo khǎo fai rá-bèrt
krater (de)	ปลองภูเขาไฟ	bplòng phoo khǎo fai
magma (het)	หินหนืด	hǐn nèut
lava (de)	ลาวา	laa-waa

gloeiend (~e lava)	หลอมเหลว	lŏrm lĕo
kloof (canyon)	หุบเขาลึก	hùp khăo léuk
bergkloof (de)	ช่องเขา	chôrng khăo
spleet (de)	รอยแตกภูเขา	roi dtàek phoo khăo
afgrond (de)	หุบเหวลึก	hùp wăy léuk

bergpas (de)	ทางผ่าน	thaang phàan
plateau (het)	ที่ราบสูง	thêe râap sŏong
klip (de)	หน้าผา	nâa phăa
heuvel (de)	เนินเขา	nern khăo

gletsjer (de)	ธารน้ำแข็ง	thaan náam khăeng
waterval (de)	น้ำตก	nám dtòk
geiser (de)	น้ำพุร้อน	nám phú rórn
meer (het)	ทะเลสาบ	thá-lay sàap

vlakte (de)	ที่ราบ	thêe râap
landschap (het)	ภูมิทัศน์	phoom thát
echo (de)	เสียงสะท้อน	sĭang sà-thón

alpinist (de)	นักปีนเขา	nák bpeen khăo
bergbeklimmer (de)	นักไต่เขา	nák dtài khăo
trotseren (berg ~)	ไต่เขาถึงยอด	dtài khăo thĕung yôt
beklimming (de)	การปีนเขา	gaan bpeen khăo

169. Rivieren

rivier (de)	แม่น้ำ	mâe náam
bron (~ van een rivier)	แหล่งน้ำแร่	làeng náam râe
riverbedding (de)	เส้นทางแม่น้ำ	sên thaang mâe náam
rivierbekken (het)	ลุ่มน้ำ	lûm náam
uitmonden in ...	ไหลไปสู่...	lăi bpai sòo...

| zijrivier (de) | สาขา | săa-khăa |
| oever (de) | ฝั่งแม่น้ำ | fàng mâe náam |

stroming (de)	กระแสน้ำ	grà-săe náam
stroomafwaarts (bw)	ตามกระแสน้ำ	dtaam grà-săe náam
stroomopwaarts (bw)	ทวนน้ำ	thuan náam

overstroming (de)	น้ำท่วม	nám thûam
overstroming (de)	น้ำทวม	nám thûam
buiten zijn oevers treden	เอ่อล้น	èr lón
overstromen (ww)	ทวม	thûam

| zandbank (de) | บริเวณน้ำตื้น | bor-rí-wayn náam dtêun |
| stroomversnelling (de) | กระแสน้ำเชี่ยว | grà-săe nám-chîeow |

dam (de)	เขื่อน	khèuan
kanaal (het)	คลอง	khlorng
spaarbekken (het)	ที่เก็บกักน้ำ	thêe gèp gàk náam
sluis (de)	ประตูระบายน้ำ	bprà-dtoo rá-baai náam
waterlichaam (het)	พื้นน้ำ	phéun náam
moeras (het)	บึง	beung

broek (het)	หู้วย	hûay
draaikolk (de)	น้ำวน	nám won
stroom (de)	ลำธาร	lam thaan
drink- (abn)	นู้าดื่มได้	nám dèum dâai
zoet (~ water)	น้ำจืด	nám jèut
ijs (het)	น้ำแข็ง	nám khǎeng
bevriezen (rivier, enz.)	แช่แข็ง	châe khǎeng

170. Bos

bos (het)	ป่าไม้	bpàa máai
bos- (abn)	ป่า	bpàa
oerwoud (dicht bos)	ป่าทึบ	bpàa théup
bosje (klein bos)	ป่าละเมาะ	bpàa lá-mór
open plek (de)	ทุ่งโล่ง	thûng lôhng
struikgewas (het)	ป่าละเมาะ	bpàa lá-mór
struiken (mv.)	ป่าละเมาะ	bpàa lá-mór
paadje (het)	ทางเดิน	thaang dern
ravijn (het)	ร่องธาร	rông thaan
boom (de)	ต้นไม้	dtôn máai
blad (het)	ใบไม้	bai máai
gebladerte (het)	ใบไม้	bai máai
vallende bladeren (mv.)	ใบไม้ร่วง	bai máai rûang
vallen (ov. de bladeren)	ร่วง	rûang
boomtop (de)	ยอด	yôrt
tak (de)	กิ่ง	gìng
ent (de)	กานไม้	gâan mái
knop (de)	ยอดอ่อน	yôrt òrn
naald (de)	เข็ม	khěm
dennenappel (de)	ลูกสน	lôok sǒn
boom holte (de)	โพรงไม้	phrohng máai
nest (het)	รัง	rang
hol (het)	โพรง	phrohng
stam (de)	ลำต้น	lam dtôn
wortel (bijv. boom~s)	ราก	râak
schors (de)	เปลือกไม้	bplèuak máai
mos (het)	มอส	môt
ontwortelen (een boom)	ถอนราก	thǒrn râak
kappen (een boom ~)	โค่น	khôhn
ontbossen (ww)	ตัดไม้ทำลายป่า	dtàt mái tham laai bpàa
stronk (de)	ตอไม้	dtor máai
kampvuur (het)	กองไฟ	gorng fai
bosbrand (de)	ไฟป่า	fai bpàa

blussen (ww)	ดับไฟ	dàp fai
boswachter (de)	เจ้าหน้าที่ดูแลป่า	jâo nâa-thêe doo lae bpàa
bescherming (de)	การปกป้อง	gaan bpòk bpôrng
beschermen	ปกป้อง	bpòk bpôrng
(bijv. de natuur ~)		
stroper (de)	นักลอบล่าสัตว์	nák lôrp lâa sàt
val (de)	กับดักเหล็ก	gàp dàk lèk
plukken (vruchten, enz.)	เก็บ	gèp
verdwalen (de weg kwijt zijn)	หลงทาง	lŏng thaang

171. Natuurlijke hulpbronnen

natuurlijke rijkdommen (mv.)	ทรัพยากร ธรรมชาติ	sáp-pá-yaa-gon tham-má-châat
delfstoffen (mv.)	แร่	râe
lagen (mv.)	ตะกอน	dtà-gorn
veld (bijv. olie~)	บ่อ	bòr
winnen (uit erts ~)	ขุดแร่	khùt râe
winning (de)	การขุดแร่	gaan khùt râe
erts (het)	แร่	râe
mijn (bijv. kolenmijn)	เหมืองแร่	měuang râe
mijnschacht (de)	ช่องเหมือง	chôrng měuang
mijnwerker (de)	คนงานเหมือง	khon ngaan měuang
gas (het)	แก๊ส	gáet
gasleiding (de)	ท่อแก๊ส	thôr gáet
olie (aardolie)	น้ำมัน	nám man
olieleiding (de)	ท่อน้ำมัน	thôr náam man
oliebron (de)	บ่อน้ำมัน	bòr náam man
boortoren (de)	ปั้นจั่นขนาดใหญ่	bpân jàn khà-nàat yài
tanker (de)	เรือบรรทุกน้ำมัน	reua ban-thúk nám man
zand (het)	ทราย	saai
kalksteen (de)	หินปูน	hǐn bpoon
grind (het)	กรวด	grùat
veen (het)	พีต	phêet
klei (de)	ดินเหนียว	din nǐeow
steenkool (de)	ถ่านหิน	thàan hǐn
ijzer (het)	เหล็ก	lèk
goud (het)	ทอง	thorng
zilver (het)	เงิน	ngern
nikkel (het)	นิเกิล	ní-gêrn
koper (het)	ทองแดง	thorng daeng
zink (het)	สังกะสี	săng-gà-sěe
mangaan (het)	แมงกานีส	maeng-gaa-nêet
kwik (het)	ปรอท	bpa -ròrt
lood (het)	ตะกั่ว	dtà-gùa
mineraal (het)	แร่	râe
kristal (het)	ผลึก	phà-lèuk

| marmer (het) | หินอ่อน | hĭn òrn |
| uraan (het) | ยูเรเนียม | yoo-ray-niam |

De Aarde. Deel 2

172. Weer

weer (het)	สภาพอากาศ	sà-phâap aa-gàat
weersvoorspelling (de)	พยากรณ์	phá-yaa-gon
	สภาพอากาศ	sà-phâap aa-gàat
temperatuur (de)	อุณหภูมิ	un-hà-phoom
thermometer (de)	ปรอทวัดอุณหภูมิ	bpà-ròrt wát un-hà-phoom
barometer (de)	เครื่องวัดความดัน	khrêuang wát khwaam dan
	บรรยากาศ	ban-yaa-gàat
vochtig (bn)	ชื้น	chéun
vochtigheid (de)	ความชื้น	khwaam chéun
hitte (de)	ความร้อน	khwaam rórn
heet (bn)	ร้อน	rórn
het is heet	มันร้อน	man rórn
het is warm	มันอุ่น	man ùn
warm (bn)	อุ่น	ùn
het is koud	อากาศเย็น	aa-gàat yen
koud (bn)	เย็น	yen
zon (de)	ดวงอาทิตย์	duang aa-thít
schijnen (de zon)	ส่องแสง	sòrng sǎeng
zonnig (~e dag)	มีแสงแดด	mee sǎeng dàet
opgaan (ov. de zon)	ขึ้น	khêun
ondergaan (ww)	ตก	dtòk
wolk (de)	เมฆ	mâyk
bewolkt (bn)	มีเมฆมาก	mee mâyk mâak
regenwolk (de)	เมฆฝน	mâyk fǒn
somber (bn)	มืดครึ้ม	mêut khréum
regen (de)	ฝน	fǒn
het regent	ฝนตก	fǒn dtòk
regenachtig (bn)	ฝนตก	fǒn dtòk
motregenen (ww)	ฝนปรอย	fòn bproi
plensbui (de)	ฝนตกหนัก	fǒn dtòk nàk
stortbui (de)	ฝนหาใหญ่	fǒn hàa yài
hard (bn)	หนัก	nàk
plas (de)	หลมน้ำ	lòm nám
nat worden (ww)	เปียก	bpìak
mist (de)	หมอก	mòrk
mistig (bn)	หมอกจัด	mòrk jàt
sneeuw (de)	หิมะ	hì-má
het sneeuwt	หิมะตก	hì-má dtòk

173. Zwaar weer. Natuurrampen

noodweer (storm)	พายุฟ้าคะนอง	phaa-yú fáa khá-nong
bliksem (de)	ฟ้าผ่า	fáa phàa
flitsen (ww)	แลบ	lâep

donder (de)	ฟ้าคะนอง	fáa khá-norng
donderen (ww)	มีฟ้าคะนอง	mee fáa khá-norng
het dondert	มีฟ้าร้อง	mee fáa rórng

| hagel (de) | ลูกเห็บ | lôok hèp |
| het hagelt | มีลูกเห็บตก | mee lôok hèp dtòk |

| overstromen (ww) | ท่วม | thûam |
| overstroming (de) | น้ำท่วม | nám thûam |

aardbeving (de)	แผ่นดินไหว	phàen din wǎi
aardschok (de)	ไหว	wǎi
epicentrum (het)	จุดเหนือศูนย์แผ่นดินไหว	jùt něua sǒon phàen din wǎi

| uitbarsting (de) | ภูเขาไฟระเบิด | phoo khǎo fai rá-bèrt |
| lava (de) | ลาวา | laa-waa |

wervelwind (de)	พายุหมุน	phaa-yú mǔn
windhoos (de)	พายุทอร์นาโด	phaa-yú thor-nay-doh
tyfoon (de)	พายุไต้ฝุ่น	phaa-yú dtâi fùn

orkaan (de)	พายุเฮอร์ริเคน	phaa-yú her-rí-khayn
storm (de)	พายุ	phaa-yú
tsunami (de)	คลื่นสึนามิ	khlêun sèu-naa-mí

cycloon (de)	พายุไซโคลน	phaa-yú sai-khlohn
onweer (het)	อากาศไม่ดี	aa-gàat mâi dee
brand (de)	ไฟไหม้	fai mâi
ramp (de)	ความหายนะ	khwaam hǎa-yá-ná
meteoriet (de)	อุกกาบาต	ùk-gaa-bàat

lawine (de)	หิมะถล่ม	hì-má thà-lòm
sneeuwverschuiving (de)	หิมะถลม	hì-má thà-lòm
sneeuwjacht (de)	พายุหิมะ	phaa-yú hì-má
sneeuwstorm (de)	พายุหิมะ	phaa-yú hì-má

Fauna

174. Zoogdieren. Roofdieren

roofdier (het)	สัตว์กินเนื้อ	sàt gin néua
tijger (de)	เสือ	sěua
leeuw (de)	สิงโต	sǐng dtoh
wolf (de)	หมาป่า	mǎa bpàa
vos (de)	หมาจิ้งจอก	mǎa jîng-jòk
jaguar (de)	เสือจากัวร์	sěua jaa-gua
luipaard (de)	เสือดาว	sěua daao
jachtluipaard (de)	เสือชีตาห์	sěua chee-dtaa
panter (de)	เสือดำ	sěua dam
poema (de)	สิงโตภูเขา	sǐng-dtoh phoo khǎo
sneeuwluipaard (de)	เสือดาวหิมะ	sěua daao hì-má
lynx (de)	แมวป่า	maew bpàa
coyote (de)	โคโยตี้	khoh-yoh-dtêe
jakhals (de)	หมาจิ้งจอกทอง	mǎa jîng-jòk thorng
hyena (de)	ไฮยีนา	hai-yee-naa

175. Wilde dieren

dier (het)	สัตว์	sàt
beest (het)	สัตว์	sàt
eekhoorn (de)	กระรอก	grà rôk
egel (de)	เม่น	mâyn
haas (de)	กระต่ายป่า	grà-dtàai bpàa
konijn (het)	กระต่าย	grà-dtàai
das (de)	แบดเจอร์	baet-jer
wasbeer (de)	แร็คคูน	ráek khoon
hamster (de)	หนูแฮมสเตอร์	nǒo haem-sà-dtêr
marmot (de)	มาร์มอต	maa-môt
mol (de)	ตุ่น	dtùn
muis (de)	หนู	nǒo
rat (de)	หนู	nǒo
vleermuis (de)	ค้างคาว	kháang khaao
hermelijn (de)	เออร์มิน	er-min
sabeldier (het)	เซเบิล	say bern
marter (de)	มาร์เทิน	maa thern
wezel (de)	เพียงพอนสีน้ำตาล	phiang phon sěe nám dtaan
nerts (de)	เพียงพอน	phiang phorn

| bever (de) | บีเวอร์ | bee-wer |
| otter (de) | นาก | nâak |

paard (het)	ม้า	máa
eland (de)	กวางมูส	gwaang môot
hert (het)	กวาง	gwaang
kameel (de)	อูฐ	òot

bizon (de)	วัวป่า	wua bpàa
wisent (de)	วัวป่าออรอช	wua bpàa or rôt
buffel (de)	ควาย	khwaai

zebra (de)	ม้าลาย	máa laai
antilope (de)	แอนทีโลป	aen-thi-lòp
ree (de)	กวางโรเดียร์	gwaang roh-dia
damhert (het)	กวางแฟลโลว์	gwaang flae-loh
gems (de)	เลียงผา	liang-phǎa
everzwijn (het)	หมูป่า	mǒo bpàa

walvis (de)	วาฬ	waan
rob (de)	แมวน้ำ	maew náam
walrus (de)	ช้างน้ำ	cháang náam
zeebeer (de)	แมวน้ำมีขน	maew náam mee khǒn
dolfijn (de)	โลมา	loh-maa

beer (de)	หมี	měe
ijsbeer (de)	หมีขั้วโลก	měe khûa lôhk
panda (de)	หมีแพนดา	měe phaen-dâa

aap (de)	ลิง	ling
chimpansee (de)	ลิงชิมแปนซี	ling chim-bpaen-see
orang-oetan (de)	ลิงอุรังอุตัง	ling u-rang-u-dtang
gorilla (de)	ลิงกอริลลา	ling gor-rin-lâa
makaak (de)	ลิงแม็กแคก	ling mâk-khâk
gibbon (de)	ชะนี	chá-nee

olifant (de)	ช้าง	cháang
neushoorn (de)	แรด	râet
giraffe (de)	ยีราฟ	yee-râaf
nijlpaard (het)	ฮิปโปโปเตมัส	híp-bpoh-bpoh-dtay-mát

| kangoeroe (de) | จิงโจ้ | jing-jôh |
| koala (de) | หมีโคอาล่า | měe khoh aa lâa |

mangoest (de)	พังพอน	phang phon
chinchilla (de)	คินคิลลา	khin-khin laa
stinkdier (het)	สกังก์	sà-gang
stekelvarken (het)	เมน	mâyn

176. Huisdieren

poes (de)	แมวตัวเมีย	maew dtua mia
kater (de)	แมวตัวผู้	maew dtua phôo
hond (de)	สุนัข	sù-nák

paard (het)	ม้า	máa
hengst (de)	ม้าตัวผู้	máa dtua phôo
merrie (de)	ม้าตัวเมีย	máa dtua mia

koe (de)	วัว	wua
bul, stier (de)	กระทิง	grà-thing
os (de)	วัว	wua

schaap (het)	แกะตัวเมีย	gàe dtua mia
ram (de)	แกะตัวผู้	gàe dtua phôo
geit (de)	แพะตัวเมีย	pháe dtua mia
bok (de)	แพะตัวผู้	pháe dtua phôo

| ezel (de) | ลา | laa |
| muilezel (de) | ลอ | lôr |

varken (het)	หมู	mŏo
biggetje (het)	ลูกหมู	lôok mŏo
konijn (het)	กระต่าย	grà-dtàai

| kip (de) | ไก่ตัวเมีย | gài dtua mia |
| haan (de) | ไก่ตัวผู้ | gài dtua phôo |

eend (de)	เป็ดตัวเมีย	bpèt dtua mia
woerd (de)	เป็ดตัวผู้	bpèt dtua phôo
gans (de)	ห่าน	hàan

| kalkoen haan (de) | ไก่งวงตัวผู้ | gài nguang dtua phôo |
| kalkoen (de) | ไก่งวงตัวเมีย | gài nguang dtua mia |

huisdieren (mv.)	สัตว์เลี้ยง	sàt líang
tam (bijv. hamster)	เลี้ยง	líang
temmen (tam maken)	เชื่อง	chêuang
fokken (bijv. paarden ~)	ขยายพันธุ์	khà-yăai phan

boerderij (de)	ฟาร์ม	faam
gevogelte (het)	สัตว์ปีก	sàt bpèek
rundvee (het)	วัวควาย	wua khwaai
kudde (de)	ฝูง	fŏong

paardenstal (de)	คอกม้า	khôrk máa
zwijnenstal (de)	คอกหมู	khôrk mŏo
koeienstal (de)	คอกวัว	khôrk wua
konijnenhok (het)	คอกกระต่าย	khôrk grà-dtàai
kippenhok (het)	เล้าไก่	láo gài

177. Honden. Hondenrassen

hond (de)	สุนัข	sù-nák
herdershond (de)	สุนัขเลี้ยงแกะ	sù-nák líang gàe
Duitse herdershond (de)	เยอรมันเชฟเฟิร์ด	yer-rá-man chayf-fêrt
poedel (de)	พูเดิล	phoo dêrn
teckel (de)	ดัชชุน	dàt chun
buldog (de)	บูลด็อก	boon dòrk

boxer (de)	บ็อกเซอร์	bòk-sêr
mastiff (de)	มัสตีฟ	mát-dtèef
rottweiler (de)	ร็อตไวเลอร์	rót-wai-ler
doberman (de)	โดเบอร์แมน	doh-ber-maen
basset (de)	บาสเซ็ต	bàat-sét
bobtail (de)	บ็อบเทล	bòp-thayn
dalmatièr (de)	ดัลเมเชียน	dan-may-chian
cockerspanièl (de)	ค็อกเกอรสเปเนียล	khórk-gêr sà-bpay-nian
Newfoundlander (de)	นิวฟาวน์ดฮาวน์ดแลนด์	niw-faao-dà-haao-dà-lǎen
sint-bernard (de)	เซนตเบอรนารด	sayn ber nâat
husky (de)	ฮัสกี้	hát-gêe
chowchow (de)	เซาเซา	chao chao
spits (de)	สุปิตซ	sà-bpìt
mopshond (de)	ปัก	bpák

178. Dierengeluiden

geblaf (het)	เสี่ยงเห่า	sìang hào
blaffen (ww)	เห่า	hào
miauwen (ww)	รองเหมียว	rórng mǐeow
spinnen (katten)	ทำเสี่ยงคราง	tham sìang khraang
loeien (ov. een koe)	ร้องมอๆ	rórng mor mor
brullen (stier)	สงเสียงคำราม	sòng sǐang kham-raam
grommen (ov. de honden)	โฮก	hôhk
gehuil (het)	เสียงหอน	sǐang hǒn
huilen (wolf, enz.)	หอน	hǒrn
janken (ov. een hond)	ครางหงิงๆ	khraang ngǐng ngǐng
mekkeren (schapen)	ร้องแบะๆ	rórng bàe bàe
knorren (varkens)	ร้องอูดๆ	rórng ùùt ùùt
gillen (bijv. varken)	รองเสียงแหลม	rórng sǐang lǎem
kwaken (kikvorsen)	ร้องอ๊บๆ	rórng ôp ôp
zoemen (hommel, enz.)	หึ่ง	hèung
tjirpen (sprinkhanen)	ทำเสียงจอกแจก	tham sǐang jòrk jáek

179. Vogels

vogel (de)	นก	nók
duif (de)	นกพิราบ	nók phí-râap
mus (de)	นกกระจิบ	nók grà-jìp
koolmees (de)	นกติ๊ด	nók dtít
ekster (de)	นกสาลิกา	nók sǎa-lí gaa
raaf (de)	นกอีกา	nók ee-gaa
kraai (de)	นกกา	nók gaa
kauw (de)	นกจำพวกกา	nók jam phûak gaa

roek (de)	นกการู๊ค	nók gaa róok
eend (de)	เป็ด	bpèt
gans (de)	ห่าน	hàan
fazant (de)	ไก่ฟ้า	gài fáa

arend (de)	นกอินทรี	nók in-see
havik (de)	นกเหยี่ยว	nók yìeow
valk (de)	นกเหยี่ยว	nók yìeow

| gier (de) | นกแร้ง | nók ráeng |
| condor (de) | นกแรงขนาดใหญ่ | nók ráeng kà-nàat yài |

zwaan (de)	นกหงส์	nók hŏng
kraanvogel (de)	นกกระเรียน	nók grà rian
ooievaar (de)	นกกระสา	nók grà-săa

papegaai (de)	นกแก้ว	nók gâew
kolibrie (de)	นกฮัมมิ่งเบิร์ด	nók ham-mîng-bèrt
pauw (de)	นกยูง	nók yoong

| struisvogel (de) | นกกระจอกเทศ | nók grà-jòrk-thâyt |
| reiger (de) | นกยาง | nók yaang |

| flamingo (de) | นกฟลามิงโก | nók flaa-ming-goh |
| pelikaan (de) | นกกระทุง | nók-grà-thung |

| nachtegaal (de) | นกไนติงเกล | nók-nai-dting-gayn |
| zwaluw (de) | นกนางแอ่น | nók naang-àen |

lijster (de)	นกเดินดง	nók dern dong
zanglijster (de)	นกเดินดงร้องเพลง	nók dern dong rórng phlayng
merel (de)	นกเดินดงสีดำ	nók-dern-dong sĕe dam

gierzwaluw (de)	นกแอ่น	nók àen
leeuwerik (de)	นกลาร์ค	nók lâak
kwartel (de)	นกคุ่ม	nók khûm

specht (de)	นกหัวขวาน	nók hŭa khwăn
koekoek (de)	นกดุเหว่า	nók dù hăy wâa
uil (de)	นกฮูก	nók hôok
oehoe (de)	นกเค้าใหญ่	nók kháo yài
auerhoen (het)	ไก่ป่า	gài bpàa

| korhoen (het) | ไก่ดำ | gài dam |
| patrijs (de) | นกกระทา | nók-grà-thaa |

spreeuw (de)	นกกิ้งโครง	nók-gîng-khrohng
kanarie (de)	นกขมิ้น	nók khà-mîn
hazelhoen (het)	ไก่น้ำตาล	gài nám dtaan

| vink (de) | นกจาบ | nók-jàap |
| goudvink (de) | นกบูลฟินช์ | nók boon-fin |

meeuw (de)	นกนางนวล	nók naang-nuan
albatros (de)	นกอัลบาทรอส	nók an-baa-thrôt
pinguïn (de)	นกเพนกวิน	nók phayn-gwin

180. Vogels. Zingen en geluiden

fluiten, zingen (ww)	ร้องเพลง	rórng phlayng
schreeuwen (dieren, vogels)	ร้อง	rórng
kraaien (ov. een haan)	ร้องขัน	rórng khǎn
kukeleku	เสียงขัน	sǐang khǎn
klokken (hen)	ร้องกุ๊กๆ	rórng gúk gúk
krassen (kraai)	ร้องเสียงกาๆ	rórng sǐang gaa gaa
kwaken (eend)	ร้องกาบๆ	rórng gâap gâap
piepen (kuiken)	ร้องเสียงจิ๊บ ๆ	rórng sǐang jíp jíp
tjilpen (bijv. een mus)	รองจอกแจก	rórng jòk jáek

181. Vis. Zeedieren

brasem (de)	ปลาบรีม	bplaa bpreem
karper (de)	ปลาคาร์ป	bplaa khâap
baars (de)	ปลาเพิร์ช	bplaa phêrt
meerval (de)	ปลาดุก	bplaa-dùk
snoek (de)	ปลาไพค์	bplaa phai
zalm (de)	ปลาแซลมอน	bplaa saen-morn
steur (de)	ปลาสเตอร์เจียน	bpláa sà-dtêr jian
haring (de)	ปลาเฮอร์ริง	bplaa her-ring
atlantische zalm (de)	ปลาแซลมอนแอตแลนติก	bplaa saen-mon àet-laen-dtìk
makreel (de)	ปลาซาบะ	bplaa saa-bà
platvis (de)	ปลาลิ้นหมา	bplaa lín-mǎa
snoekbaars (de)	ปลาไพค์เพิร์ช	bplaa phái phert
kabeljauw (de)	ปลาค็อด	bplaa khót
tonijn (de)	ปลาทูน่า	bplaa thoo-nâa
forel (de)	ปลาเทราท์	bplaa thrau
paling (de)	ปลาไหล	bplaa lǎi
sidderrog (de)	ปลากระเบนไฟฟ้า	bplaa grà-bayn-fai-fáa
murene (de)	ปลาไหลมอเรย์	bplaa lǎi mor-ray
piranha (de)	ปลาปิรันยา	bplaa bpì-ran-yâa
haai (de)	ปลาฉลาม	bplaa chà-lǎam
dolfijn (de)	โลมา	loh-maa
walvis (de)	วาฬ	waan
krab (de)	ปู	bpoo
kwal (de)	แมงกะพรุน	maeng gà-phrun
octopus (de)	ปลาหมึก	bplaa mèuk
zeester (de)	ปลาดาว	bplaa daao
zee-egel (de)	หอยุเมน	hǒi mâyn
zeepaardje (het)	ม้าน้ำ	máa nám
oester (de)	หอยนางรม	hǒi naang rom
garnaal (de)	กุ้ง	gûng

| kreeft (de) | กุ้งมังกร | gûng mang-gon |
| langoest (de) | กุงมังกร | gûng mang-gon |

182. Amfibieën. Reptielen

| slang (de) | งู | ngoo |
| giftig (slang) | พิษ | phít |

adder (de)	งูแมวเซา	ngoo maew sao
cobra (de)	งูเห่า	ngoo hào
python (de)	งูเหลือม	ngoo lĕuam
boa (de)	งูโบอา	ngoo boh-aa

ringslang (de)	งูเล็กที่ไม่เป็นอันตราย	ngoo lék thêe mâi bpen an-dtà-raai
ratelslang (de)	งูหางกระดิ่ง	ngoo hăang grà-dìng
anaconda (de)	งูอนาคอนดา	ngoo a -naa-khon-daa

hagedis (de)	กิ้งก่า	gîng-gàa
leguaan (de)	อีกัวนา	ee gua naa
varaan (de)	กิ้งกามอนิเตอร์	gîng-gàa mor-ní-dtêr
salamander (de)	ซาลาแมนเดอร์	saa-laa-maen-dêr
kameleon (de)	กิ้งกาคามิเลียน	gîng-gàa khaa-mí-lian
schorpioen (de)	แมงป่อง	maeng bpòrng

schildpad (de)	เต่า	dtào
kikker (de)	กบ	gòp
pad (de)	คางคก	khaang-kók
krokodil (de)	จระเข้	jor-rá-khây

183. Insecten

insect (het)	แมลง	má-laeng
vlinder (de)	ผีเสื้อ	phĕe sêua
mier (de)	มด	mót
vlieg (de)	แมลงวัน	má-laeng wan
mug (de)	ยุง	yung
kever (de)	แมลงปีกแข็ง	má-laeng bpèek khăeng

wesp (de)	ต่อ	dtòr
bij (de)	ผึ้ง	phêung
hommel (de)	ผึ้งบัมเบิลบี	phêung bam-bern bee
horzel (de)	เหลือบ	lèuap

| spin (de) | แมงมุม | maeng mum |
| spinnenweb (het) | ใยแมงมุม | yai maeng mum |

libel (de)	แมลงปอ	má-laeng bpor
sprinkhaan (de)	ตั๊กแตน	dták-gà-dtaen
nachtvlinder (de)	ผีเสื้อกลางคืน	phĕe sêua glaang kheun
kakkerlak (de)	แมลงสาบ	má-laeng sàap
teek (de)	เห็บ	hèp

| vlo (de) | หมัด | màt |
| kriebelmug (de) | ริ้น | rín |

treksprinkhaan (de)	ตั๊กแตน	dták-gà-dtaen
slak (de)	หอยทาก	hŏi thâak
krekel (de)	จิ้งหรีด	jîng-rèet
glimworm (de)	หิ่งห้อย	hìng-hôi
lieveheersbeestje (het)	แมลงเต่าทอง	má-laeng dtào thorng
meikever (de)	แมงอีนูน	maeng ee noon

bloedzuiger (de)	ปูลิง	bpling
rups (de)	มุ้ง	bûng
aardworm (de)	ไส้เดือน	sâi deuan
larve (de)	ตัวอ่อน	dtua òrn

184. Dieren. Lichaamsdelen

snavel (de)	จงอยปาก	ja-ngoi bpàak
vleugels (mv.)	ปีก	bpèek
poot (ov. een vogel)	เท้า	tháo
verenkleed (het)	ขนนก	khŏn nók
veer (de)	ขนนก	khŏn nók
kuifje (het)	ขนหัว	khŏn hŭa

kieuwen (mv.)	เหงือก	ngèuak
kuit, dril (de)	ไข่ปลา	khài-bplaa
larve (de)	ตัวอ่อน	dtua òrn
vin (de)	ครีบ	khrêep
schubben (mv.)	เกล็ด	glèt

slagtand (de)	เขี้ยว	khîeow
poot (bijv. ~ van een kat)	เท้า	tháo
muil (de)	จมูกและปาก	jà-mòok láe bpàak
bek (mond van dieren)	ปาก	bpàak
staart (de)	หาง	hăang
snorharen (mv.)	หนวด	nùat

| hoef (de) | กีบ | gèep |
| hoorn (de) | เขา | khăo |

schild (schildpad, enz.)	กระดอง	grà dorng
schelp (de)	เปลือก	bplèuak
eierschaal (de)	เปลือกไข่	bplèuak khài

| vacht (de) | ขน | khŏn |
| huid (de) | หนัง | năng |

185. Dieren. Leefomgevingen

leefgebied (het)	ที่อยู่อาศัย	thêe yòo aa-săi
migratie (de)	การอพยพ	gaan òp-phá-yóp
berg (de)	ภูเขา	phoo khăo

rif (het)	แนวปะการัง	naew bpà-gaa-rang
klip (de)	หนาผา	nâa phăa
bos (het)	ป่า	bpàa
jungle (de)	ป่าดิบชื้น	bpàa dìp chéun
savanne (de)	สะวันนา	sà wan naa
toendra (de)	ทันดรา	than-draa
steppe (de)	ทุ่งหญ้าสเตปป์	thûng yâa sà-dtàyp
woestijn (de)	ทะเลทราย	thá-lay saai
oase (de)	โอเอซิส	oh-ay-sít
zee (de)	ทะเล	thá-lay
meer (het)	ทะเลสาบ	thá-lay sàap
oceaan (de)	มหาสมุทร	má-hăa sà-mùt
moeras (het)	บึง	beung
zoetwater- (abn)	น้ำจืด	nám jèut
vijver (de)	บอน้ำ	bòr náam
rivier (de)	แมน้ำ	mâe náam
berenhol (het)	ถ้ำสัตว์	thâm sàt
nest (het)	รัง	rang
boom holte (de)	โพรงไม้	phrohng máai
hol (het)	โพรง	phrohng
mierenhoop (de)	รังมด	rang mót

Flora

186. Bomen

boom (de)	ต้นไม้	dtôn máai
loof- (abn)	ผลัดใบ	phlàt bai
dennen- (abn)	สน	săn
groenblijvend (bn)	ซึ่งเขียวชอุ่ม ตลอดปี	sêung khĕow chá-ùm dtà-lòrt bpee
appelboom (de)	ต้นแอปเปิ้ล	dtôn àep-bpêrn
perenboom (de)	ต้นแพร	dtôn phae
zoete kers (de)	ต้นเชอร์รี่ป่า	dtôn cher-rêe bpàa
zure kers (de)	ต้นเชอร์รี่	dtôn cher-rêe
pruimelaar (de)	ตนพลัม	dtôn phlam
berk (de)	ต้นเบิร์ช	dtôn bèrt
eik (de)	ต้นโอ๊ค	dtôn óhk
linde (de)	ตนไม้ดอกเหลือง	dtôn máai dòrk lûuang
esp (de)	ต้นแอสเพน	dtôn ae sà-phayn
esdoorn (de)	ตนเมเปิล	dtôn may bpêrn
spar (de)	ต้นเฟอร์	dtôn fer
den (de)	ต้นเกี๊ยะ	dtôn gía
lariks (de)	ตนลารช	dtôn lâat
zilverspar (de)	ต้นเฟอร์	dtôn fer
ceder (de)	ตนซีดาร	dtôn-see-daa
populier (de)	ต้นปอปลาร์	dtôn bpor-bplaa
lijsterbes (de)	ตนโรแวน	dtôn-roh-waen
wilg (de)	ต้นวิลโลว์	dtôn win-loh
els (de)	ตนอัลเดอร์	dtôn an-dêr
beuk (de)	ต้นบีช	dtôn bèet
iep (de)	ตนเอลม	dtôn elm
es (de)	ต้นแอช	dtôn aesh
kastanje (de)	ตนเกาลัด	dtôn gao lát
magnolia (de)	ต้นแมกโนเลีย	dtôn mâek-noh-lia
palm (de)	ต้นปาลม	dtôn bpaam
cipres (de)	ตนไซเปรส	dtôn-sai-bpràyt
mangrove (de)	ต้นโกงกาง	dtôn gohng gaang
baobab (apenbroodboom)	ต้นเบาบับ	dtôn bao-bàp
eucalyptus (de)	ต้นยูคาลิปตัส	dtôn yoo-khaa-líp-dtàt
mammoetboom (de)	ตนสนซีด้วยา	dtôn săn see kua yaa

187. Heesters

struik (de)	พุ่มไม้	phúm máai
heester (de)	ต้นไม้พุ่ม	dtôn máai phúm
wijnstok (de)	ต้นองุ่น	dtôn a-ngùn
wijngaard (de)	ไร่องุ่น	râi a-ngùn
frambozenstruik (de)	พุ่มราสเบอร์รี่	phúm râat-ber-rêe
zwarte bes (de)	พุ่มแบล็คเคอร์แรนท์	phúm blàek-khêr-raen
rode bessenstruik (de)	พุ่มเรดเคอร์แรนท์	phúm râyt-khêr-raen
kruisbessenstruik (de)	พุ่มกูสเบอร์รี่	phúm gòot-ber-rêe
acacia (de)	ต้นอาเคเซีย	dtôn aa-khay-chia
zuurbes (de)	ต้นบาร์เบอร์รี่	dtôn baa-ber-rêe
jasmijn (de)	มะลิ	má-lí
jeneverbes (de)	ต้นจูนิเปอร์	dtôn joo-ní-bper
rozenstruik (de)	พุ่มกุหลาบ	phúm gù làap
hondsroos (de)	พุ่มด็อกโรส	phúm dòrk-rôht

188. Champignons

paddenstoel (de)	เห็ด	hèt
eetbare paddenstoel (de)	เห็ดกินได้	hèt gin dâai
giftige paddenstoel (de)	เห็ดมีพิษ	hèt mee pít
hoed (de)	ดอกเห็ด	dòrk hèt
steel (de)	ตนเห็ด	dtôn hèt
eekhoorntjesbrood (het)	เห็ดพอร์ชินี	hèt phor chí nee
rosse populierboleet (de)	เห็ดพอร์ชินีดอกเหลือง	hèt phor chí nee dòrk lûuang
berkenboleet (de)	เห็ดตับเต่าที่ขึ้นบนต้นเบิร์ช	hèt dtàp dtào thêe khêun bon dtôn-bèrt
cantharel (de)	เห็ดก่อเหลือง	hèt gòr lûuang
russula (de)	เห็ดตะได	hèt dtà khai
morielje (de)	เห็ดมอเรล	hèt mor rayn
vliegenzwam (de)	เห็ดพิษหมวกแดง	hèt phít mùak daeng
groene knolamaniet (de)	เห็ดระโงกหิน	hèt rá ngôhk hǐn

189. Vruchten. Bessen

vrucht (de)	ผลไม้	phǎn-lá-máai
vruchten (mv.)	ผลไม้	phǎn-lá-máai
appel (de)	แอปเปิ้ล	àep-bpêrn
peer (de)	ลูกแพร	lôok phae
pruim (de)	พลัม	phlam
aardbei (de)	สตรอว์เบอร์รี่	sà-dtror-ber-rêe
zure kers (de)	เชอร์รี่	cher-rêe

| zoete kers (de) | เชอร์รี่ป่า | cher-rêe bpàa |
| druif (de) | องุ่น | a-ngùn |

framboos (de)	ราสเบอร์รี่	râat-ber-rêe
zwarte bes (de)	แบล็คเคอร์แรนท์	blàek khêr-raen
rode bes (de)	เรดเคอร์แรนท	râyt-khêr-raen
kruisbes (de)	กูสเบอร์รี่	gòot-ber-rêe
veenbes (de)	แครนเบอร์รี่	khraen-ber-rêe

sinaasappel (de)	ส้ม	sôm
mandarijn (de)	ส้มแมนดาริน	sôm maen daa rin
ananas (de)	สับปะรด	sàp-bpà-rót
banaan (de)	กล้วย	glúay
dadel (de)	อินทผลัม	in-thá-phâ-lam

citroen (de)	เลมอน	lay-mon
abrikoos (de)	แอปริคอท	ae-bprì-khôrt
perzik (de)	ลูกท้อ	lôok thór
kiwi (de)	กีวี	gee wee
grapefruit (de)	ส้มโอ	sôm oh

bes (de)	เบอร์รี่	ber-rêe
bessen (mv.)	เบอร์รี่	ber-rêe
vossenbes (de)	คาวเบอร์รี่	khaao-ber-rêe
bosaardbei (de)	สตรอว์เบอร์รี่ป่า	sá-dtrorw ber-rêe bpàa
blauwe bosbes (de)	บิลเบอร์รี่	bil-ber-rêe

190. Bloemen. Planten

| bloem (de) | ดอกไม้ | dòrk máai |
| boeket (het) | ช่อดอกไม้ | chôr dòrk máai |

roos (de)	ดอกกุหลาบ	dòrk gù làap
tulp (de)	ดอกทิวลิป	dòrk thiw-líp
anjer (de)	ดอกคาร์เนชั่น	dòrk khaa-nay-chân
gladiool (de)	ดอกแกลดิโอลัส	dòrk gaen-dì-oh-lát

korenbloem (de)	ดอกคอร์นฟลาวเวอร์	dòrk khon-flaao-wer
klokje (het)	ดอกระฆัง	dòrk rá-khang
paardenbloem (de)	ดอกแดนดิไลออน	dòrk daen-dì-lai-on
kamille (de)	ดอกคาโมมายล	dòrk khaa-moh maai

aloë (de)	ว่านหางจระเข้	wâan-hǐ ang-jor-rá-khây
cactus (de)	ตะบองเพชร	dtà-bong-phét
ficus (de)	ตนเลียบ	dtôn lîap

lelie (de)	ดอกลิลลี่	dòrk lí-lêe
geranium (de)	ดอกเจอราเนียม	dòrk jer-raa-niam
hyacint (de)	ดอกไฮอะซินท์	dòrk hai-a-sin

mimosa (de)	ดอกไมยราบ	dòrk mai râap
narcis (de)	ดอกนาร์ซิสซัส	dòrk naa-sít-sát
Oost-Indische kers (de)	ดอกแนูสเตอูรชัม	dòrk nâet-dtêr-cham
orchidee (de)	ดอกกล้วยไม	dòrk glúay máai

pioenroos (de)	ดอกโบตั๋น	dòrk boh-dtĭ n
viooltje (het)	ดอกไวโอเล็ต	dòrk wai-oh-lét

driekleurig viooltje (het)	ดอกแพนซี	dòrk phaen-see
vergeet-mij-nietje (het)	ดอกฟอร์เก็ตมีน็อต	dòrk for-gèt-mee-nót
madeliefje (het)	ดอกเดซี	dòrk day see

papaver (de)	ดอกป๊อปปี้	dòrk bpóp-bpêe
hennep (de)	กัญชา	gan chaa
munt (de)	สะระแหน่	sà-rá-nàe

lelietje-van-dalen (het)	ดอกลิลลี่แห่งหุบเขา	dòrk lí-lá-lêe hàeng hùp khĭ o
sneeuwklokje (het)	ดอกหยาดหิมะ	dòrk yàat hì-má

brandnetel (de)	ตำแย	dtam-yae
veldzuring (de)	ซอเรล	sor-rayn
waterlelie (de)	บัว	bua
varen (de)	เฟิร์น	fern
korstmos (het)	ไลเคน	lai-khayn

oranjerie (de)	เรือนกระจก	reuan grà-jòk
gazon (het)	สนามหญ้า	sà-nĭ am yâa
bloemperk (het)	สนามดอกไม้	sà-nĭ am-dòrk-máai

plant (de)	พืช	phêut
gras (het)	หญ้า	yâa
grasspriet (de)	ใบหญ้า	bai yâa

blad (het)	ใบไม้	bai máai
bloemblad (het)	กลีบดอก	glèep dòrk
stengel (de)	ลำต้น	lam dtôn
knol (de)	หัวใต้ดิน	hŏa dtâi din

scheut (de)	ต้นอ่อน	dtôn òrn
doorn (de)	หนาม	nĭ am

bloeien (ww)	บาน	baan
verwelken (ww)	เหี่ยว	hìeow
geur (de)	กลิ่น	glìn
snijden (bijv. bloemen ~)	ตัด	dtàt
plukken (bloemen ~)	เด็ด	dèt

191. Granen, graankorrels

graan (het)	เมล็ด	má-lét
graangewassen (mv.)	ธัญพืช	than-yá-phêut
aar (de)	รวงขาว	ruang khâao

tarwe (de)	ข้าวสาลี	khâao sĭ a-lee
rogge (de)	ข้าวไรย์	khâao rai
haver (de)	ข้าวโอ๊ต	khâao óht
gierst (de)	ข้าวฟ่าง	khâao fâang
gerst (de)	ข้าวบาร์เลย์	khâao baa-lây
maïs (de)	ข้าวโพด	khâao-phôht

rijst (de)	ข้าว	khâao
boekweit (de)	บัควีท	bàk-wêet
erwt (de)	ถั่วลันเตา	thùa-lan-dtao
nierboon (de)	ถั่วรูปไต	thùa rôop dtai
soja (de)	ถั่วเหลือง	thùa lûuang
linze (de)	ถั่วเลนทิล	thùa layn thin
bonen (mv.)	ถั่ว	thùa

REGIONALE AARDRIJKSKUNDE

Landen. Nationaliteiten

192. Politiek. Overheid. Deel 1

politiek (de)	การเมือง	gaan meuang
politiek (bn)	ทางการเมือง	thang gaan meuang
politicus (de)	นักการเมือง	nák gaan meuang
staat (land)	รัฐ	rát
burger (de)	พลเมือง	phon-lá-meuang
staatsburgerschap (het)	สัญชาติ	săn-châat
nationaal wapen (het)	ตราประจำชาติ	dtraa bprà-jam châat
volkslied (het)	เพลงชาติ	phlayng châat
regering (de)	รัฐบาล	rát-thà-baan
staatshoofd (het)	ผู้นำประเทศ	phôo nam bprà-thâyt
parlement (het)	รัฐสภา	rát-thà-sà-phaa
partij (de)	พรรคการเมือง	phák gaan meuang
kapitalisme (het)	ทุนนิยม	thun ní-yom
kapitalistisch (bn)	แบบทุนนิยม	bàep thun ní-yom
socialisme (het)	สังคมนิยม	săng-khom ní-yom
socialistisch (bn)	แบบสังคมนิยม	bàep săng-khom ní-yom
communisme (het)	ลัทธิคอมมิวนิสต์	lát-thí khom-miw-nít
communistisch (bn)	แบบคอมมิวนิสต์	bàep khom-miw-nít
communist (de)	คนคอมมิวนิสต์	khon khom-miw-nít
democratie (de)	ประชาธิปไตย	bprà-chaa-thíp-bpà-dtai
democraat (de)	ผู้นิยมประชาธิปไตย	phôo ní-yom bprà-chaa-típ-bpà-dtai
democratisch (bn)	แบบประชาธิปไตย	bàep bprà-chaa-thíp-bpà-dtai
democratische partij (de)	พรรคประชาธิปัตย์	phák bprà-chaa-tí-bpàt
liberaal (de)	ผู้เอียงเสรีนิยม	phôo iang săy-ree ní-yom
liberaal (bn)	แบบเสรีนิยม	bàep săy-ree ní-yom
conservator (de)	ผู้เอียงอนุรักษ์นิยม	phôo iang a-nú rák ní-yom
conservatief (bn)	แบบอนุรักษ์นิยม	bàep a-nú rák ní-yom
republiek (de)	สาธารณรัฐ	săa-thaa-rá-ná rát
republikein (de)	รีพับลิกัน	ree pháp lí gan
Republikeinse Partij (de)	พรรครีพับลิกัน	phák ree-pháp-lí-gan
verkiezing (de)	การเลือกตั้ง	gaan lêuak dtâng
kiezen (ww)	เลือก	lêuak

| kiezer (de) | ผู้ออกเสียงลงคะแนน | phôo òrk sĭang long khá-naen |
| verkiezingscampagne (de) | การรณรงค์หาเสียง | gaan ron-ná-rorng hăa sĭang |

stemming (de)	การออกเสียงลงคะแนน	gaan òrk sĭang long khá-naen
stemmen (ww)	ลงคะแนน	long khá-naen
stemrecht (het)	สิทธิในการเลือกตั้ง	sìt-thí nai gaan lêuak dtâng

kandidaat (de)	ผู้สมัคร	phôo sà-màk
zich kandideren	ลงสมัคร	long sà-màk
campagne (de)	การรณรงค์	gaan ron-ná-rorng

| oppositie- (abn) | ฝ่ายค้าน | fàai kháan |
| oppositie (de) | ฝ่ายคาน | fàai kháan |

bezoek (het)	การเยือน	gaan yeuan
officieel bezoek (het)	การเยือนอย่างเป็นทางการ	gaan yeuan yàang bpen thaang gaan
internationaal (bn)	แบบสากล	bàep săa-gon

| onderhandelingen (mv.) | การเจรจา | gaan jayn-rá-jaa |
| onderhandelen (ww) | เจรจา | jayn-rá-jaa |

193. Politiek. Overheid. Deel 2

maatschappij (de)	สังคม	săng-khom
grondwet (de)	รัฐธรรมนูญ	rát-thà-tham-má-noon
macht (politieke ~)	อำนาจ	am-nâat
corruptie (de)	การทุจริตคอรัปชั่น	gaan thút-jà-rìt khor-ráp-chân

| wet (de) | กฎหมาย | gòt măai |
| wettelijk (bn) | ทางกฎหมาย | thaang gòt măai |

| rechtvaardigheid (de) | ความยุติธรรม | khwaam yút-dtì-tham |
| rechtvaardig (bn) | เป็นธรรม | bpen tham |

comité (het)	คณะกรรมการ	khá-ná gam-má-gaan
wetsvoorstel (het)	ราง	râang
begroting (de)	งบประมาณ	ngóp bprà-maan
beleid (het)	นโยบาย	ná-yoh-baai
hervorming (de)	ปฏิรูป	bpà-dtì rôop
radicaal (bn)	รุนแรง	run raeng

macht (vermogen)	กำลัง	gam-lang
machtig (bn)	ทรงพลัง	song phá-lang
aanhanger (de)	ผู้สนับสนุน	phôo sà-nàp-sà-nŭn
invloed (de)	อิทธิพล	ìt-thí pon

regime (het)	ระบอบการปกครอง	rá-bòrp gaan bpòk khrorng
conflict (het)	ความขัดแยง	khwaam khàt yáeng
samenzwering (de)	การคบคิด	gaan khóp khít
provocatie (de)	การยั่วยุ	gaan yûa yú

| omverwerpen (ww) | ล้มล้วง | lóm láang |
| omverwerping (de) | การลม | gaan lóm |

revolutie (de)	ปฏิวัติ	bpà-dtì-wát
staatsgreep (de)	รัฐประหาร	rát-thà-bprà-hǎan
militaire coup (de)	การยึดอำนาจ	gaan yéut am-nâat
	ด้วยกำลังทหาร	dûay gam-lang thá-hǎan

crisis (de)	วิกฤติ	wí-grìt
economische recessie (de)	ภาวะเศรษฐกิจถดถอย	phaa-wá sàyt-thà-gìt thòt thǒi
betoger (de)	ผู้ประท้วง	phôo bprà-thúang
betoging (de)	การประท้วง	gaan bprà-thúang
krijgswet (de)	กฎอัยการศึก	gòt ai-yá-gaan sèuk
militaire basis (de)	ฐานทัพ	thǎan tháp

| stabiliteit (de) | ความมั่นคง | khwaam mân-khong |
| stabiel (bn) | มั่นคง | mân khong |

| uitbuiting (de) | การขูดรีด | gaan khòot rêet |
| uitbuiten (ww) | ขูดรีด | khòot rêet |

racisme (het)	ลัทธินิยมเชื้อชาติ	khá-dtì ní-yom chéua châat
racist (de)	ผู้เหยียดผิว	phôo yìat phǐw
fascisme (het)	ลัทธิฟาสซิสต์	lát-thí fâat-sít
fascist (de)	ผู้นิยมลัทธิฟาสซิสต์	phôo ní-yom lát-thí fâat-sít

194. Landen. Diversen

vreemdeling (de)	คนต่างชาติ	khon dtàang châat
buitenlands (bn)	ต่างชาติ	dtàang châat
in het buitenland (bw)	ต่างประเทศ	dtàang bprà-thâyt

emigrant (de)	ผู้อพยพ	phôo òp-phá-yóp
emigratie (de)	การอพยพ	gaan òp-phá-yóp
emigreren (ww)	อพยพ	òp-phá-yóp

Westen (het)	ตะวันตก	dtà-wan dtòk
Oosten (het)	ตะวันออก	dtà-wan òrk
Verre Oosten (het)	ตะวันออกไกล	dtà-wan òrk glai

beschaving (de)	อารยธรรม	aa-rá-yá-tham
mensheid (de)	มนุษยชาติ	má-nút-sà-yá-châat
wereld (de)	โลก	lôhk
vrede (de)	ความสงบสุข	khwaam sà-ngòp-sùk
wereld- (abn)	ทั่วโลก	thûa lôhk

vaderland (het)	บ้านเกิด	bâan gèrt
volk (het)	ประชาชน	bprà-chaa chon
bevolking (de)	ประชากร	bprà-chaa gon
mensen (mv.)	ประชาชน	bprà-chaa chon
natie (de)	ชาติ	châat
generatie (de)	รุ่น	rûn

gebied (bijv. bezette ~en)	อาณาเขต	aa-naa khàyt
regio, streek (de)	ภูมิภาค	phoo-mí-phâak
deelstaat (de)	รัฐ	rát
traditie (de)	ธรรมเนียม	tham-niam

| gewoonte (de) | ประเพณี | bprà-phay-nee |
| ecologie (de) | นิเวศวิทยา | ní-wâyt wít-thá-yaa |

Indiaan (de)	อินเดียนแดง	in-dian daeng
zigeuner (de)	คนยิปซี	khon yíp-see
zigeunerin (de)	คนยิปซี	khon yíp-see
zigeuner- (abn)	ยิปซี	yíp see

rijk (het)	จักรวรรดิ	jàk-grà-wàt
kolonie (de)	อาณานิคม	aa-naa ní-khom
slavernij (de)	การใช้แรงงานทาส	gaan chái raeng ngaan thâat
invasie (de)	การบุกรุก	gaan bùk rúk
hongersnood (de)	ความอดอยาก	khwaam òt yàak

195. Grote religieuze groepen. Bekentenissen

| religie (de) | ศาสนา | sàat-sà-nǎa |
| religieus (bn) | ศาสนา | sàat-sà-nǎa |

geloof (het)	ศรัทธา	sàt-thaa
geloven (ww)	นับถือ	náp thěu
gelovige (de)	ผู้ศรัทธา	phôo sàt-thaa

atheïsme (het)	อเทวนิยม	a-thay-wá ní-yom
atheïst (de)	ผู้เชื่อว่า	phôo chêua wâa
	ไม่มีพระเจ้า	mâi mee phrá jâo

christendom (het)	ศาสนาคริสต์	sàat-sà-nǎa khrít
christen (de)	ผู้นับถือ	phôo náp thěu
	ศาสนาคริสต์	sàat-sà-nǎa khrít
christelijk (bn)	ศาสนาคริสต์	sàat-sà-nǎa khrít

katholicisme (het)	ศาสนาคาธอลิก	sàat-sà-nǎa khaa-thor-lík
katholiek (de)	ผู้นับถือ	phôo náp thěu
	ศาสนาคาธอลิก	sàat-sà-nǎa khaa-thor-lík
katholiek (bn)	คาธอลิก	khaa-thor-lík

protestantisme (het)	ฮาสนา	sàat-sà-nǎa
	โปรแตสแตนท์	bproh-dtàet-dtaen
Protestante Kerk (de)	โบสถ์นิกาย	bòht ní-gaai
	โปรแตสแตนท์	bproh-dtàet-dtaen
protestant (de)	ผู้นับถือศาสนา	phôo náp thěu sàat-sà-nǎa
	โปรแตสแตนท	bproh-dtàet-dtaen

orthodoxie (de)	ศาสนาออร์ทอดอกซ์	sàat-sà-nǎa or-thor-dòrk
Orthodoxe Kerk (de)	โบสถ์ศาสนาออรทอดอกซ์	bòht sàat-sà-nǎa or-thor-dòrk
orthodox	ผู้นับถือ	phôo náp thěu
	ศาสนาออรทอดอกซ์	sàat-sà-nǎa or-thor-dòrk

presbyterianisme (het)	นิกายเพรสไบทีเรียน	ní-gaai phrayt-bai-thee-rian
Presbyteriaanse Kerk (de)	โบสถ์นิกาย	bòht ní-gaai
	เพรสไบทีเรียน	phrayt-bai-thee-rian
presbyteriaan (de)	ผู้นับถือนิกาย	phôo náp thěu ní-gaai
	เพรสไบทีเรียน	phrayt bai thee rian

lutheranisme (het)	นิกายลูเทอแรน	ní-gaai loo-thay-a-răen
lutheraan (de)	ผู้นับถือนิกาย	phôo náp thĕu ní-gaai
	ลูเทอแรน	loo-thay-a-răen

baptisme (het)	นิกายแบ๊บติสท์	ní-gaai báep-dtìt
baptist (de)	ผู้นับถือนิกาย	phôo náp thĕu ní-gaai
	แบบติสท	báep-dtìt

Anglicaanse Kerk (de)	โบสถ์นิกายแองกลิกัน	bòht ní-gaai ae-ngók-lí-gan
anglicaan (de)	ผู้นับถือนิกาย	phôo náp thĕu ní-gaai
	แองกลิกัน	ae ngók lí gan

mormonisme (het)	นิกายมอร์มอน	ní-gaai mor-mon
mormoon (de)	ผู้นับถือนิกาย	phôo náp thĕu ní-gaai
	มอรมอน	mor-mon

| Jodendom (het) | ศาสนายิว | sàat-sà-năa yiw |
| jood (aanhanger van het Jodendom) | คนยิว | khon yiw |

boeddhisme (het)	ศาสนาพุธ	sàat-sà-năa phút
boeddhist (de)	ผู้นับถือ	phôo náp thĕu
	ศาสนาพุธ	sàat-sà-năa phút

hindoeïsme (het)	ศาสนาฮินดู	sàat-sà-năa hin-doo
hindoe (de)	ผู้นับถือ	phôo náp thĕu
	ศาสนาฮินดู	sàat-sà-năa hin-doo

islam (de)	ศาสนาอิสลาม	sàat-sà-năa ìt-sà-laam
islamiet (de)	ผู้นับถือ	phôo náp thĕu
	ศาสนาอิสลาม	sàat-sà-năa ìt-sà-laam
islamitisch (bn)	มุสลิม	mút-sà-lim

| sjiisme (het) | ศาสนา อิสลามนิกายชีอะฮ์ | sàat-sà-năa ìt-sà-laam ní-gaai shi-à |
| sjiiet (de) | ผู้นับถือนิกายชีอะฮ์ | phôo náp thĕu ní-gaai shi-à |

| soennisme (het) | ศาสนา อิสลามนิกายซุนนี | sàat-sà-năa ìt-sà-laam ní-gaai sun-nee |
| soenniet (de) | ผู้นับถือนิกาย ซุนนี | phôo náp thĕu ní-gaai sun-nee |

196. Religies. Priesters

| priester (de) | นักบวช | nák bùat |
| paus (de) | พระสันตะปาปา | phrá săn-dtà-bpaa-bpaa |

monnik (de)	พระ	phrá
non (de)	แม่ชี	mâe chee
pastoor (de)	ศาสนาจารย์	sàat-sà-năa-jaan

abt (de)	เจ้าอาวาส	jâo aa-wâat
vicaris (de)	เจาอาวาส	jâo aa-wâat
bisschop (de)	มุขนายก	múk naa-yók

kardinaal (de)	พระคาร์ดินัล	phrá khaa-dì-nan
predikant (de)	นักเทศน์	nák thâyt
preek (de)	การเทศนา	gaan thâyt-sà-năa
kerkgangers (mv.)	ลูกวัด	lôok wát

| gelovige (de) | ผู้ศรัทธา | phôo sàt-thaa |
| atheïst (de) | ผู้เชื่อว่า ไม่มีพระเจ้า | phôo chêua wâa mâi mee phrá jâo |

197. Geloof. Christendom. Islam

| Adam | อาดัม | aa-dam |
| Eva | เอวา | ay-waa |

God (de)	พระเจ้า	phrá jâo
Heer (de)	พระเจ้า	phrá jâo
Almachtige (de)	พระผู้เป็นเจ้า	phrá phôo bpen jâo

zonde (de)	บาป	bàap
zondigen (ww)	ทำบาป	tham bàap
zondaar (de)	คนบาป	khon bàap
zondares (de)	คนบาป	khon bàap

| hel (de) | นรก | ná-rók |
| paradijs (het) | สวรรค์ | sà-wăn |

| Jezus | พระเยซู | phrá yay-soo |
| Jezus Christus | พระเยซูคริสต์ | phrá yay-soo khrít |

Heilige Geest (de)	พระจิต	phrá jìt
Verlosser (de)	พระผู้ไถ่	phrá phôo thài
Maagd Maria (de)	พระนางมารีย์ พรหมจารี	phrá naang maa ree phrom-má-jaa-ree

duivel (de)	มาร	maan
duivels (bn)	ของมาร	khŏrng maan
Satan	ซาตาน	saa-dtaan
satanisch (bn)	ซาตาน	saa-dtaan

engel (de)	เทวทูต	thay-wá-thôot
beschermengel (de)	เทวดาผู้ คุมครอง	thay-wá-daa phôo khúm khrorng
engelachtig (bn)	ของเทวดา	khŏrng thay-wá-daa

apostel (de)	สาวก	săa-wók
aartsengel (de)	หัวหน้าทูตสวรรค์	hŭa nâa thôot sà-wăn
antichrist (de)	ศัตรูของพระคริสต์	sàt-dtroo khŏrng phrá khrít

Kerk (de)	โบสถ์	bòht
bijbel (de)	คัมภีร์ไบเบิ้ล	kham-phee bai-bêrn
bijbels (bn)	ไบเบิ้ล	bai-bêrn

| Oude Testament (het) | พันธสัญญาเดิม | phan-thá-săn-yaa derm |
| Nieuwe Testament (het) | พันธสัญญาใหม่ | phan-thá-săn-yaa mài |

evangelie (het)	พระวรสาร	phrá won sǎan
Heilige Schrift (de)	พระคัมภีร์ไบเบิล	phrá kham-phee bai-bern
Hemel, Hemelrijk (de)	สวรรค์	sà-wǎn
gebod (het)	บัญญัติ	ban-yàt
profeet (de)	ผู้เผยพระวจนะ	phôo phǒie phrá wá-jà-ná
profetie (de)	คำพยากรณ์	kham phá-yaa-gon
Allah	อัลลอฮ์	an-lor
Mohammed	พระมูฮัมหมัด	phrá moo ham màt
Koran (de)	อัลกุรอาน	an gù-rá-aan
moskee (de)	สุเหร่า	sù-ráo
moellah (de)	มุลละ	mun lá
gebed (het)	บทสวดมนต์	bòt sùat mon
bidden (ww)	สวด	sùat
pelgrimstocht (de)	การจาริกแสวงบุญ	gaan jaa-rík sà-wǎeng bun
pelgrim (de)	ผู้แสวงบุญ	phôo sà-wǎeng bun
Mekka	มักกะฮ	mák-gà
kerk (de)	โบสถ์	bòht
tempel (de)	วิหาร	wí-hǎan
kathedraal (de)	มหาวิหาร	má-hǎa wí-hǎan
gotisch (bn)	แบบโกธิก	bàep goh-thík
synagoge (de)	โบสถ์ของศาสนายิว	bòht khǒrng sàat-sà-nǎa yiw
moskee (de)	สุเหรา	sù-ráo
kapel (de)	ห้องสวดมนต์	hôrng sùat mon
abdij (de)	วัด	wát
nonnenklooster (het)	สำนักแม่ชี	sǎm-nák mâe chee
mannenklooster (het)	อาราม	aa raam
klok (de)	ระฆัง	rá-khang
klokkentoren (de)	หอระฆัง	hǒr rá-khang
luiden (klokken)	ตีระฆัง	dtee rá-khang
kruis (het)	ไม้กางเขน	mái gaang khǎyn
koepel (de)	หลังคาทรงโดม	lǎng kaa song dohm
icoon (de)	รูปเคารพ	rôop kpao-róp
ziel (de)	วิญญาณ	win-yaan
lot, noodlot (het)	ชะตากรรม	chá-dtaa gam
kwaad (het)	ความชั่วร้าย	khwaam chûa ráai
goed (het)	ความดี	khwaam dee
vampier (de)	ผีดูดเลือด	phěe dòot lêuat
heks (de)	แมมด	mâe mót
demoon (de)	ปีศาจ	bpee-sàat
geest (de)	ผี	phěe
verzoeningsleer (de)	การไถ่ถอน	gaan thài thǒrn
vrijkopen (ww)	ไถ่ถอน	thài thǒrn
mis (de)	พิธีมิสซา	phí-tee mít-saa
de mis opdragen	ประกอบพิธี	bprà-gòp phí-thee
	ศีลมหาสนิท	sěen má-hǎa sà-nìt

biecht (de)	การสารภาพ	gaan sǎa-rá-phâap
biechten (ww)	สารภาพ	sǎa-rá-phâap
heilige (de)	นักบุญ	nák bun
heilig (bn)	ศักดิ์สิทธิ์	sàk-gà-dì sìt
wijwater (het)	น้ำมนต์	nám mon
ritueel (het)	พิธีกรรม	phí-thee gam
ritueel (bn)	แบบพิธีกรรม	bpaep phí-thee gam
offerande (de)	การบูชายัญ	gaan boo-chaa yan
bijgeloof (het)	ความเชื่องมงาย	khwaam chêua ngom-ngaai
bijgelovig (bn)	เชื่องมงาย	chêua ngom-ngaai
hiernamaals (het)	ชีวิตหลังความตาย	chee-wít lǎng khwaam dtaai
eeuwige leven (het)	ชีวิตอันเป็นนิรันดร์	chee-wít an bpen ní-ran

DIVERSEN

198. Diverse nuttige woorden

achtergrond (de)	ฉากหลัง	chàak lăng
balans (de)	สมดุล	sà-má-dun
basis (de)	ฐาน	thăan
begin (het)	จุดเริ่มต้น	jùt rêrm-dtôn
beurt (wie is aan de ~?)	ตา	dtaa
categorie (de)	หมวดหมู่	mùat mòo
comfortabel (~ bed, enz.)	สะดวกสบาย	sà-dùak sà-baai
compensatie (de)	การชดเชย	gaan chót-choie
deel (gedeelte)	ส่วน	sùan
deeltje (het)	อนุภาค	a-nú phâak
ding (object, voorwerp)	สิ่ง	sìng
dringend (bn, urgent)	เร่งด่วน	râyng dùan
dringend (bw, met spoed)	อย่างเร่งด่วน	yàang râyng dùan
effect (het)	ผลกระทบ	phŏn grà-thóp
eigenschap (kwaliteit)	คุณสมบัติ	khun-ná-sŏm-bàt
einde (het)	จบ	jòp
element (het)	องค์ประกอบ	ong bprà-gòrp
feit (het)	ข้อเท็จจริง	khôr thét jing
fout (de)	ข้อผิดพลาด	khôr phìt phlâat
geheim (het)	ความลับ	khwaam láp
graad (mate)	ระดับ	rá-dàp
groei (ontwikkeling)	การเติบโต	gaan dtèrp dtoh
hindernis (de)	สิ่งกีดขวาง	sìng gèet-khwăang
hinderpaal (de)	อุปสรรค	u-bpà-sàk
hulp (de)	ความช่วยเหลือ	khwaam chûay lĕua
ideaal (het)	อุดมคติ	u-dom khá-dtì
inspanning (de)	ความพยายาม	khwaam phá-yaa-yaam
keuze (een grote ~)	ตัวเลือก	dtua lêuak
labyrint (het)	เขาวงกต	khăo-wong-gòt
manier (de)	วิธีทาง	wí-thĕe thaang
moment (het)	ช่วงเวลา	chûang way-laa
nut (bruikbaarheid)	ความมีประโยชน์	khwaam mee bprà-yòht
onderscheid (het)	ความแตกต่าง	khwaam dtàek dtàang
ontwikkeling (de)	การพัฒนา	gaan phát-thá-naa
oplossing (de)	ทางแก	thaang gâe
origineel (het)	ต้นฉบับ	dtôn chà-bàp
pauze (de)	การหยุดพัก	gaan yùt phák
positie (de)	ตำแหน่ง	dtam-nàeng
principe (het)	หลักการ	làk gaan

probleem (het)	ปัญหา	bpan-hǎa
proces (het)	กระบวนการ	grà-buan gaan
reactie (de)	ปฏิกิริยา	bpà-dtì gì-rí-yaa
reden (om ~ van)	สาเหตุ	sǎa-hàyt
risico (het)	ความเสี่ยง	khwaam sìang
samenvallen (het)	ความบังเอิญ	khwaam bang-ern
serie (de)	ลำดับ	lam-dàp
situatie (de)	สถานการณ์	sà-thǎan gaan
soort (bijv. ~ sport)	ประเภท	bprà-phâyt
standaard (bn)	เป็นมาตรฐาน	bpen mâat-dtrà-thǎan
standaard (de)	มาตรฐาน	mâat-dtrà-thǎan
stijl (de)	สไตล	sà-dtai
stop (korte onderbreking)	การหยุด	gaan yùt
systeem (het)	ระบบ	rá-bòp
tabel (bijv. ~ van Mendelejev)	ตาราง	dtaa-raang
tempo (langzaam ~)	จังหวะ	jang wà
term (medische ~en)	คำ	kham
type (soort)	ประเภท	bprà-phâyt
variant (de)	ขอ	khôr
veelvuldig (bn)	ถี่	thèe
vergelijking (de)	การเปรียบเทียบ	gaan bprìap thîap
voorbeeld (het goede ~)	ตัวอยาง	dtua yàang
voortgang (de)	ความก้าวหน้า	khwaam gâao nâa
voorwerp (ding)	สิ่งของ	sìng khǒrng
vorm (uiterlijke ~)	รูปราง	rôop râang
waarheid (de)	ความจริง	khwaam jing
zone (de)	โซน	sohn

www.ingramcontent.com/pod-product-compliance
Lightning Source LLC
LaVergne TN
LVHW051307080426
835509LV00020B/3145